MÜNSTERISCHE BEITRÄGE ZUR RECHTS- UND STAATSWISSENSCHAFT

HERAUSGEGEBEN VON DER

RECHTS- UND STAATSWISSENSCHAFTLICHEN FAKULTÄT DER WESTFÄLISCHEN WILHELMS-UNIVERSITÄT IN MÜNSTER

9

Berlin 1965

WALTER DE GRUYTER & CO.

vormals G. J. Göschen'sche Verlagshandlung / J. Guttentag, Verlagsbuchhandlung / Georg Reimer / Karl J. Trübner / Veit & Comp.

ZUM BEGRIFF DER „NATUR DER SACHE“

von

RALF DREIER

Bad Oeynhausen

Berlin 1965

WALTER DE GRUYTER & CO.

vormals G. J. Göschen'sche Verlagshandlung / J. Guttentag, Verlagsbuchhandlung / Georg Reimer / Karl J. Trübner / Veit & Comp.

Gedruckt mit Unterstützung der Deutschen Forschungsgemeinschaft

D 6

Archiv-Nr. 2 700 65 1

Satz und Druck: Walter de Gruyter & Co., Berlin 30

MEINER MUTTER

VORWORT

„Vielleicht gelingt es noch einmal, auch diese geistigen Prozesse, die bei der sogenannten Entscheidung aus der Natur der Sache sich, vom Bewußtsein kaum beleuchtet, abspielen, besser ans Licht zu ziehen: zur Zeit sind wir, das darf man sagen, noch nicht so weit". Mit diesen Worten charakterisierte Ernst Zitelmann im Jahre 1897 den damaligen Stand der Lehre von der Natur der Sache. Die in den folgenden Jahrzehnten vereinzelt erschienenen Analysen gaben wenig Anlaß zu einer optimistischeren Betrachtung. Erst Gustav Radbruchs grundlegender Aufsatz über die „Natur der Sache als juristische Denkform" (1948) hat deren Begriff erneut in den Mittelpunkt zahlreicher rechtsphilosophischer und rechtstheoretischer Bemühungen gerückt. Die Diskussion ist noch nicht abgeschlossen. Gleichwohl darf man heute sagen, daß die Gründe, „die im Dunkel jenes nebelhaften Ausdrucks unerkannt nebeneinander wohnen" (Zitelmann), sich aufzuhellen beginnen.

Dazu möchte die vorliegende Schrift einen Beitrag leisten. Sie versucht, die Vieldeutigkeit und Prämissenbedingtheit der „Natur der Sache" in historischen und systematischen Untersuchungen aufzuzeigen. Ob sich freilich ihr terminologischer Vorschlag, auf die Verwendung des Ausdrucks im juristischen Sprachgebrauch gänzlich zu verzichten und statt dessen das jeweils Gemeinte präziser zu benennen, durchsetzt, mag zweifelhaft sein. Doch kommt es darauf nicht in erster Linie an. Wichtiger ist, daß die Einsicht in die Mehrdeutigkeit des Ausdrucks und in die Problematik etlicher seiner Bedeutungen weiter vertieft und gefördert wird. Dann wird sich seine *unreflektierte* Verwendung, insbesondere in der Rechtsprechung, am Ende von selbst verbieten und die „viel gerühmte und viel verlästerte, oft verworfene und immer wieder gesuchte Natur der Sache" (Ferdinand Regelsberger) ihre Rolle als eine „große, und zwar ganz eigenthümlich geheimnisvolle Macht in unserer Rechtswissenschaft" (Eugen Ehrlich) ausgespielt haben.

Das Manuskript dieser Schrift hat der Rechts- und Staatswissenschaftlichen Fakultät der Westfälischen Wilhelms-Universität Münster als Dissertation vorgelegen. Es war im wesentlichen im Dezember 1962 abgeschlossen. Später erschienenes Schrifttum ist nur noch in Fußnoten berücksichtigt worden.

Meinem verehrten Lehrer, Herrn Professor Dr. Hans J. Wolff, sage ich für seine verständnisvolle und stets gesprächsbereite Betreuung der vorliegenden Schrift sowie für wertvolle Anregungen und Hinweise und nicht zuletzt für die Erziehung zu einer kritischen Denkweise meinen herzlichen Dank. Für vielfältige Förderung und Unterstützung, sowohl bei der endgültigen Fassung des Manuskripts als auch bei den Verhandlungen mit dem Verlag und der Deutschen Forschungsgemeinschaft, danke ich auch Herrn Professor Dr. Rudolf Gmür. Dank schulde ich ferner Herrn Dr. Karlfried Gründer, der das Manuskript gelesen und mich auf neueres philosophisches Schrifttum hingewiesen hat. Mein Dank gilt schließlich der Rechts- und Staatswissenschaftlichen Fakultät der Universität Münster für die Aufnahme dieser Abhandlung in die von ihr herausgegebene Schriftenreihe und der Deutschen Forschungsgemeinschaft für die Bereitstellung einer beträchtlichen Druckkostenbeihilfe.

Münster/Westf., im März 1965 Ralf Dreier

INHALTSÜBERSICHT

Seite

Einleitung 1

1. Teil

Historische Untersuchungen

1. Kapitel. Vorbemerkungen zur Geschichte des NdS-Begriffs als allgemeiner Denkform

§ 1 Problemstellung 3
§ 2 Ursprünge 5
§ 3 Der NdS-Begriff bei Platon 9
§ 4 Der NdS-Begriff bei Aristoteles 11
§ 5 Der NdS-Begriff bei Thomas von Aquin 14
§ 6 Der NdS-Begriff im neuzeitlichen Rationalismus 17
§ 7 Der NdS-Begriff im neuzeitlichen Empirismus 21
§ 8 Der NdS-Begriff bei Kant 25
§ 9 Der NdS-Begriff bei Hegel 31

2. Kapitel. Zur Geschichte der Lehre von der NdS in der Rechtswissenschaft

§ 10 Die Entstehung der Lehre von der NdS 35
§ 11 Die Lehre von der NdS in der gemeindeutschen Prozessualistik 40
§ 12 Die Lehre von der NdS in der Historischen Rechtsschule 42
§ 13 Die Lehre von der NdS in der Begriffsjurisprudenz 48
§ 14 Die weitere Entwicklung der Lehre von der NdS im 19. Jahrhundert 51
§ 15 Die Lehre von der NdS im juristischen Methodenstreit der Zeit um die Jahrhundertwende 55
§ 16 Der NdS-Begriff in der institutionellen und der phänomenologischen Rechtslehre 60
§ 17 Die Lehre von der NdS bei Radbruch 67
§ 18 Grundzüge der gegenwärtigen Diskussion um den Begriff und die Lehre von der NdS 71
§ 19 Die Lehre von der NdS bei Maihofer 79

2. Teil

Systematische Untersuchungen

3. Kapitel. Begriffsanalyse — Seite

§ 20 Die NdS i. w. S. und die NdS i. e. S. 83
§ 21 Der juristische und der soziologische Begriff der Institution 86
§ 22 Die logische und die reale NdS 94
§ 23 Die empirisch-theoretischen NdS-Begriffe 98
§ 24 Die metaphysisch-theoretischen NdS-Begriffe 102
§ 25 Der technisch-praktische NdS-Begriff 106
§ 26 Die objektiv-praktischen NdS-Begriffe 108

4. Kapitel. Analyse der Struktur der Argumentation aus der NdS

§ 27 Vorbemerkungen 114
§ 28 Zur Struktur der theoretischen Argumentation aus der NdS 117
§ 29 Zur Struktur der praktischen Argumentation aus der NdS 119
§ 30 Terminologische Schlußbetrachtung 125

LITERATURVERZEICHNIS

Aristoteles — Die Lehrschriften, herausg. und übersetzt von Paul Gohlke:
Über die Seele, 2. Aufl. Paderborn 1953;
Physikalische Vorlesung, Paderborn 1956 (zit.: Physik);
Metaphysik, 2. Aufl. Paderborn 1961.
Politik, übersetzt von Eugen Rolfes, Hamburg 1958 (unveränd. Abdr. der 3. Aufl.), Phil. Bibl. Bd. 7.

Asquini, Alberto — La natura dei fatti come fonte di Diritto, in: Archivio giuridico „Filippo Serafini“, Bd. 86, Modena 1921, S. 129ff (zit.: La natura dei fatti).

Ballweg, Ottmar — Zu einer Lehre von der Natur der Sache, Basler Studien zur Rechtswiss., Heft 57, 2. Aufl. Basel 1963 (zit.: NdS).

Baratta, Alessandro — Natura del fatto e diritto naturale, in: Rivista internazionale di filosofia del diritto, Ann. 36, Milano 1959, S. 177ff (zit.: Natura del fatto).

Berkeley, George — Prinzipien der menschlichen Erkenntnis, nach der Übersetzung von Friedrich Ueberweg neu herausg. von Alfred Klemmt, Hamburg 1957, Phil. Bibl. Bd. 20.

Beseler, Georg — System des gemeinen deutschen Privatrechts, 2. Aufl. Berlin 1866 (zit.: System).

Beyer, Wilhelm R. — Staatsphilosophie, München 1959.

Bierling, Ernst Rudolf — Juristische Prinzipienlehre, Bd. 4, Tübingen 1911.

Bischoff, D. — Die „Natur der Sache“ als Rechtsquelle im Gebiete des Versicherungswesens, Bremen 1895 (zit.: NdS).

Bobbio, Noberto — Über den Begriff der „Natur der Sache“, in: ARSP Bd. 44 (1958), S. 305ff (zit.: NdS).

Bochenski, I. M. — Die zeitgenössischen Denkmethoden, München 1954 (zit.: Denkmethoden).

Boehmer, Gustav — Grundlagen der bürgerlichen Rechtsordnung, 2. Buch, 1. Abt., Tübingen 1951 (zit.: Grundlagen Bd. II, 1).

Brecht, Arnold — Politische Theorie, Deutsche Ausg., übersetzt von Irmgard Kutscher und dem Verfasser, Tübingen 1961 (Originalausg.: Political Theory, Princetown 1959).

Coing, Helmut — Grundzüge der Rechtsphilosophie, Berlin 1950 (zit.: Grundzüge).

Dahm, Georg — Deutsches Recht, 2. Aufl. Stuttgart 1963.

Descartes, René — Regeln zur Leitung des Geistes, übersetzt von Arthur Buchenau, Hamburg 1948 (unveränderter Abdr. der 2. Aufl. von 1920), Phil. Bibl. Bd. 26b.
Meditationes de prima philosophia, dt.-lat. Ausg., auf Grund der Ausg. von Arthur Buchenau neu herausg. von Lüder Gäbe, Hamburg 1959, Phil. Bibl. Bd. 250a (zit.: Meditationen).
Prinzipien der Philosophie, übersetzt von Arthur Buchenau, 6. Aufl. Hamburg 1961, Phil. Bibl. Bd. 28 (zit.: Prinzipien).

Dombois, Hans — Das Problem der Institutionen und die Ehe, in Recht und Institution, herausg. von Hans Dombois, Witten 1956, S. 55ff (zit.: Institutionen).

Ehrlich, Eugen — Grundlegung der Soziologie des Rechts, 2. Aufl. München und Leipzig 1929 (unveränd. Abdr. der 1. Aufl. v. 1913).
Die juristische Logik, Tübingen 1918.

Eichhorn, Karl Friedrich — Über das geschichtliche Studium des deutschen Rechts, in: Zeitschrift für geschichtliche Rechtswiss., herausg. von Savigny, Eichhorn und Göschen, Bd. 1, Berlin 1815, S. 124ff.
Einleitung in das deutsche Privatrecht, 3. Aufl. Göttingen 1829 (zit.: Einleitung).

Eisler, Rudolf — Wörterbuch der philosophischen Begriffe, Bd. 1—3, 4. Aufl. Berlin 1927—1930.

Engisch, Karl — Die Idee der Konkretisierung in Recht und Rechtswissenschaft, Abhandlungen der Heidelberger Akad. d. Wiss., Phil.-Hist. Klasse, Heidelberg 1953, Abh. 1 (zit.: Idee).
Zur „Natur der Sache“ im Strafrecht, in: Festschrift f. Eb. Schmidt, Göttingen 1961, S. 90ff (zit.: NdS).

Enneccerus, Ludwig — Allgemeiner Teil des Bürgerlichen Rechts, 1. Halbbd., 15. Aufl., bearb. von Hans Carl Nipperdey, Tübingen 1959 (zit.: Enneccerus-Nipperdey).

Esser, Josef — Grundsatz und Norm in der richterlichen Fortbildung des Privatrechts, Tübingen 1956 (zit.: Grundsatz und Norm).

Fechner, Erich — Rechtsphilosophie, 2. Aufl. Tübingen 1962.

Flückiger, Fritz — Geschichte des Naturrechts, Bd. 1, Zollikon-Zürich 1954.

Forsthoff, Ernst — Lehrbuch des Verwaltungsrechts, Bd. 1, 8. Aufl. München und Berlin 1961.

Freyer, Hans — Theorie des gegenwärtigen Zeitalters, Stuttgart 1955.

Geny, François — Méthode d'interprétation et sources en droit privé positif, 2. Aufl., tome 2, Paris 1919 (zit.: Méthode II).
Science et Technique en droit privé positif, part. 1—4, Paris 1913—1930 (zit.: Science et Technique, Bd. 1—4).

Gerber, Karl Friedrich Wilhelm — Das wissenschaftliche Prinzip im gemeinen deutschen Privatrecht, Jena 1846.

Geyser, Josef — Über Begriffe und Wesensschau, in: PhilJb., Bd. 39 (Fulda 1926), S. 8ff und 128ff.

Gutzwiller, Max — Zur Lehre von der „Natur der Sache", in: Festgabe d. jur. Fak. d. Univ. Freiburg (Schweiz) zur 50. Jahresversammlung des Schweizerischen Juristenvereins, Freiburg (Schweiz) 1924, S. 282ff (zit.: NdS).

Hardy, E. — Der Begriff der Physis in der griechischen Philosophie, 1. Teil, Berlin 1884 (zit.: Der Begriff der Physis).

Hartmann, Nikolai — Grundzüge einer Metaphysik der Erkenntnis, 4. Aufl. Berlin 1949 (zit.: Metaphysik der Erkenntnis).
Ethik, 3. Aufl. Berlin 1949.
Zur Grundlegung der Ontologie, 3. Aufl. Meisenheim am Glan 1948 (zit.: Grundlegung).
Der Aufbau der realen Welt, 2. Aufl. Meisenheim am Glan 1949 (zit.: Aufbau).
Philosophie der Natur, Berlin 1950.
Teleologisches Denken, Berlin 1951.

Hassemer, Winfried — Der Gedanke der „Natur der Sache" bei Thomas von Aquin, in: ARSP Bd. 49 (1963), S. 29ff.

Hauriou, Maurice — Précis de Droit Constitutionnel, Paris 1923 (zit.: Précis).
La Théorie de l'institution et de la Fondation, in: Cahiers de la nouvelle Journée, Heft 4 (La Cité moderne et les Transformations du Droit), Paris 1925, S. 2ff (zit.: La Théorie de l'institution).

Heck, Philipp — Begriffsbildung und Interessenjurisprudenz, Tübingen 1932 (zit.: Begriffsbildung).

Hegel, Georg Friedrich Wilhelm — Logik, herausg. von Georg Lasson, 2 Teile, Leipzig 1951 (unveränd. Abdr. der 2. Aufl. von 1934), Phil. Bibl. Bd. 56.
Enzyklopädie der philosophischen Wissenschaften, herausg. von Friedhelm Nicolin und

Otto Pöggeler, 6. Aufl. Hamburg 1959, Phil. Bibl. 33 (zit.: Enzyklopädie).
Grundlinien der Philosophie des Rechts, herausg. von Joh. Hoffmeister, 4. Aufl. Hamburg 1955, Phil. Bibl. Bd. 124a (zit.: Rechtsphilosophie).

Heinimann, Felix — Nomos und Physis, Schweizerische Beiträge zur Altertumswissenschaft, herausg. von B. Wyss, Heft 1, Basel 1945.

Henkel, Heinrich — Einführung in die Rechtsphilosophie, München und Berlin 1964 (zit.: Rechtsphilosophie).

Henning, Rudolf — Der Maßstab des Rechts im Rechtsdenken der Gegenwart, Schriften des Inst. f. christl. Sozialwiss. der Westf. Wilhelms-Universität Münster, Bd. 10, Münster 1961.

Hume, David — A Treatise of human nature, introducted by A. D. Lindsay, vol. 1—2, London und New York 1959 und 1960 (unveränd. Abdr. der Ausg. von 1910/11), Everyman's Library Bd. 548/9 (zit. Treatise).
Eine Untersuchung über den menschlichen Verstand, übersetzt von Raoul Richter, Hamburg 1961, Phil. Bibl. Bd. 35 (zit.: Verstand).
Untersuchung über die Prinzipien der Moral, übersetzt von Carl Winckler, 2. Aufl. Hamburg 1955, Phil. Bibl. Bd. 199 (zit.: Moral).

Husserl, Edmund — Ideen zu einer reinen Phänomenologie und phänomenologischen Philosophie, 1. Buch, Bd. III der ges. Werke (Husserliana), herausg. von Walter Biemel, Haag 1950 (zit.: Ideen).

Isay, Hermann — Rechtsnorm und Entscheidung, Berlin 1929.

Jhering, Rudolph — Geist des römischen Rechts auf den verschiedenen Stufen seiner Entwicklung, 1. Teil, 6. Aufl. Leipzig 1907, 2. Teil, 2. Abt., 2. Aufl. Leipzig 1869 (zit.: Geist I und II, 2).

Kant, Immanuel — Werke in 6 Bänden, herausg. von Wilhelm Weischedel, Tübingen 1956ff. Zitierweise: Die Hauptwerke werden in den üblichen Abkürzungen zitiert. Neben der Seitenzahl der benutzten Ausgabe wird die Seitenzahl der jeweiligen Erst- oder Zweitausgabe (A und B) angegeben. Beispiel: Kr. d. r. V., B 129, W. II, S. 134 = Kritik der reinen Vernunft, Ausgabe B, S. 129, Werke Bd. II, S. 134.

Kelsen, Hans — Hauptprobleme der Staatsrechtslehre, Tübingen 1910 (zit.: Hauptprobleme).
Reine Rechtslehre, 2. Aufl. Wien 1960.

Klein, Friedrich — Institutionelle Garantien und Rechtsinstitutsgarantien, Abh. aus dem Staats- und Ver-

	waltungsrecht, begr. von S. Brie, Heft 49, Breslau 1934 (zit.: Institutionelle Garantien).
Klein, Hans-Joachim	Zur Frage der Gründung des Rechts in der Sittlichkeit, Diss. Marburg 1960.
Klenner, Hermann und Schöneburg, Karl-Heinz	Vom ewigen zum beweglichen Naturrecht, in: Staat und Recht, herausg. von der Deutschen Akademie für Staats- und Rechtswissenschaft „Walter Ulbricht“ und dem deutschen Institut f. Rechtswiss., 1. Beiheft, Berlin 1957, S. 3ff (Nachdruck aus Staat und Recht, 1956, S. 485ff).
Küchenhoff, Erich	Ungeschriebene Bundeszuständigkeiten und Verfassungsauslegung, in: DVBl. 1951, S. 585ff 617ff (zit.: Bundeszuständigkeiten).
	Ausdrückliches, stillschweigendes und ungeschriebenes Recht in der bundesstaatlichen Kompetenzverteilung, in: Archiv des Öffentlichen Rechts, Bd. 82 (1957), S. 412ff.
Landsberg, Ernst	Geschichte der deutschen Rechtswissenschaft, 3. Abt., 1. und 2. Halbbd., Fortsetzung zu der Geschichte der deutschen Rechtswissenschaft, 1. u. 2. Abt., von R. Stintzing, München und Leipzig 1898 und 1910 (zit.: Landsberg, Bd. III, 1 und Bd. III, 2).
Larenz, Karl	Rechts- und Staatsphilosophie der Gegenwart, 2. Aufl. Berlin 1935.
	Wegweiser zu richterlicher Rechtsschöpfung, in: Festschr. für Arthur Nikisch, Tübingen 1958, S. 275ff (zit.: Wegweiser).
	Methodenlehre der Rechtswissenschaft, Berlin-Göttingen-Heidelberg 1960.
Leisegang, Hans	Art. Physis, in: Paulys Realenzyklopädie der classischen Altertumswissenschaften, herausg. v. W. Kroll und K. Mittelhaus, 39. Hlbbd., Stuttgart 1941, Sp. 1129ff (zit.: Physis).
Leist, Burkard Wilhelm	Naturalis ratio und Natur der Sache, Civilistische Abhandlungen, Bd. 10, 3. Heft, Jena 1860.
	Die realen Grundlagen und die Stoffe des Rechts, Civilistische Studien auf dem Gebiete dogmatischer Analyse, 4. Heft, Jena 1877 (zit.: Die realen Grundlagen).
Liver, Peter	Der Begriff der Rechtsquelle, in: Rechtsquellenprobleme im schweizerischen Recht, Festg. der Rechts- und Staatswiss. Fak. d. Univ. Bern f. d. schweizerischen Juristenverein, Zeitschr. des Bernischen Juristenvereins, Bd. 91 bis, Bern 1955, S. 1ff.

Locke, John — An essay concerning human understanding, ed. by John W. Yolton, vol. 1—2, London und New York 1961, Everyman's Library Bd. 332 und 984 (zit.: Essay).

Lotze, Hermann — Logik, herausg. von Georg Misch, Leipzig 1912.

Maihofer, Werner — Recht und Sein, Frankfurt/M. 1954.
Die Natur der Sache, in: ARSP Bd. 44 (1958), S. 145ff (zit.: NdS).
Naturrecht als Existenzrecht, Wissenschaft und Gegenwart, Heft 25, Frankfurt/M. 1963.
(Hrsg.): Naturrecht oder Rechtspositivismus? Wege der Forschung Bd. XVI, Darmstadt 1962 (wiss. Buchgesellschaft).

Maurenbrecher, Romeo — Lehrbuch des heutigen gemeinen deutschen Rechts, Bonn 1834 (zit.: Lehrbuch).

Mayer, Max Ernst — Rechtsnormen und Kulturnormen, Breslau 1903.
Rechtsphilosophie, Berlin 1922.

Meier-Hayoz, Arthur — Der Richter als Gesetzgeber, Zürich 1951.

Meyer, Hans — Natur und Kunst bei Aristoteles, Studien zur Geschichte und Kultur des Altertums, herausg. von E. Drerup, H. Grimme und J. P. Kirsch, Bd. 10, 2. Heft, Paderborn 1919 (zit.: Natur und Kunst).

Messner, Johannes — Das Naturrecht, 3. Aufl. Innsbruck-Wien-München 1958.

Mittermaier, Carl J. A. — Grundsätze des gemeinen deutschen Privatrechts, 1. Abt., 4. Aufl. Landshut 1830 (zit.: Grundsätze).

Neuhaus, Paul Heinrich — Savigny und die Rechtsfindung aus der Natur der Sache, in: Z. f. ausl. u. intern. Privatrecht (RabelsZ.), Bd. 15 (1949/50), S. 364ff (zit.: Rechtsfindung).

Nink, Caspar — Ontologie, Freiburg 1952.

Pap, Arthur — Analytische Erkenntnistheorie, Wien 1955.

Pieper, Josef — Wahrheit der Dinge, München 1951.
Die Wirklichkeit und das Gute, 5. Aufl. München (ohne Jahreszahl, cop. 1949).

Platon — Sämtliche Werke, nach der Übersetzung von Friedrich Schleiermacher und Hieronymus Müller, herausg. von Walter F. Otto, Ernesto Grassi und Gert Plamböck, Bd. 1—6, Hamburg 1957ff; zitiert wird nur nach der Stephanus-Numerierung.

Puchta, Georg Friedrich — Pandekten, 9. Aufl., bes. von A. F. Rudorff, Leipzig 1863.

Radbruch, Gustav — Rechtsidee und Rechtsstoff, in: Kant-Festschrift der Intern. Vereinigung für Rechts- und Wirtschaftsphilosophie, Berlin-Grunewald 1924, S. 183ff.

	Rechtsphilosophie, 6. Aufl., bes. von Erik Wolf, Stuttgart 1963.
	Die Natur der Sache als juristische Denkform, Darmstadt 1960 (Sonderausg. der wiss. Buchgem.; Erstveröff. in Festschr. für Rudolf Laun, Hamburg 1948, S. 283ff), (zit.: NdS).
	Vorschule der Rechtsphilosophie, 2. Aufl. Göttingen 1959 (zit.: Vorschule).
Reininger, Robert	Metaphysik der Wirklichkeit, Bd. 1—2, 2.Aufl. Wien 1947—1948.
Rickert, Heinrich	Zur Lehre von der Definition, 3. Aufl. Tübingen 1929.
	Die Grenzen der naturwissenschaftlichen Begriffsbildung, 2. Aufl. Tübingen 1913.
	Kulturwissenschaft und Naturwissenschaft, 7. und 8. Aufl. Tübingen 1926.
Rinck, Hans Justus	Gleichheitssatz, Willkürverbot und Natur der Sache, in: JZ 1963, S. 521ff (zit.: NdS).
Ritter, Constantin	Platon, Bd. 1—2, München 1910 und 1923.
Ritter, Joachim	‚Naturrecht' bei Aristoteles, res publica, Beiträge zum öffentlichen Recht, herausg. v. E. Forsthoff, Bd. 6, Stuttgart 1961.
Rommen, Heinrich	Die ewige Wiederkehr des Naturrechts, 2. Aufl. München 1947.
Ross, Alf	Theorie der Rechtsquellen, Leipzig und Wien 1929.
Rückert, Ludwig	Der Begriff des gemeinen deutschen Privatrechts, Erlangen 1857 (zit.: Begriff).
Runde, Justus Friedrich	Grundsätze des gemeinen deutschen Privatrechts, 5. Aufl. Göttingen 1817 (zit.: Grundsätze).
Savigny, Friedrich Carl von	System des heutigen Römischen Rechts, Bd. 1, Berlin 1840 (zit.: System Bd. 1).
Schambeck, Herbert	Der Begriff der „Natur der Sache", in: Österreichische Zeitschr. f. öffentl. Recht, Bd. 10 (1960), S. 452ff (zit.: NdS).
	Der Begriff der „Natur der Sache", Wien 1964 (zit.: Begriff).
Schlick, Moritz	Allgemeine Erkenntnislehre, 2. Aufl. Berlin 1925 (zit.: Erkenntnislehre).
	Gesammelte Aufsätze 1926—1936, herausg. von Friedrich Waismann, Wien 1938.
Schmid, Reinhold	Theorie und Methodik des bürgerlichen Rechts, Jena 1848.
Schmitt, Carl	Die drei Arten des rechtswissenschaftlichen Denkens, Hamburg 1934 (zit.: Die drei Arten).
	Verfassungsrechtliche Aufsätze aus den Jahren 1924—1954, Berlin 1958 (zit.: Aufsätze).

Sigwart, Christoph — Logik, Bd. 1—2, 3. Aufl. Tübingen 1904.

Spinoza, Benedict de — Ethik, übersetzt von Otto Baensch, Leipzig 1949 (unveränd. Abdr. der 2. Aufl. von 1910), Phil. Bibl. Bd. 92.

Stammler, Rudolf — Theorie der Rechtswissenschaft, 2. Aufl. Halle a. d. S. 1923.

Stegmüller, Wolfgang — Hauptströmungen der Gegenwartsphilosophie, 2. Aufl. Stuttgart 1960 (zit.: Hauptströmungen).

Stone, Julius — „The Nature of Things" on the Way to Positivism?, in: ARSP Bd. 50 (1964), S. 145ff (zit.: Nature of things).

Stratenwerth, Günter — Das rechtstheoretische Problem der „Natur der Sache", Recht und Staat, Heft 204, Tübingen 1957 (zit.: NdS).

Strauss, Leo — Naturrecht und Geschichte, Stuttgart 1953.

Tammelo, Ilmar — The Nature of Facts as a Juristic Tópos, in: ARSP Beiheft Nr. 38, N. F. Nr. 2 (1963), S. 236ff (zit.: Nature of facts).

Theiler, Willi — Zur Geschichte der teleologischen Naturbetrachtung bis auf Aristoteles, Zürich und Leipzig 1925.

Thieme, Hans — Die Zeit des späten Naturrechts, in: SavZ-Germ. Bd. 56 (1936), S. 202ff.

Thöl, Heinrich — Einleitung in das deutsche Privatrecht, Göttingen 1851 (zit.: Einleitung).

Thomas von Aquino — Opera omnia, éd. Stan. Ed. Tretté und Paul Maré, 33 Bde., Paris 1871ff; Abkürzung: S. th. = Summa theologica; Zitierschlüssel: S. th. I qu. 29 art. 1 ad 4, Op. I S. 207 = Summa theologica, 1. Teil, quaestio 29, articulus 1, ad 4, in: Opera Bd. I, S. 207.
De ente et de essentia, dt.-lat. Ausg., übersetzt und erläutert von Rudolf Allers, Darmstadt 1956.

Tugendhat, Ernst — TI KATA TINOΣ, Symposion, Philosophische Schriftenreihe, herausg. v. M. Müller, B. Welte und E. Wolf, Bd. 2, Freiburg/München 1958.

Ueberweg, Friedrich — Grundriß der Geschichte der Philosophie, 1. Teil, Die Philosophie des Altertums, Basel und Stuttgart 1960, unveränd. Abdr. der 12. Aufl. 1924, herausg. von Karl Praechter (zit.: Ueberweg Bd. 1); 3. Teil, Die Philosophie der Neuzeit bis zum Ende des XVIII. Jahrhunderts, 13. Aufl. Basel 1953, herausg. von Max Frischeisen-Köhler und Willi Moog (zit.: Ueberweg Bd. 3).

Verdross, Alfred — Abendländische Rechtsphilosophie, Wien 1958.

Weber, Max — Wirtschaft und Gesellschaft, 3. Aufl., Tübingen 1947.
Die „Objektivität“ sozialwissenschaftlicher und sozialpolitischer Erkenntnis, in: Gesammelte Aufsätze zur Wissenschaftslehre, Tübingen 1922, S. 146ff (zit.: Objektivität).

Weischedel, Wilhelm — Recht und Ethik, Schriftenreihe der Jur. Studienges. Karlsruhe, Heft 119, Karlsruhe 1956.

Welzel, Hans — Naturrecht und materiale Gerechtigkeit, 4. Aufl. Göttingen 1962 (zit.: Naturrecht).
Naturrecht und Rechtspositivismus, in: Festschr. für Hans Niedermeyer, Göttingen 1953, S. 279ff.

Wieacker, Franz — Privatrechtsgeschichte der Neuzeit, Göttingen 1952 (zit.: Privatrechtsgeschichte).
Gesetz und Richterkunst, Schriftenreihe der Jur. Studienges. Karlsruhe, Heft 34, Karlsruhe 1958.

Wieland, Wolfgang — Die aristotelische Physik, Göttingen 1962.

Windelband, Wilhelm — Lehrbuch der Geschichte der Philosophie, 15. Aufl., herausg. von Heinz Heimsoeth, Tübingen 1957 (zit.: Windelband).

Windscheid, Bernhard — Lehrbuch des Pandektenrechts, Bd. 1, 7.Aufl. Frankfurt/M. 1891.

Wittgenstein, Ludwig — Schriften, Frankfurt/M. 1960.

Wolf, Erik — Große Rechtsdenker der deutschen Geistesgeschichte, 4. Aufl. Tübingen 1963 (zit.: Große Rechtsdenker).
Griechisches Rechtsdenken, Bd. 2, Frankfurt/M. 1952.
Das Problem der Naturrechtslehre, 2. Aufl. Karlsruhe 1959.

Wolff, Hans J. — Organschaft und Juristische Person, Bd. 1, Juristische Person und Staatsperson, Berlin 1933 (zit.: Organschaft Bd. 1).
Über die Gerechtigkeit als principium juris, in: Festschr. für Wilhelm Sauer, Berlin 1949, S. 103ff (zit.: Gerechtigkeit).
Typen im Recht und in der Rechtswissenschaft, in: Studium generale, 5. Jg. (1952), S. 195ff (zit.: Typen im Recht).
Begriff und Kriterium der Wahrheit, in: Gegenwartsprobleme des intern. Rechts und der Rechtsphilosophie, Festschr. für Rudolf Laun, Hamburg 1953, S. 587ff.
Rechtsgrundsätze und verfassunggestaltende

Grundentscheidungen als Rechtsquellen, in: Forschungen und Berichte aus dem öffentlichen Recht, Gedächtnisschrift für Walter Jellinek, München 1955, S. 33ff (zit.: Rechtsgrundsätze).

Verwaltungsrecht, Bd. 1, 5. Aufl. München und Berlin 1963.

Verwaltungsrecht, Bd. 2, München und Berlin 1962.

Werke, die nur vereinzelt zitiert werden, sind in den Text-Anmerkungen näher bezeichnet. Die Dissertationen von Peter Kolb, Der Begriff der Natur der Sache in der höchstrichterlichen Rechtsprechung, Diss. Würzburg 1963, und Yungback Kwun, Die Entwicklung der Lehre von der „Natur der Sache" in der Rechtsphilosophie bei Gustav Radbruch, Diss. Saarbrücken 1963, waren mir bis zur Drucklegung nicht zugänglich. Auf sie wird daher nur an dieser Stelle hingewiesen.

ABKÜRZUNGEN

ARSP	Archiv für Rechts- und Sozialphilosophie, herausg. im Auftrage der Internationalen Vereinigung für Rechts- und Sozialphilosophie
BGH	Bundesgerichtshof
BGHZ	Entscheidungen des Bundesgerichtshofs, Amtliche Sammlung
BVerfG	Bundesverfassungsgericht
BVerfGE	Entscheidungen des Bundesverfassungsgerichts, Amtliche Sammlung
BVerwG	Bundesverwaltungsgericht
DRiZ	Deutsche Richterzeitung
DVBl.	Deutsches Verwaltungsblatt
JW	Juristische Wochenschrift
JZ	Juristenzeitung
NJW	Neue Juristische Wochenschrift
OVG	Oberverwaltungsgericht
Phil. Bibl.	Meiners Philosophische Bibliothek
PhilJb.	Philosophisches Jahrbuch der Görresgesellschaft
RGSt	Entscheidungen des Reichsgerichts in Strafsachen, Amtliche Sammlung
RGZ	Entscheidungen des Reichsgerichts in Zivilsachen, Amtliche Sammlung
SavZGerm.	Zeitschrift der Savigny-Stiftung für Rechtsgeschichte, Germanistische Abteilung
ZAkadDR	Zeitschrift der Akademie für Deutsches Recht
Z. f. dt. R. u. dt. Rechtswiss.	Zeitschrift für deutsches Recht und deutsche Rechtswissenschaft, herausg. von Beseler, Bluntschli und Reyscher

EINLEITUNG

Der Ausdruck „Natur der Sache“ (NdS) gehört dem allgemeinen Sprachgebrauch an. Er begegnet hier vorwiegend in der Redewendung „das liegt in der Natur der Sache“, häufig vertauschbar mit der bildhaften Formel „das liegt auf der Hand“, und dient so zur Begründung von Aussagen, die selbstverständlich und keiner näheren Erläuterung bedürftig erscheinen[1].

Auch in der Jurisprudenz wird der Ausdruck nicht selten in diesem Sinne verwandt. Darüber hinaus hat er hier jedoch eine besondere Bedeutung erlangt. Um sie geht es in der Lehre von der NdS. Diese ist allerdings seit ihren Anfängen umstritten. Der Streit geht darum, ob und inwiefern die NdS als Quelle des Naturrechts oder als Quelle des positiven Rechts oder als Mittel der Auslegung und Lückenfüllung bezeichnet werden könne. Eine Einigung hierüber ist noch nicht erzielt.

Betrachtet man die hierzu erschienenen Beiträge, so zeigt sich, daß die Einigung nicht zuletzt an der Vieldeutigkeit des Ausdrucks NdS scheitert. „Wenn es, wie ich glaube“, so schreibt daher Noberto Bobbio 1958, „eine der Hauptaufgaben der Rechtswissenschaft ist, die Juristensprache zu reinigen, die allgemeine Sprechweise in eine technische zu verwandeln, besteht kein Zweifel, daß der Begriff von der Natur der Sache wegen seiner noch heute ungeklärten Bedeutung ein weites Betätigungsfeld für den Juristen bietet“[2].

Hiervon ausgehend verfolgt die vorliegende Abhandlung ausschließlich begriffsklärende Absicht. Ihr Ziel ist die Beantwortung zweier Fragen:

1. in welchen Bedeutungen und Zusammenhängen wurden und werden der Ausdruck NdS und seine fremdsprachigen Entsprechungen tatsächlich verwandt?
2. ist es zweckmäßig, im Wege einer spezialwissenschaftlichen Sprachregelung eine dieser Bedeutungen mit dem Ausdruck NdS dergestalt zu verbinden, daß er als Fachausdruck (terminus technicus) in der Juristensprache Verwendung finden kann?[3]

---

[1] Vgl. Radbruch, NdS, S. 9.
[2] NdS, S. 306.
[3] Vgl. zu diesem Programm Bobbio, NdS, S. 305f.

Die erste Frage läßt sich nur auf der Grundlage historischer Untersuchungen beantworten. Diese Untersuchungen bilden den ersten Teil der Abhandlung. Der zweite Teil enthält eine systematische Zusammenfassung, Ordnung und Erläuterung des historischen Materials und befaßt sich abschließend mit der oben gestellten terminologischen Zweckmäßigkeitsfrage.

1. Teil
HISTORISCHE UNTERSUCHUNGEN

Der historische Teil gliedert sich in zwei Kapitel. Das erste enthält Vorbemerkungen zur Geschichte des NdS-Begriffs als allgemeiner Denkform, das zweite behandelt die Geschichte der Lehre von der NdS in der Rechtswissenschaft[4].

Diese Zweiteilung ist zweckmäßig, weil sich eine Lehre von der NdS in der Rechtswissenschaft erst im ausgehenden 18. und im beginnenden 19. Jahrhundert herausgebildet hat, die Entstehung und Entwicklung dieser Lehre aber nicht ohne die vorangegangene begriffsgeschichtliche Tradition verstanden werden kann. Der Ausdruck „Lehre" von der NdS meint hier die Summe aller spezifisch rechtswissenschaftlichen Versuche, den NdS-Begriff definitorisch zu erfassen und in das System der Rechtstheorie bzw. der allgemeinen Rechtslehre einzuordnen. Wenn im folgenden von „dem" NdS-Begriff die Rede ist, wird darunter entweder der aus dem jeweiligen Zusammenhang ersichtliche Begriff oder der Inbegriff aller Bedeutungen verstanden, die sich mit dem Ausdruck NdS tatsächlich verbunden haben.

1. Kapitel
Vorbemerkungen zur Geschichte des NdS-Begriffs als allgemeiner Denkform

§ 1
Problemstellung

Eine begriffsgeschichtliche Untersuchung setzt ein Vorverständnis des zu untersuchenden Begriffs voraus. Dieses ist dem gegenwärtigen Sprachgebrauch zu entnehmen. Aus ihm ergibt sich, daß das Wort

---

[4] Bei Abschluß des Manuskripts dieser Schrift lag eine zusammenhängende, die problemgeschichtlichen Aspekte einbeziehende Darstellung weder für den Bereich der allgemeinen Begriffsgeschichte noch für den der Dogmengeschichte vor. Zu den vorhandenen dogmengeschichtlichen Hinweisen vgl. unten § 10 S. 35 N. 207. Inzwischen hat Schambeck, Begriff, S. 7—31, ein umfangreiches, vorwiegend begriffsgeschichtliches Material vorgelegt, das sich mit den folgenden Untersuchungen aber nur teilweise überschneidet.

„Sache“ in der Wortverbindung NdS nicht im Rechtssinne verstanden sein will, d. h. als körperlicher Gegenstand oder als Gegensatz zur Person, sondern jedes Seiende, jeden Erkenntnisgegenstand, jedes Aussageobjekt schlechthin meint. Das gilt für den allgemeinen wie für den juristischen Sprachgebrauch[5]. Die in letzterem, insbesondere in der Lehre von der NdS zu beobachtende Tendenz, die Argumentation aus der NdS vorwiegend als Argumentation aus der Natur von Rechtsinstituten oder Institutionen[6] zu verstehen, kann hier zunächst außer Betracht bleiben. Als Leitfaden für die begriffsgeschichtliche Untersuchung genügt die Feststellung, daß der Sachbegriff im NdS-Begriff die Funktion einer logischen Variablen hat, für die jedes Aussageobjekt eingesetzt werden kann.

Daraus folgt, daß eine Argumentation aus der NdS auch dann vorliegt, wenn die Sache beim Namen genannt, also aus der Natur des Staates, der Ehe, des Menschen etc. argumentiert wird. Die begriffsgeschichtliche Untersuchung darf sich daher nicht ausschließlich an das Vorkommen der Wortverbindung NdS oder ihrer fremdsprachigen Äquivalente klammern. Sie hat sich vielmehr an den NdS-Begriff als allgemeine Denkform zu halten, d. h. an die Frage: was ist gemeint, wenn von der „Natur“ einer Sache überhaupt die Rede ist? Gegenstand dieses ersten Kapitels muß also in erster Linie der Naturbegriff im NdS-Begriff sein[7].

Eine ausführliche Darstellung der Geschichte des Naturbegriffs im NdS-Begriff als allgemeiner Denkform würde indessen den Rahmen der vorliegenden Abhandlung überschreiten. Denn die Frage, was unter der „Natur der Dinge“ zu verstehen sei, ist unlösbar mit erkenntnistheoretischen und metaphysischen Problemen verknüpft. Andererseits dürfen diese Probleme nicht gänzlich außer acht gelassen werden. Denn die rechtsphilosophische und rechtstheoretische Funktion des NdS-Begriffs hängen, wie im folgenden zu zeigen ist, entscheidend von den in ihm enthaltenen allgemeinphilosophischen Prämissen ab. Es verbleibt somit nur die Möglichkeit, in Form einer Reihe loser und notwendig lückenhafter Vorbemerkungen einige der historisch wirkungsvollsten Ausprägungen des NdS-Begriffs unter Berücksichtigung ihrer Bedeutung für das Naturrechtsproblem aufzuzeigen[8].

---

[5] Belege hierfür ergeben sich aus dem weiteren Verlauf der Untersuchung.

[6] Die Ausdrücke Institution und Institut werden in dieser Abhandlung synonym verwandt. Über die mit ihnen verbundenen Begriffe vgl. unten § 21.

[7] Methodologisch ist zwischen Begriffsgeschichte als Wortgebrauchsgeschichte und Begriffsgeschichte als Bezeichnungs- oder Bedeutungsgeschichte zu unterscheiden. Die folgende Untersuchung geht vom Leitfaden des Wortgebrauchs aus, bezieht jedoch bedeutungs- sowie problemgeschichtliche Zusammenhänge ein.

[8] Es bedarf kaum einer Erwähnung, daß dieses vorbereitende Kapitel keinen

Noch eine weitere Einschränkung ist geboten. Aus der Funktion des Sachbegriffs als logischer Variabler folgt, daß grundsätzlich auch der Begriff der Natur des Menschen ein Unterfall des NdS-Begriffs ist[9]. Dieser Unterfall stellt aber das Zentralthema der klassischen Naturrechtslehre dar[10]. Streng genommen gehört daher die gesamte Naturrechtsgeschichte in den Themenkreis dieses Kapitels. Insoweit darf jedoch auf die Darstellungen Welzels, Flückigers und Verdross' verwiesen werden[11]. Im folgenden wird auf den Begriff der Natur des Menschen nur insoweit eingegangen, als es zur Verdeutlichung des NdS-Begriffs als allgemeiner Denkform erforderlich erscheint.

§ 2

Ursprünge

Das griechische Wort für Natur ist physis. Es meint seinem ursprünglichen Wortsinn nach die Geburt und Herkunft einer Sache, allgemeiner das Werden und Wachsen schlechthin oder auch deren Ergebnis: das Gewordensein, den Wuchs (physis von φύειν und φύεσθαι, entsprechend im Lateinischen natura von nasci)[12].

Die Vorstellung des Gewordenseins kann sich einerseits auf die Gesamtheit der den Menschen umgebenden Dinge, andererseits auf ein einzelnes Ding oder eine Gruppe (Klasse, Gattung, Art) von Dingen beziehen. Dementsprechend dient das Wort physis im vorwissenschaftlichen

---

eigenständigen Beitrag zur philosophisch-begriffsgeschichtlichen Forschung zu geben beansprucht. Da jedoch eine zusammenhängende Darstellung der Geschichte des NdS-Begriffs als allgemeiner Denkform noch immer fehlt, erscheint ein knapper Aufriß der begriffsgeschichtlichen Thematik zur Vorbereitung des dogmengeschichtlichen Kapitels und der systematischen Begriffsanalyse unerläßlich.

[9] Ebenso Coing, Grundzüge, S. 119; Dahm, Deutsches Recht, S. 28; Schambeck, NdS,S. 465 ff. Schambecks Bemerkung, Radbruch habe die Natur des Menschen vom NdS-Begriff ausgeschlossen, trifft nur bedingt zu. Zwar stellt Radbruch die NdS als juristische Denkform in den Gegensatz zur naturrechtlichen Argumentation aus der Vernunftnatur des Menschen (NdS, S. 7; Vorschule, S. 20). Die Natur des Menschen im übrigen, d. h. den Menschen „in seiner körperlichen und seelischen Beschaffenheit", betrachtet jedoch auch er als Unterfall des NdS-Begriffs (vgl. NdS, S. 10).

[10] Vgl. Welzel, Naturrecht, S. 10f.

[11] Welzel, Naturrecht; Flückiger, Geschichte des Naturrechts, Bd. 1; Verdross, Abendländische Rechtsphilosophie.

[12] Erik Wolf, Griechisches Rechtsdenken, Bd. 2, S. 80; Heinimann, Nomos und Physis, S. 89, 90; vgl. auch Strauss, Naturrecht und Geschichte, S. 83ff. Leisegang, Physis, Sp. 1130f.

griechischen Sprachgebrauch von Anfang an sowohl als Name für den Inbegriff der gewachsenen, von Menschenhand unberührten Gegenstände, als auch zur Kennzeichnung der gewachsenen, „natürlichen“ Beschaffenheit eines einzelnen oder allgemeinen Gegenstandes[13]. In diesem Wortgebrauch deutet sich bereits eine grundsätzliche Spaltung im Naturbegriff an. Die eine Bedeutung (Natur als spezifische Summe von Dingen) bildet die Wurzel des materialen, die andere (Natur als spezifische Beschaffenheit eines Dinges) die Wurzel des formalen Naturbegriffs[14]. Der Naturbegriff im NdS-Begriff ist der formale Naturbegriff[15].

Die philosophische Problematik des formalen Naturbegriffs ergab sich historisch aus der Beobachtung, daß die Beschaffenheit der Dinge als Erscheinungen, d. h. als Gegenstände sinnlicher Wahrnehmung, einem ständigen Wandel unterworfen ist. Diese Beobachtung führte zu der Ursprungsfrage der griechischen Philosophie: der Frage nach dem Beharrlichen, Wesentlichen, Substantiellen (Subsistierenden) im Wechsel der Erscheinungen und damit zugleich nach den Ursachen der Sinnendinge[16]. Die inhaltlichen Antworten der ersten Philosophen auf diese Frage sind hier nicht darzustellen. Entscheidend ist, daß der Ausdruck physis bereits in den Anfängen des philosophischen Denkens auf das so erfragte „metaphysische“ Wesen der Dinge übertragen wurde[17]. Neben die empirische als nur „scheinbare“ trat damit die metaphysische als „wahre“, wesenhafte physis der Dinge.

Der Substanzgedanke entwickelte sich wiederum in zwei Richtungen. Das Beharrliche wurde einerseits als der den Erscheinungen zugrunde liegende Stoff, andererseits als die die Erscheinungen bestimmende

---

[13] Vgl. Hardy, Der Begriff der Physis, S. 14f; Wolf und Heinimann a. a. O.; Strauss, Naturrecht und Geschichte, S. 85 N. 3.

[14] Das Begriffspaar material-formal ist hier noch nicht in einem spezifisch philosophischen Sinne gemeint.

[15] Seinem etymologischen Ursprung nach kann sich der formale Physisbegriff nur auf solche Dinge beziehen, die aus einem natürlichen Werdeprozeß hervorgegangen sind (res naturales). Schon bald wurde er jedoch auch auf die Beschaffenheit solcher Dinge übertragen, die von Menschenhand geformt, also aus einem künstlichen Werdeprozeß hervorgegangen sind (res artificiales). Vgl. Aristoteles, Metaphysik IV, 4, 1014 b, 1015a, S. 148ff; s. auch Wieland, Die aristotelische Physik, S. 231ff.

[16] Vgl. Ueberweg, Bd. 1, § 7, S. 39f; Windelband, S. 24ff; Strauss, Naturrecht und Geschichte, S. 83ff.

[17] Hardy, Der Begriff der Physis, S. 14f, 17, 30. Vgl. Platon, Nomoi, 891c; Aristoteles, Metaphysik I, 3, 983b, 984a, S. 43ff. Περὶ φυσεῶς = Über die Natur (der Dinge) lautete der typische Schriftentitel der vorsophistischen Philosophie; vgl. Hardy a. a. O., S. 34; Einzelnachweise hierfür bei Ueberweg, Bd. 1, S. 48, 55, 60, 61, 75, 82, 89, 92, 99, 103.

Form verstanden[18]. Von zentraler Bedeutung für das Naturrechtsproblem wurde die teleologische Fassung des formalen Naturbegriffs. Als „wahre" physis der Dinge erscheinen hier die platonische Idee und die aristotelische Wesensform. Im Gegensatz dazu steht vor allem die mechanistische Fassung des NdS-Begriffs, wie sie zuerst im antiken Atomismus vertreten wurde. In ihm ist die „wahre" physis der Dinge durch die Atome, das Leere und die Bewegung bestimmt[19]. Der mechanistische NdS-Begriff kann hier jedoch außer Betracht bleiben, da er rechtsphilosophisch irrelevant ist[20].

Bevor auf den NdS-Begriff bei Platon und Aristoteles eingegangen wird, ist noch auf eine andere Entwicklungslinie hinzuweisen. Die Übertragung des Ausdrucks physis auf das metaphysische Wesen der Dinge war nur dort möglich, wo man dieses Wesen überhaupt für erkennbar hielt. Wurde seine Erkennbarkeit verneint, wie im erkenntnistheoretischen Skeptizismus, so verblieb nur die Möglichkeit einer empirischen Bestimmung des formalen Naturbegriffs. Der historische Ursprung der skeptischen Philosophie liegt in der Sophistik[21]. In ihr meint der Ausdruck physis im engen Anschluß an den vorwissenschaftlichen Sprachgebrauch die empirisch beobachtbare, gewachsene, normale, aus eigener Kraft sich erhaltende Beschaffenheit eines Gegenstandes[22].

In dieser Gestalt, bezogen auf die Natur des Menschen, wurde der Physisbegriff zum Prinzip der sophistischen Lehre vom φύσει δίκαιον[23]. Die einzelnen Ausprägungen dieser Lehre interessieren hier nicht. Hingewiesen sei nur darauf, daß die Sophisten kein intersubjektiv zuverlässiges Kriterium dafür besaßen, welchem der empirischen, „normalen" Beschaffenheitsmerkmale des Menschen die entscheidende Bedeutung für die Gestaltung des Rechts zukomme. Die einen blickten auf die biologische Verschiedenartigkeit der Menschen und folgerten daraus ein Naturrecht des Stärkeren; die anderen erachteten die biologische Gleichartigkeit als maßgebend und gelangten so zu einem Naturrecht der Schwächeren oder der Gleichheit[24].

---

[18] N. Hartmann, Grundlegung, S. 61.

[19] Vgl. Hardy, Der Begriff der Physis, S. 64f; Ueberweg, Bd. 1, § 22, S. 104ff.

[20] Zum Rechtsgedanken im griechischen Atomismus vgl. E. Wolf, Griechisches Rechtsdenken, Bd. 2, S. 337ff („‚Apolitisches' Rechtsdenken").

[21] Vgl. Ueberweg, Bd. 1, §§ 23ff, S. 111ff; Windelband, S. 96ff.

[22] Flückiger, Geschichte des Naturrechts, Bd. 1, S. 107; Heinimann, Nomos und Physis, S. 96ff; vgl. auch E. Wolf, Griechisches Rechtsdenken, Bd. 2, S. 78ff, 100ff, 120ff, 124/125, 135ff, 163ff.

[23] Vgl. Flückiger a. a. O., S. 105ff; Welzel, Naturrecht, S. 12ff, Verdross, Abendländische Rechtsphilosophie, S. 16ff, und insbesondere E. Wolf, Griechisches Rechtsdenken, Bd. 2, S. 76ff.

[24] Vgl. dazu im einzelnen die in Note 23 genannten Darstellungen.

Diese Relativität des sophistischen Naturrechtsgedankens ist ein Ausdruck der Relativität des empirischen NdS-Begriffs. Denn wird die Erkennbarkeit des metaphysischen Wesens der Dinge (hier des Menschen) verneint, so bleibt die Bestimmung dessen, was wesentlich oder wichtig oder normal an einem Erkenntnisgegenstand ist, grundsätzlich von der Blickrichtung des erkennenden Subjekts abhängig. Am deutlichsten wird das an der Erkenntnistheorie des Protagoras[25]. Protagoras identifiziert Erkenntnis und sinnliche Wahrnehmung. Da aber alle sinnliche Wahrnehmung vom subjektiven Akt des Wahrnehmens abhängt, ist danach alle Erkenntnis subjektiv und relativ: „wie ein jedes Ding mir erscheint", formuliert Protagoras nach Platon, „ein solches ist es auch mir, und wie es dir erscheint, ein solches ist es wiederum dir[26]". Die in der Konsequenz dieser erkenntnistheoretischen Grundhaltung liegende völlige Auflösung des NdS-Begriffs soll weiter unten am Beispiel des neuzeitlichen Empirismus näher verdeutlicht werden[27].

Den ersten Schritt zur Überwindung des sophistischen Relativismus tat Sokrates als Begründer der Lehre vom Begriff[28]. Diese Lehre eröffnete die Möglichkeit, als physis einer Sache rein formal den Inbegriff der Merkmale zu bezeichnen, die den Begriff der Sache konstituieren (logische NdS)[29]. Damit ergab sich die Frage nach dem Ursprung und der Bildung der Begriffe. Sokrates beantwortete sie mit seiner Lehre von der Induktion[30]. Er suchte durch Vergleichung des empirisch Einzelnen und durch Ausschaltung der unwesentlich erscheinenden Verschiedenheiten zum begrifflich Allgemeinen zu gelangen. Mit dieser Lehre war aber der Relativismus im Grundsatz noch nicht überwunden. Es fehlte ein erkenntnistheoretisch oder methodologisch fundiertes Kriterium für die Unterscheidung begriffswesentlicher und -unwesentlicher Merkmale. Dazu bedurfte es einer näheren Bestimmung der Funktion des Denkens im Erkenntnisprozeß. Insbesondere verblieb die Frage, ob und wie es möglich sei, im logischen Wesen, d. h. im Begriff, das reale (metaphysische) Wesen der Dinge adäquat zu erfassen. Die historische Antwort auf diese Problemstellung ist die platonische Ideenlehre, deren Kernstück in der „Setzung der Begriffe als selbständiger, von der Erscheinungswelt getrennter und ihr übergeordneter Substanzen" besteht[31].

---

[25] Dazu Ueberweg, Bd. 1, § 25, S. 116ff; Windelband, S. 77ff.

[26] Platon, Theaitetos, 152a. [27] Vgl. unten §7.

[28] Ueberweg, Bd. 1, § 31, S. 139ff; Windelband, S. 79ff; vgl. Aristoteles, Metaphysik XII, 4, 1078b, S. 391.

[29] Windelband, S. 80: „Er suchte die logische Physis, und er fand sie im Begriff".

[30] Vgl. die in N. 28 genannten Darstellungen.

[31] Ueberweg, Bd. 1, § 38 III, S. 260.

§ 3

Der NdS-Begriff bei Platon

Platon verwendet den Ausdruck physis in mehreren Bedeutungen[32]. Im einzelnen soll seinem Wortgebrauch hier nicht nachgegangen werden. Entscheidend ist die Übertragung des Ausdrucks auf den Begriff der Idee[33]. Die so verstandene physis meint nicht die empirische Gestalt oder den von der Sinnenwelt abgezogenen Begriff eines Dinges, sondern die transzendente Vollform, das zeitlose Urbild, das sich in der Sinnenwelt immer nur abbildend manifestiert[34].

Erkenntnistheoretisches Korrelat der Ideenlehre ist die platonische Lehre von der Vernunfterkenntnis[35]. Hatte Protagoras Erkenntnis und sinnliche Wahrnehmung identifiziert, so erblickt Platon in der letzteren eine bloß äußere Anregung, durch die die Seele zum inneren Akt der Wesensschau, der Wiedererinnerung an die vor ihrer Geburt in der Ideenwelt erschauten reinen Urbilder der Dinge geleitet wird.

Den vielen Darstellungen und Deutungen der platonischen Ideenlehre und ihrer Probleme soll hier keine neue hinzugefügt werden. Hinzuweisen ist jedoch auf ihre rechtsphilosophische Funktion. Sie folgt aus dem Wertcharakter der Ideen. Dieser ergibt sich formal aus der Erfassung der Ideen als Vollformen und Musterbilder der Sinnendinge. Metaphysisch ist er eine Konsequenz des teleologischen Grundzuges der Ideenlehre[36].

Dieser Grundzug liegt in der Bestimmung der Ideen als Zweckursachen und Zielbestimmungen der Sinnendinge. Jedes Werden, heißt es im Philebos, geschieht wegen eines Seins, d. h. wegen einer Idee, und das gesamte Werden wegen des gesamten Seins[37]. Eine höchste Idee, die des Guten, erscheint als absoluter Zweckinhalt der Welt überhaupt[38]. Eng

---

[32] Dazu im einzelnen Hardy, Der Begriff der Physis, S. 105ff. S. auch Leisegang, Physis, Sp. 1143 ff.

[33] Vgl. Hardy, Der Begriff der Physis, S. 139f; Theiler, Zur Geschichte der teleologischen Naturbetrachtung, S. 84; Meyer, Natur und Kunst, S. 32f; als Belegstellen bei Platon vgl. Kratylos 393d; Phaidros 245c; Politeia 597b, d, 612a.

[34] Flückiger, Geschichte des Naturrechts, Bd. 1, S. 138; vgl. auch Welzel, Naturrecht, S. 21ff.

[35] Dazu vor allem Geyser, Über Begriffe und Wesensschau, S. 19ff; vgl. Platon, Politeia 533e, 534a, Timaios 27d, 28a.

[36] Vgl. Platon, Philebos 54c; Timaios 37cff, 46d, e; Nomoi 891c—899d. Zur Teleologie bei Platon vgl. insbes. Theiler, Zur Geschichte der teleologischen Naturbetrachtung, S. 64ff; Ritter, Platon, Bd. 2, S. 405ff; Verdross, Abendländische Rechtsphilosophie, S. 33ff.

[37] Philebos 54c.

[38] Vgl. Windelband, S. 104.

hiermit verbunden ist der platonische Gottesbegriff: die Vorstellung einer den Menschen übergeordneten Instanz, die die Sinnenwelt nach dem Vorbild der Ideenwelt eingerichtet hat[39]. Erst in diesem Gottesbegriff vollendet sich der Charakter der platonischen Lehre als teleologischer Metaphysik. Denn die Grundprämisse aller teleologischen Metaphysik besteht, wie Nikolai Hartmann formuliert, in der Annahme, „daß eine einheitliche, vernünftige, vorschauend bestimmende Macht in der Welt waltet und alles in ihr, den Menschen mit eingeschlossen, auf ein sinnvolles Ziel hinlenkt"[40].

Nur im Zusammenhang mit dem Gottesbegriff läßt sich die normative Bedeutung der teleologischen NdS verstehen. Denn er eröffnet die Möglichkeit, das teleologische Grundgesetz, wonach ein jedes Sinnending die ihm gemäße Vollkommenheit anstrebt, nicht nur als Seinsgesetz, sondern, im Hinblick auf den mit Willensfreiheit begabten Menschen, auch als Sollensgesetz zu denken[41]. Obwohl normlogische Gedankengänge Platon wie dem antiken Denken überhaupt noch durchaus fernliegen, soll an dieser Stelle eine allgemeine Bemerkung zur Funktion des teleologischen NdS-Begriffs im Rahmen des Naturrechtsproblems eingeschaltet werden. Das rechtfertigt sich aus der Tatsache, daß der platonische Begriff der Idee den Prototyp aller teleologischen Fassungen des NdS-Begriffs darstellt.

Der teleologische NdS-Begriff ist zugleich ein theoretischer und ein praktischer Begriff. Ein theoretischer Begriff ist er insofern, als die Gegenstände, die er erfassen will, bei Platon die Ideen, etwas Seiendes sind. Ein praktischer Begriff ist er insofern, als dieselben Gegenstände den Wertmaßstab und, in bezug auf den Menschen, den Sollensinhalt der Sinnendinge darstellen. Die platonische Idee, formuliert Kelsen, „vereinigt ... in sich die Funktion des Begriffs mit der der Norm"[42]. Die teleologische Natur des Staates z. B. bezeichnet daher einerseits die Seinsbeschaffenheit des Staates als Idee, andererseits die Sollbeschaffenheit des Staates als empirischer Institution. Erkauft ist diese Doppelstellung des teleologischen NdS-Begriffs allerdings durch eine Spaltung im Wirklichkeitsbegriff[43]. Bei Platon begegnet sie in Gestalt der Begriffe

---

[39] Zur Problematik des platonischen Gottesbegriffs vgl. Ritter, Platon, Bd. 2, S. 735ff.

[40] Teleologisches Denken, S. 36.

[41] Vgl. Verdross, Abendländische Rechtsphilosophie, S. 33ff; Hans-Joachim Klein, Zur Frage der Gründung des Rechts in der Sittlichkeit, S. 17ff. N. Hartmann hat darauf hingewiesen, daß eine konsequent zu Ende gedachte teleologische Metaphysik die menschliche Willensfreiheit aufheben muß; vgl. Teleologisches Denken, S. 119ff; Ethik, S. 204ff, 661.

[42] Reine Rechtslehre, S. 398, N. 40.

[43] Vgl. Windelband, S. 90.

des Werdenden und des Seienden, der Sinnenwelt und der Ideenwelt[44]. Dem entspricht zugleich eine Spaltung im Sachbegriff. Betrachtet man als „Sache" die an-sich-seiende Idee, so meint die auf sie bezogene physis die Seinsbeschaffenheit der Idee. Betrachtet man als „Sache" ein Sinnending, so bezeichnet der auf sie bezogene und metaphysisch verstandene Ausdruck physis die transzendente Vollform und damit die Sollbeschaffenheit des Sinnendinges. Als „physis" erscheint im zweiten Fall derselbe Gedankeninhalt, der im ersten Fall als „Sache" auftrat.

Der Begriff der Sollbeschaffenheit erklärt, daß durch die Bezugnahme auf die teleologische NdS ein Sollenssatz begründet werden kann. Die Strukturformel eines solchen Begründungszusammenhanges lautet: es liegt in der NdS, daß ein Verhalten V sein soll[45]. Nur scheinbar wird hier ein Sollen aus dem Sein abgeleitet. In Wahrheit liegt der Formel ein Syllogismus zugrunde, als dessen Obersatz der von einer transzendenten Autorität ausgehend gedachte Imperativ fungiert, daß man sich so verhalten soll, wie es der teleologischen NdS entspricht. Dieser Imperativ beruht auf der spezifisch teleologischen Gleichsetzung von Sein und Wert (Gut)[46]. Er ergibt sich wiederum aus dem Syllogismus: das Gute soll sein; das Gute ist das der teleologischen NdS Entsprechende; das der teleologischen NdS Entsprechende soll sein.

Dieser Syllogismus bildet das Grundgerüst aller ontologisch-teleologischen Naturrechtskonzeptionen. Insofern die platonische Ideenlehre die historisch erste Ausprägung einer teleologischen Metaphysik darstellt[47], kann man daher mit Welzel sagen, daß sie „das theoretische Rückgrat jeder ideellen Naturrechtslehre" ist[48].

§ 4

Der NdS-Begriff bei Aristoteles

Während die Teleologie in den platonischen Schriften aus einer Reihe verstreuter Bemerkungen herausgelesen werden muß, ist sie im aristote-

[44] Vgl. Timaios 27d, 28a; Politeia 534a, 597bff.

[45] Vgl. zur Erklärung dieser Strukturformel unten § 29

[46] Vgl. N. Hartmann, Grundlegung, S. 62.

[47] Ansätze zu einer teleologischen Metaphysik finden sich vor Platon insbesondere bei Anaxagoras. Von ihm sagt Aristoteles, Metaphysik I, 3, 984b, S. 47: „Wenn nun also jemand lehrte, es sei die Vernunft auch in der Natur, genau wie in den Lebewesen, die Ursache aller Schönheit und Ordnung, so mußte er als der erste Besonnene erscheinen, während alle Früheren nur so daherredeten". Der Gedanke einer teleologischen Weltordnung ist jedoch bei Anaxagoras nicht konsequent durchgeführt. Schon Platon, Phaidon 18b, bemerkte, daß „der Mann mit der Vernunft gar nichts anfängt". Vgl. zur Teleologie bei Anaxagoras vor allem Theiler, Zur Geschichte der teleologischen Naturbetrachtung, S. 1ff.

[48] Naturrecht, S. 22.

lischen System von Anfang an konsequent durchgeführt[49] [50]. Aristoteles unterscheidet vier Arten von Ursachen oder Prinzipien der Dinge: die Stoffursache, die Formursache, die Zweckursache und die Bewegungsursache[51]. Das Wort physis ist primär mit den beiden ersten Ursacharten verknüpft. Es bezeichnet einerseits das stoffliche Substrat, andererseits die bestimmende Form der Dinge[52]. Im Rahmen dieser Abhandlung interessiert nur der formale Naturbegriff.

Mit ihm knüpft Aristoteles an die platonische Vorstellung der Idee als Vollform einer Sache an. Im Gegensatz zu Platon lehnt er jedoch die Existenz einer von der Sinnenwelt getrennten Welt der Ideen ab[53]. Er definiert die formale physis zunächst einfach als die Beschaffenheit eines Dinges am Abschluß seines Werdeprozesses[54]. Diese Definition gilt für die natürlichen wie für die künstlichen Dinge[55]. Ihr entscheidendes Merkmal erhält sie aber erst durch die Lehre, daß der Werdeprozeß nicht nur bei den künstlichen, von Menschenhand geformten, sondern auch bei den natürlichen Dingen von Anfang an auf sein Ende, d. h. auf die Verwirklichung der Vollform angelegt ist[56]. Dadurch wird die formale physis, die Formursache, identisch mit der Zweckursache der Dinge. Zugleich erhält sie den spezifisch teleologischen Wertcharakter. Denn, formuliert

---

[49] Vgl. Ueberweg, Bd. 1, §§ 47ff, S. 379ff; Windelband, S. 119ff.

[50] Neuerdings vertritt Wieland, Die aristotelische Physik, S. 254ff, die These, „daß die Teleologie im Rahmen der aristotelischen Naturwissenschaft zwar eine wichtige Rolle spielt, daß sie aber jenes universale kosmische Prinzip gerade nicht ist, das in der Geschichte aus ihr gemacht worden ist" (S. 256). Er ist geneigt, „alle Stellen, die in den Lehrschriften auf eine theologische Begründung der natürlichen Teleologie hindeuten oder in denen die Natur als handelndes und planendes Wesen erscheint . . ., als Konzessionen an populärere Vorstellungen, die aber den Kern des Gedankengangs nicht berühren, aufzufassen" (S. 274), und gelangt so zu dem Ergebnis, daß das teleologische Prinzip bei Aristoteles „keine größere, freilich auch keine geringere Tragweite hat als in Kants Philosophie" (S. 276). Es handle sich „um eine durchaus phänomenologische Teleologielehre, die nur der Auslegung der Erfahrung dienen will" (S. 277). Ob und inwieweit diese Auffassung zutrifft, kann im Rahmen der vorliegenden Abhandlung nicht untersucht werden. Der obige Text stützt sich auf die herkömmliche Aristoteles-Interpretation.

[51] Metaphysik I, 3, 983a, S. 43; IV, 2, 1013a, S. 144; Physik II, 3, 194b, S. 65f.

[52] Physik II, 1, 193a, S. 60; vgl. auch Physik II, 2, 194a, S. 63; II, 8, 199a, S. 81; ferner Metaphysik IV, 4, 1014b—1015a, S. 148—150.

[53] Metaphysik I, 9, 990bff, S. 64ff; XII, 4, 1078 bff, S. 390ff.

[54] Politik I, 2, 1252b, S. 4. Zum Physisbegriff bei Aristoteles s. auch Leisegang, Physis Sp. 1148ff.

[55] Politik a. a. O. und Metaphysik IV, 4, 1014b, S. 149.

[56] Physik II, 8, 198b, S. 78ff.

Aristoteles, „der Zweck will das Beste und das Ziel für alles andere sein[57]“.

Die empirische Grundlage für diese Lehre findet Aristoteles in erster Linie im Bereich der organischen Körper[58]. Ausdrücklich wendet er sich gegen den (die moderne Evolutionstheorie vorwegnehmenden) Gedanken des Empedokles, das Zweckmäßige könne im Organischen deshalb im Übergewicht vorhanden sein, weil das Unzweckmäßige nicht lebensfähig sei[59]. Alle Zweckmäßigkeit beruht vielmehr für Aristoteles auf Zwecktätigkeit. Den letzten Grund aller natürlichen Zwecktätigkeit aber erblickt er in Gott, dem obersten, vernünftigen, reinen, stofflosen, ewigen, unbewegten, alles bewegenden Prinzip[60].

Auch die aristotelische Fassung des formalen Naturbegriffs ist somit eine metaphysisch-teleologische. Nur erscheinen die Zweckursachen der Sinnendinge hier nicht als transzendente Ideen, sondern als immanente Gestaltungsprinzipien. Daher kann die aristotelische Bestimmung der teleologischen NdS als entelechiale NdS bezeichnet werden (τέλος ἐν ἔχειν = seinen Zweck in sich haben).

Wie bei Platon so begegnet auch bei Aristoteles die spezifisch teleologische Spaltung des Wirklichkeitsbegriffs, wonach, wie N. Hartmann formuliert, „nur das Wohlgelungene und Formgerechte ‚wirklich' ist“[61]. Das erklärt sich im einzelnen aus der aristotelischen Lehre von der Substanz[62]. Das Beharrliche im Wechsel der Erscheinungen ist nach dieser Lehre erstens der Stoff, zweitens die Form und drittens das aus Stoff und Form bestehende Einzelding[63]. „Wahrhaft wirklich“ sind die substantiellen Wesensformen, die allein Gegenstand der Begriffsbildung sind. Sie stellen das reale Wesen dar, das im logischen Wesen, d. h. im Begriff, erfaßt wird (κατὰ τῶν λόγων οὐσία)[64]. „Empirisch wirklich“ sind die einzelnen Sinnendinge, in denen die Wesensform infolge der Trägheit des Stoffes immer nur unvollkommen realisiert ist[65].

Es liegt in der Konsequenz dieser Spaltung, daß die sinnliche Wahrnehmung allein nicht zur Erkenntnis der entelechialen NdS führen kann[66].

---

[57] Physik II, 3, 195a, S. 67; vgl. Politik a. a. O.; vgl. ferner Welzel, Naturrecht, S. 30.

[58] Physik II, 8, 198b, S. 78ff.

[59] Physik a. a. O., S. 79.

[60] Metaphysik XII, 7 und 8, 1072aff, S. 366ff.

[61] Teleologisches Denken, S. 49.

[62] Dazu eingehend Tugendhat, TI KATA TINOΣ, S. 38ff, 69ff.

[63] Metaphysik XI, 3, 1070a, S. 357; vgl. VI, 3, 1028b, 1029a, S. 202; IV, 8, 1017b, S. 159f.

[64] Metaphysik VI, 10, 1035b, S. 227

[65] Physik II, 8, 199b, S. 81; II, 9, 200a, S. 83.

[66] Vgl. Aristoteles' Auseinandersetzung mit Protagoras, Metaphysik III, 1009a, S. 128ff.

Erkenntnistheoretisches Korrelat des aristotelischen NdS-Begriffs ist daher die Lehre von der tätigen Vernunft[67]. Inhaltlich stammt danach zwar alles Erkenntnismaterial aus der sinnlichen Wahrnehmung[68]. Im Gegensatz zu den skeptischen Theorien mißt Aristoteles jedoch dem Denken die Fähigkeit bei, vermöge intellektiver Abstraktion aus den von der leidenden Vernunft empfangenen Sinnenbildern und den von der Einbildungskraft produzierten Phantasiebildern die mit der entelechialen NdS formal identischen Wesensbegriffe herauszulösen[69].

Trotz aller Unterschiede zwischen der platonischen und der aristotelischen Philosophie beruht die rechtsphilosophische Funktion des NdS-Begriffs in beiden Systemen auf dem gleichen Prinzip[70]. Das folgt aus seinem teleologischen Charakter, insbesondere aus dessen Anwendung auf die Natur des Menschen und die Natur sozialer und rechtlicher Institutionen. Insoweit kann auf das im vorigen Paragraphen Gesagte verwiesen werden.

§ 5

Der NdS-Begriff bei Thomas von Aquin

Die platonische Idee und die aristotelische Wesensform bilden die beiden Grundprägungen des teleologischen NdS-Begriffs. Auf die weitere Entwicklung dieses Begriffs in der Antike und im Mittelalter soll hier nicht eingegangen werden[71][72]. Auch die nichtteleologischen Strömungen

---

[67] Über die Seele II 3—5, 427aff, S. 104ff; zur aristotelischen Erkenntnistheorie vgl. auch die Darstellung von Geyser, Über Begriffe und Wesensschau, S. 28ff.

[68] Vgl. Über die Seele, III 4, 429b am Ende, S. 113: „Man muß sich das vorstellen wie bei einer Tafel, auf der noch nichts geschrieben steht". Insofern ist Aristoteles der gedankliche Urheber der empiristischen Formel „nihil est in intellectu, quod non prius fuerit in sensu".

[69] Vgl. dazu Geyser, Über Begriffe und Wesensschau, S. 28ff.

[70] Vgl. zur aristotelischen Naturrechtslehre im einzelnen Welzel, Naturrecht, S. 28ff; Flückiger, Geschichte des Naturrechts, Bd. 1, S. 163 ff; Verdross, Abendländische Rechtsphilosophie, S. 39ff; Ritter, „Naturrecht" bei Aristoteles, insbes. S. 14ff.

[71] Die Stoa hat keine grundsätzlich neue Fassung des Begriffs entwickelt. Auch ihr NdS-Begriff blieb teleologisch bestimmt. Vgl. dazu insbesondere Flückiger, Geschichte des Naturrechts, Bd. 1, S. 193/194; Leisegang, Physis, Sp. 1153ff.

[72] Die Bedeutung der Ausdrücke natura rei und natura rerum im römischen Rechtsdenken ist bereits mehrfach untersucht worden. Vgl. Moritz Voigt, Die Lehre vom jus naturale, äquum et bonum und jus gentium der Römer, Bd. 1, Leipzig 1856, insbes. S. 547ff; Leist, die realen Grundlagen, S. 4, N. 1; Otto Gradenwitz, Natur und Sklave bei der naturalis obligatio, Festg. Schirmer,

in diesem Zeitraum können außer Betracht bleiben[73]. Das rechtfertigt sich aus der tatsächlichen Vorherrschaft der teleologischen Metaphysik bis zum Beginn der Neuzeit. Die entscheidenden Etappen in dieser Entwicklung sind die Rezeption der platonisch-neuplatonischen Ideenlehre durch Augustin[74] sowie die Rezeption der aristotelischen Philosophie durch Thomas von Aquin[75]. Wegen des großen Einflusses, den das thomistische System noch in der Gegenwart ausübt, soll die Funktion des NdS-Begriffs in ihm kurz gestreift werden[76].

In seiner Theologischen Summe gibt Thomas im Anschluß an Aristoteles[77] eine knappe Zusammenfassung der verschiedenen Bedeutungen des Ausdrucks Natur: „nomen natura primo impositum est ad significandam generationem viventium, quae dicitur nativitas. Et quia hujusmodi generatio est a principio intrinseco, extensum est hoc nomen ad significandum principium intrinsecum cujuscumque motus. ... Et quia hujusmodi principium est formale vel materiale, communiter tam materia quam forma dicitur natura. Et quia per formam completur essentia uniuscujusque rei, communiter essentia uniuscujusque rei, quam significat ejus definitio, vocatur natura. Et sic accipitur hic natura"[78].

Die hier vollzogene terminologische Gleichsetzung von natura, forma, essentia und definitio, zu der an anderer Stelle noch die Ausdrücke quidditas und quod quid erat esse (als Übersetzung des aristotelischen τὸ τί ἦν εἶναι) treten[79], enthält die gesamte philosophische Problematik des NdS-Begriffs. Sie verweist unmittelbar auf das Universalienproblem,

---

Königsberg 1900, S. 133ff, 149ff; Hans-Jürgen Kalpers, Natura und ius naturale in der Jurisprudenz der römischen Klassiker, Diss. Münster, 1952, insbes. S. 153ff. (die natura von Rechtsinstituten und Rechtsfiguren), 227ff (natura rerum), und neuerdings Schambeck, Begriff, S. 12ff. Auf diese Untersuchungen darf verwiesen werden. Zur natura rerum s. auch Radbruch, NdS, S. 22ff.

[73] Als wichtigste nichtteleologische (mechanistische) Strömung ist der Epikuräismus zu nennen. Er setzt die Tradition des Atomismus fort. Eine Darstellung der epikuräischen Naturphilosophie enthält das Lehrgedicht des Lukrez De natura rerum, dt. Ausg. „Über die Natur der Dinge", Berlin 1957. Der Ausdruck „natura rerum" meint hier die mechanistisch verstandene Struktur der Welt, die durch die Atome, das Leere und die Bewegung bestimmt ist. Zum Epikuräismus vgl. Windelband, S. 155ff.

[74] Vgl. Welzel, Naturrecht, S. 52ff.

[75] Vgl. Welzel, Naturrecht, S. 57ff.

[76] Vgl. dazu neuerdings Hassemer, Der Gedanke der „Natur der Sache" bei Thomas von Aquin, S. 29ff.

[77] Metaphysik IV, 4, 1014b, S. 148ff.

[78] S. th. I qu. 29 art. 1 ad 4, Op. I S. 207.

[79] S. th. III qu. 2 art. 1 resp., Op IV S. 576; De ente et de essentia I, 2, S. 19ff. Zum aristotelischen Begriff des τί ἦν εἶναι vgl. Tugendhat, TI KATA TINOΣ. S. 15ff.

d. h. auf die Frage nach der Seinsweise des Allgemeinen[80]. In Thomas' Antwort auf diese Frage zeigt sich zugleich, daß sein System eine Synthese platonischer und aristotelischer Gedanken enthält. Das Allgemeine erscheint bei Thomas in dreifacher (inhaltlich identischer) Gestalt: einmal als göttliches Urbild vor den Dingen (transzendente NdS), zum andern als wirkende Zielbestimmung in den Dingen (entelechiale NdS), zum dritten als Wesensbegriff nach den Dingen (logische NdS)[81].

Von hier aus erklärt sich auch die Definition der NdS als „ratio cujusdam artis, scilicet divina, indita rebus, qua ipsae res moventur ad finem determinatum"[82]. Deutlich ist in dieser Definition der teleologische Charakter des thomistischen NdS-Begriffs ausgesprochen. Aus ihm wiederum ist es zu verstehen, daß Thomas seine Naturrechtslehre an zentraler Stelle auf die NdS gründet: „fit autem aliquid justum dupliciter", heißt es in der Summa theologica, „uno modo ex ipsa rei natura, quod dicitur ‚jus naturale'; alio modo ex quidam condicto inter homines, quod dicitur ‚jus positivum'"[83]. Ähnlich formuliert der zur Schule des Thomas' gehörende Spätscholastiker Ludwig Molina: „Si obligatio oritur ex natura rei ..., tunc praeceptio aut prohibitio pertinet ad jus naturale"[84].

Die Prämissen, auf denen diese Lehre beruht, sind dieselben, wie sie bereits oben in § 5 angedeutet wurden. Es handelt sich um den als göttlichen Imperativ zu denkenden sollensbegründenden Obersatz „bonum est faciendum"[85] in Verbindung mit den teleologischen Axiomen: „bonum est quod omnia appetunt; ... omnia appetunt suam perfectionem; ... unde id, quod est ultimo perfectum, dicitur bonum simpliciter"[86] [87].

---

[80] Vgl. Allers, Nachwort zu De ente et de essentia, S. 77ff.

[81] Allers a. a. O.; vgl. Windelband, S. 256; Pieper, Wahrheit der Dinge, S. 51ff.

[82] De physico auditu II, 14 a. E., Op. XXII S. 377.

[83] S. th. II, 2 qu. 60 art. 5 resp., Op. III S. 500; ähnlich S. th. II, 2 qu. 57 art. 2 ad 1, Op. III S. 477.

[84] Zit. nach Welzel, Naturrecht, S. 95 N. 21.

[85] S. th. II, 1 qu. 94 art. 2 resp., Op. II S. 587.

[86] S. th. I qu. 5 art. 1, Op. I S. 94.

[87] Vgl. S. th. II, 1 qu. 94 art. 2 resp., Op. II S. 578: „Omne enim agens agit propter finem, qui habet rationem boni. Et ideo primum principium in ratione practica est quod fundatur supra rationem boni; quae est: ‚Bonum est quod omnia appetunt'. Hoc est ergo primum praeceptum legis, quod ‚bonum est faciendum et prosequendum, et malum vitandum', et super hoc fundantur omnia alia praecepta legis naturae, ut scilicet omnia illa facienda vel vitanda pertineant ad praecepta legis naturae, quae ratio practica naturaliter apprehendit esse bona humana. Quia vero bonum habet rationem finis, malum autem rationem contrarii, inde est quod omnia illa ad quae homo habet naturalem inclinationem, ratio naturaliter apprehendit ut bona, et per conse-

Vollkommen aber ist jedes Seiende dann und insofern, als es seine spezifische Wesensform, d. h. seine teleologische Natur verwirklicht hat[88]. Und da nur das der teleologischen NdS Entsprechende wahrhaft seiend ist, kann Thomas das Grundaxiom der teleologischen Metaphysik auch dahin formulieren: „quod omne ens, in quantum est ens, est bonum“[89].

§ 6

Der NdS-Begriff im neuzeitlichen Rationalismus

Der Grundzug der neuzeitlichen Weltauffassung ist durch die Verbindung mathematischer und naturwissenschaftlich-experimenteller Denkweisen bestimmt[90]. Beide Denkweisen begünstigten die Entstehung antiteleologischer Systeme. Daher verbannen nicht nur die Empiristen wie Bacon, Hobbes, Locke und Hume, sondern auch Rationalisten wie Descartes und Spinoza die Lehre von den Zweckursachen aus ihrer Philosophie[91]. Er wolle sich nicht anmaßen, erklärt Descartes, die Zwecke Gottes in der Natur zu erkennen, sondern Gott überall als nur wirkende Ursache betrachten[92]. Noch schärfer formuliert Spinoza, „daß alle Zweckursachen nichts weiter sind als menschliche Einbildungen“[93].

---

quens ut opere prosequenda, et contraria eorum ut mala et vitanda. Secundum igitur ordinem inclinationum naturalium est ordo praeceptorum legis naturae“.

[88] Vgl. dazu insbes. Pieper, Die Wirklichkeit und das Gute, S. 67ff; Nink, Ontologie, S. 302ff; Rommen, Die ewige Wiederkehr des Naturrechts, S. 52.

[89] S. th. I qu. 5 art. 3 resp., Op. I S. 36; zur Erläuterung fährt Thomas fort (a. a. O.): „Omne enim ens, in quantum est ens, est in actu, et quodammodo perfectum; quia omnis actus perfectio quaedam est; perfectum vero habet rationem appetibilis et boni, ut ex dictis patet; unde sequitur, omne ens, in quantum hujusmodi, bonum esse“. Vgl. dazu auch Klein, Zur Frage der Gründung des Rechts in der Sittlichkeit, S. 19ff.

[90] Vgl. Windelband, S. 328ff.

[91] Den Empiristen war der Zugang zu den metaphysischen Zweckursachen schon aus erkenntnistheoretischen Gründen verschlossen, vgl. dazu unten § 7. Vgl. auch Verdross, Abendländische Rechtsphilosophie, S. 98; Rommen, Die ewige Wiederkehr des Naturrechts, S. 117.

[92] Prinzipien I, 28, S. 10; vgl. auch Meditationen IV, 6, S. 100/101.

[93] Ethik, Teil 1, Anhang, S. 42.

[94] Das gilt allerdings nicht für alle neuzeitlichen Denker. Insbesondere Leibniz setzt die Reihe der teleologischen Systeme fort, vgl. Ueberweg, Bd. 3, S. 299ff. Er definiert die NdS als eine den Dingen innewohnende Wirksamkeit, Form und Kraft, aus der die Reihe der Phänomene nach der Vorschrift des ersten göttlichen Befehls entspringt: „Sin vero lex a Deo lata reliquit aliquod sui expressum in rebus vestigium, si ita res fuere mandato, ut aptae redderuntur ad implendam jubenti voluntatem, jam concedendam est, quandam inditam esse rebus efficaciam, forman vel vim, qualis naturae nomine a nobis accipi

Damit war dem teleologischen NdS-Begriff der Boden entzogen. An der terminologischen Gleichsetzung von Natur und Wesen, natura und essentia einer Sache hält der neuzeitliche Sprachgebrauch jedoch durchgehend fest[95]. Auch die formale Bestimmung des Wesens als Summe der konstitutiven Merkmale einer Sache bleibt fester Bestandteil der philosophischen Tradition[96]. Ein Wandel trat jedoch ein in der inhaltlichen Bestimmung des Wesens der Dinge. Am deutlichsten wird das in der Stellungnahme zum Substanzbegriff[97]. Es ist zwischen der Entwicklung dieses Begriffs im Rationalismus und im Empirismus zu unterscheiden.

Der Rationalismus hält am Begriff der metaphysischen Substanz fest. Bereits bei Descartes verliert dieser Begriff jedoch die Verbindung zum konkreten Dingbegriff[98]. Descartes kennt nur noch zwei Substanzen, die denkende und die ausgedehnte Substanz. Beide sind durch je ein Merkmal konstituiert, die allein ihre Natur oder ihr Wesen im strengen Sinne ausmachen: „So bildet die Ausdehnung in Länge, Breite und Tiefe die Natur der körperlichen Substanz, und das Denken macht die Natur der denkenden Substanz aus“[99]. Alle konkreten Einzeldinge sind nichts als Modifikationen (Zustände) dieser Substanzen[100].

---

solet, ex qua series phaenomenorum ad primi jussus praescriptum consequerentur“; De ipsa natura, in: Leibniz, Philos. Schriften, ed. Gerhard, Bd. 4, Berlin 1880, S. 507. Diese eindeutig teleologisch bestimmte Definition erklärt, daß Leibniz sich an anderer Stelle entschieden von der Meinung derer distanziert, „qui soutiennent qu'il n'y a point de règles de bonté et de perfection dans la nature des choses, ou dans les idées que Dieu en a“; Discours de Métaphysik, § 2, dt.-französ. Ausg., Phil. Bibl. Bd. 260, Hamburg 1958, S. 2. Von hier aus ist es auch zu verstehen, daß Leibniz den Maßstab des Gerechten in der Natur der Dinge erblickt und die Vervollkommnung des Menschen und der Gesellschaft als das leitende Prinzip des Naturrechts betrachtet, vgl. Welzel, Naturrecht, S. 147. Verdross, Abendl. Rechtsphilosophie, S. 130 ff. In popularisierter Form wurde diese Lehre von Christian Wolff aufgenommen, vgl. Verdross, a. a. O., S. 132 ff. Hier dürfte eine der Wurzeln für die unbestimmte und schlagwortartige Verwendung des Ausdrucks NdS im späten Naturrecht der deutschen Aufklärung liegen; vgl. dazu unten § 10, S. 35, 36.

95 Vgl. etwa Descartes, Prinzipien I, 53, S. 18; Meditationen V, 5, S. 116 („natura sive essentia, sive forma“); Spinoza, Ethik, S. 9, 77, 192 u. öfter; Leibniz, Discours de Métaphysik, dt.-französ. Ausg. Phil. Bibl., Bd. 260, Hamburg 1958, § 26, S. 64/65.

96 Vgl. Descartes, Prinzipien a. a. O.: Spinoza, Ethik II, Def. 2, S. 49. S. im übrigen die Nachweise bei Eisler, Wörterbuch der philosophischen Begriffe, Art. Wesen, Bd. 3, S. 540.

97 Vgl. dazu Windelband, § 31 (Substanz und Kausalität), S. 343 ff.

98 Windelband, S. 348.

99 Prinzipien I, 53. S. 18

100 Prinzipien a. a. O.

Erkenntnistheoretisches Korrelat dieser Konzeption ist Descartes' Lehre von den eingeborenen Ideen[101]. Im Gegensatz zu Platon erfaßt Descartes die eingeborenen Ideen nicht als bewußtseinsimmanente Abdrücke der bewußtseinstranszendenten Vollformen und Musterbilder der Sinnendinge, sondern als eine beschränkte Anzahl allgemeiner Axiome und abstrakter, vorwiegend mathematisch-physikalischer Kategorien wie Ausdehnung, Denken, Gestalt, Lage, Bewegung, Substanz, Dauer, Zahl[102]. Nur diese Begriffe konstituieren nach seiner Lehre das „reale" Wesen der Dinge[103]. Das Kriterium des Angeborenseins (und damit zugleich der Realwesentlichkeit) besteht in der clara et distincta perceptio, d. h. der rationalen Evidenz eines Begriffs[104]. Näher braucht auf diese Lehre und auf ihre weitere Entwicklung im neuzeitlichen Rationalismus hier nicht eingegangen zu werden. Denn rechtsphilosophisch ist der aus ihr sich ergebende rationalistisch-metaphysische NdS-Begriff ebenso wie der mechanistische NdS-Begriff der Antike ohne Belang[105].

Der eigentliche Gegenbegriff zum teleologischen NdS-Begriff liegt nicht im Bereich der Metaphysik, sondern im Bereich der Naturwissenschaft. Es ist der kausalgesetzliche NdS-Begriff[106]. War die teleologische NdS durch die Erforschung der Zweckursachen bestimmt, so ist der kausalgesetzliche NdS-Begriff durch die Erforschung der Wirkursachen bestimmt. In diesem Sinne definiert Spinoza: „nichts kommt der Natur eines Dinges zu, als was aus der Notwendigkeit der Natur der bewirkenden Ursache folgt"[107]. Durch den neuzeitlichen Begriff der Kausalität erhält auch der Begriff des Wesens einen neuen Sinn. Das Wesentliche wird nun als das Kausalgesetzliche bestimmt[108]. Die Natur oder das

---

[101] Meditationen III, 7ff, S. 66ff. Der Ausdruck idea (Idee) nimmt im neuzeitlichen Sprachgebrauch überwiegend die Bedeutung von Vorstellung und Begriff schlechthin an; vgl. Windelband, S. 387, N. 15.

[102] Prinzipien I, 49ff, S. 17ff; Meditationen III, 19, S. 78/79.

[103] Meditationen VI, 10, S. 142, 143f.

[104] Meditationen a. a. O.; vgl. Windelband, S. 336.

[105] Rechtsphilosophisch relevant ist Descartes' Lehre von den eingeborenen Ideen nur insofern, als sie den Zugang zu den eingeborenen praktischen Prinzipien eröffnet. Descartes selbst hat seine Lehre in dieser Richtung jedoch nicht näher entwickelt. Vgl. Ueberweg, Bd. 3, § 25, S. 230, 242.

[106] Der Ausdruck „kausal" ist hier von causa = Wirkursache genommen. Zum Wandel des Kausalitätsbegriffs in der Neuzeit vgl. Windelband, S. 352ff; N. Hartmann, Philosophie der Natur, S. 339ff.

[107] Ethik IV, Vorrede S. 189. Vgl. aber zur Mehrdeutigkeit der Ausdrücke „causa sive ratio" bei Spinoza: Schopenhauer, Über die vierfache Wurzel des Satzes vom zureichenden Grunde, § 8, in: Werke, herausg. v. Wolfg. Frh. v. Löhneysen, Bd. III, Darmstadt 1962, S. 23ff.

[108] Vgl. Rickert, Zur Lehre von der Definition, S. 64f.

Wesen einer Sache meinen danach den Inbegriff der Merkmale, die der Sache kraft kausalgesetzlicher Notwendigkeit zukommen. So ist die Natur des Falles durch die galileiischen Fallgesetze, die Natur der Elektrizität durch die Gleichungen Maxwells definiert[109]. Das Kriterium der Wesentlichkeit eines Merkmals ist hier weder der metaphysische Zweckgedanke noch die rationale Evidenz, sondern ausschließlich die empirisch beobachtbare Regelmäßigkeit in der Koexistenz und Sukzession von Sinnesdaten[110]. Der kausalgesetzliche NdS-Begriff ist somit inhaltlich empirisch bestimmt und daher von den Prämissen des erkenntnistheoretischen Rationalismus unabhängig[111]. Er begegnet bei Descartes vorwiegend in den naturwissenschaftlichen Partien seiner Schriften. So meint Descartes die kausalgesetzliche NdS, wenn er ausführt, man erkenne die „wahre" Natur eines Magneten, indem man die Ursachen ermittle, die die spezifischen Wirkungen des Magneten erklären[112].

In erster Linie bezieht sich der so verstandene NdS-Begriff auf die Welt der physikalischen Gegenstände. Bereits von Hobbes und Spinoza wurde er jedoch auf den Bereich der sozialen Beziehungen übertragen[113]. Seine daraus folgende rechtsphilosophische Funktion soll im folgenden Paragraphen verdeutlicht werden.

Bereits hier sei aber darauf hingewiesen, daß sowohl die rationalistisch-metaphysische als auch die kausalgesetzliche NdS im Gegensatz zur teleologischen grundsätzlich wertindifferent sind. Das ist eine Konsequenz des Wegfalls der Lehre von den Zweckursachen. Vollkommenheit und Unvollkommenheit, das Gute und das Schlechte, formuliert Spinoza, sind „nichts Positives in den Dingen, wenn man die Dinge nämlich an sich selbst betrachtet; es sind ... nur Modi des Denkens oder Begriffe, die wir dadurch bilden, daß wir die Dinge miteinander vergleichen"[114].

In diesem Zitat deutet sich zugleich an, in welcher Gestalt der Gedanke der Vollform oder des Musterbildes auch in der nichtteleologischen Philosophie fortlebt. Er verliert seinen metaphysischen Charakter und

---

[109] Vgl. Schlick, Erkenntnislehre, S. 222.

[110] Zur Aufgliederung der Kausalgesetze in Koexistenz- und Sukzessionsgesetze vgl. Pap, Analytische Erkenntnistheorie, S. 129. Dazu auch unten § 23, S. 99f.

[111] Es ist zu unterscheiden zwischen den einzelnen, durch empirische Beobachtung gewonnenen Kausalgesetzen und dem allgemeinen Kausalitätsprinzip. Nur auf das letztere bezieht sich die erkenntnistheoretische Problematik des Kausalitätsbegriffs. Vgl. dazu unten § 7, S. 23, § 8, S. 28.

[112] Regeln zur Leitung des Geistes XII, 27, S. 70; vgl. Prinzipien IV, 133ff, S. 204ff.

[113] Welzel, Naturrecht, S. 131.

[114] Ethik IV, Vorrede, S. 188, 189.

wird zum konstruktiv-methodologisch, durch Vergleichung und Mittel-Zweck-Erwägungen gebildeten Denkprodukt, das nicht den Anspruch erhebt, eine Wirklichkeitserkenntnis zu enthalten. Schon bei Descartes verbindet sich diese Vorstellung erneut mit dem Ausdruck Natur. Man könne, führt Descartes aus[115], im Hinblick auf die Zweckbestimmung einer Uhr sagen, sie weiche von ihrer „Natur“ ab, wenn sie unrichtig gehe, und ebenso vom menschlichen Körper, er irre von seiner „Natur“ ab, wenn ein Wassersüchtiger Durst empfinde, obwohl Trinken ihm schade. Jedoch verwende man das Wort Natur hier in einem anderen als dem üblichen Sinn: „Die ‚Natur‘ ist nämlich in diesem Falle nur eine aus meinem Denken hergenommene Bezeichnung, das den kranken Menschen und die schlecht gefertigte Uhr mit der Idee des gesunden Menschen und der richtig gehenden Uhr vergleicht; und sie haftet den Dingen, von denen sie ausgesagt wird, nur äußerlich an[116]“. Der so verstandene NdS-Begriff würde also im Sinne Descartes zu den ideae a me ipso factae im Gegensatz zu den ideae innatae und den ideae adventitiae zu rechnen sein[117]. Wegen seiner konstruktiv-methodologischen Bildung und Funktion soll er als technisch-praktischer NdS-Begriff bezeichnet werden. Die technisch-praktische Natur eines Gegenstandes meint also die Beschaffenheit, die der Gegenstand haben muß, wenn er als Mittel zur Erreichung eines vorgesetzten Zwecks geeignet sein soll.

§ 7

Der NdS-Begriff im neuzeitlichen Empirismus

Der neuzeitliche Empirismus setzt die oben[118] angedeutete Entwicklungslinie der Skepsis fort. Er unterscheidet sich jedoch von der Skepsis des Protagoras durch die schärfere Herausarbeitung der Funktion des Denkens im Erkenntnisprozeß.

Der Hauptsatz des konsequenten Empirismus besteht in der Annahme, „daß wir in betreff der wahren und wirklichen Natur der Dinge von einer unbesiegbaren Blindheit sind“[119], d. h. daß der Mensch das reale Wesen der Dinge nicht zu erkennen vermöge. Dieser Satz folgt aus der Ablehnung einerseits der Lehre von den eingeborenen Ideen und andererseits der Lehre vom schöpferischen, zum Realwesen vordringenden Abstraktionsvermögen[120]. Die sogenannte schöpferische Kraft des Denkens

[115] Meditationen VI, 17, S. 150ff.
[116] Meditationen a. a. O., S. 153.
[117] Meditationen III, 7, S. 66.
[118] S. o. § 2 S. 7f.
[119] Berkeley, Prinzipien der menschlichen Erkenntnis, § 101, S. 82.
[120] Vgl. dazu Locke, Essay I, 2—4, vol. 1, S. 9ff.

kommt nach Hume, dem konsequentesten Vertreter des neuzeitlichen Empirismus, auf nichts weiter hinaus, „als auf die Fähigkeit der Verbindung, Umstellung, Vermehrung oder Verminderung des Stoffes, den uns Sinne und Erfahrung liefern“[121]. Der Stoff, den Sinne und Erfahrung liefern, besteht aber zunächst, d. h. vor seiner assoziativen Verarbeitung durch das Denken, immer nur in einer Fülle unverbundener und stets wechselnder Sinnesdaten. Kein Teil des so gegebenen Sinnenmaterials repräsentiert „an sich“ das Wesen der Welt mehr als ein anderer[122]. Die Bestimmung dessen, was wesentlich ist, liegt daher im Empirismus ausschließlich beim einzelnen, empirischen, erkennenden Subjekt. Wesentlich im subjektiven Sinne aber ist, was „für mich“ wichtig ist.

Die sich daraus ergebende Auflösung des NdS-Begriffs ist eine Konsequenz der Auflösung des Substanzbegriffs. Noch Locke behielt den Begriff realer (sowohl körperlicher wie geistiger) Substanzen bei, leugnete aber bereits deren Erkennbarkeit. Er definiert die Substanz als „the supposed, but unknown, support of those qualities we find existing, which we imagine cannot subsist sine re substante“[123], und bestimmt demnach das reale Wesen der Substanzen als „the real internal, but generally (in subtances) unknown, constitution of things, whereon their discoverable qualities depend“[124]. Bereits Berkeley löste dann den Begriff der körperlichen Substanz[125] und Hume auch den Begriff der geistigen Substanz (der Seele) auf[126]. Am Ende der Entwicklung steht Humes Definition: „The idea of a substance as well as that of a mode, is nothing but a collection of simple ideas, that are united by the imagination, and have a particular name assigned them, by which we are able to recall, either to ourselves or others, that collection“[127].

Sowohl der empirische Sach- wie der empirische NdS-Begriff können daher im allgemeinsten Sinne bestimmt werden als Inbegriff von Merkmalen (im Grenzfall ein Merkmal), die sich aus dem empirischen Material unter einem subjektiv bestimmten Gesichtspunkt als wichtig herausheben[128]. Nun gibt es allerdings konstante Gesichtspunkte, unter

---

[121] Verstand II, S. 19.

[122] Vgl. Schlick, Erkenntnislehre, S. 220.

[123] Essay, II, 23, § 2, vol. 1, S. 245.

[124] Essay III, § 15, vol. 2, S. 22; vgl. II, 31, §§ 6ff, vol. 1, S. 320ff.

[125] Prinzipien der menschlichen Erkenntnis, §§ 37ff, S. 44ff.

[126] Treatise I, 4, sect. 4 u. 5, vol. 1, S. 221ff; vgl. Windelband, S. 406.

[127] Treatise I, 1, sect. 6, vol. 1, S. 24.

[128] Vgl. dazu Stratenwerths Definition der sachlogischen Strukturen, NdS S. 17: „Sachlogische Strukturen sind ... ontische Gegebenheiten, die sich unter einem bestimmten Gesichtspunkt als wesentlich herausheben“. Vgl. unten § 18, S. 73f.

denen das empirisch Gegebene betrachtet wird. Sie leiten die menschliche Begriffsbildung. In ihr liegt daher der Hauptstabilisierungsfaktor der empirischen NdS. Durch sie wird die empirische NdS zur logischen NdS, zum logischen oder nominalen Wesen einer Sache verfestigt[129]. Als wichtigste Prinzipien der Vorstellungsverknüpfung, die aller einzelwissenschaftlichen Begriffsbildung zugrunde liegen, bezeichnet Hume die Ähnlichkeit, die Berührung in Raum und Zeit und die Verknüpfung von Ursache und Wirkung[130].

Durch die Anwendung des letzteren erhält die empirische NdS den Charakter der kausalgesetzlichen NdS[131]. Freilich ist auch der Begriff der Kausalität für Hume ein empirischer, von der Beobachtung faktischer Regelmäßigkeiten abgezogener Begriff, dem das Merkmal der „notwendigen" Verknüpfung nur vermöge des Glaubens zukommt, daß das, was in der Vergangenheit regelmäßig zusammen oder aufeinander folgend beobachtet wurde, auch in der Zukunft zusammen oder aufeinander folgend zu beobachten sein wird[132]. Abgesehen davon ist der kausalgesetzliche NdS-Begriff auch deshalb grundsätzlich relativ, weil es vom einzelwissenschaftlichen Blickwinkel abhängt, was in ihm als „Sache" zu gelten habe. Wenn im folgenden von der empirischen NdS gesprochen wird, so ist damit die kausalgesetzliche NdS als ein Unterfall mitgemeint.

Die Relativität des empirischen NdS-Begriffs zeigt sich auch in Humes Untersuchung des Naturbegriffs überhaupt und des Prädikats „natürlich"[133]. Der Ausdruck „nature", heißt es hier, werde verwandt als Gegensatz zum Wunderbaren, zum Künstlichen und zum Ungewöhnlichen. Die Hauptbedeutung des Wortes liegt im Gegensatz zum Unge-

---

[129] Vgl. zum nominalen Wesen Locke, Essay III, 3, § 15, vol. 2, S. 32.

[130] Verstand III, S. 25.

[131] Den kausalgesetzlichen NdS-Begriff verwendet Hume z. B. in seiner Behandlung des Wunderproblems, Verstand X, 1, S. 134: „Ein Wunder ist eine Verletzung der Naturgesetze, und da eine feststehende und unveränderliche Erfahrung diese Gesetze gegeben hat, so ist der Beweis gegen ein Wunder aus der Natur der Sache selbst (from the very nature of the fact) so vollgültig, wie sich eine Begründung durch Erfahrung nur irgend denken läßt".

[132] Vgl. Verstand V, S. 36ff. Daher bezweifelt der an Hume anknüpfende moderne Empirismus, daß überhaupt ein in der Sache begründeter Unterschied zwischen Notwendigkeit und Wahrscheinlichkeit, zwischen kausalen und statistischen Gesetzen besteht. Vgl. Schlick, Gesetz und Wahrscheinlichkeit, in: Aufsätze, S. 324ff; Pap, Analytische Erkenntnistheorie, S. 111ff. Zur Unterscheidung der kausalgesetzlichen und der durchschnittstypischen (statistischen) NdS vgl. unten § 23 S. 99f.

[133] Treatise III, 1, sect. 2, vol. 2, S. 181, 182; vgl. Moral, Anhang III, S. 161 Note 1.

wöhnlichen. In diesem Sinne aber sei über das, was natürlich und unnatürlich, d. h. regelmäßig und unregelmäßig, häufig und selten sei, leicht Streit möglich: „and one may in general affirm, that we are not possessed of any very precise standard, by which these disputs can be decided. Frequent and rare depend on the number of examples we have observed; and as this number will gradually increase or diminish, it will be impossible to fix any exact boundaries betwixt them"[134].

Der empirische NdS-Begriff ist wertindifferent. Trotzdem hat sich auch mit ihm, und zwar insbesondere mit dem kausalgesetzlichen NdS-Begriff, eine Naturrechtskonzeption verbunden. Das „Naturrecht"erscheint hier, wie Erik Wolf formuliert, „als Inbegriff jener durch Erfahrung beobachteten Gesetzmäßigkeiten des sozialen Daseins, die sich als immer wiederkehrende, aus sachlicher Notwendigkeit der ‚Gegebenheiten' wiederholende Ordnungsschemata mit ihren Methoden und Mitteln darstellen"[135]. Als Hauptvertreter dieses empirischen Naturrechtsgedankens benennt Wolf Bodin, Montaigne, Bacon und Montesquieu[136].

Von ihnen ist es vor allem Montesquieu, der seine Untersuchungen ausdrücklich auf die (empirisch und kausalgesetzlich verstandene) „nature des choses" stützt[137]. „Les lois, dans la signification la plus étendue," heißt es am Beginn seines Buches De l'esprit des lois, „sont les rapports nécessaires qui derivent de la nature des choses et, dans ce sens, tous les êtres ont leurs lois"[138]. An welche rapports Montesquieu denkt, erhellt aus folgendem Satz: les lois „doivent être relatives au physique du pays; au climat placé, brûlant ou tempéré; à la qualité du terrain, à sa situation, à sa grandeur; au genre de vie des peuples, laboureurs, chasseurs ou pasteurs; elles doivent se rapporter au degré de liberté que la constitution peut souffrir; à la religion des habitants, à leurs inclinations, à leurs richesses, à leur nombre, à leur commerce, à leurs moeurs, à leur manières"[139].

Dieser Gedanke der Abhängigkeit des Rechts von der empirisch-kausalgesetzlichen Beschaffenheit des Regelungsobjekts findet sich auch bei Hume[140]. Hume hält Montesquieu jedoch entgegen, daß sich die Auffassung, das Recht beruhe auf diesen „rapports", „nie mit echter

[134] Treatise a. a. O., S. 181f.

[135] Das Problem des Naturrechts, S. 79.

[136] a. a. O., S. 82ff; vgl. auch die Fassung der historischen Nachweise in der 1. Aufl. des genannten Werkes (Karlsruhe 1955), S. 45ff.

[137] Vgl. dazu auch Radbruch, NdS, S. 24ff.

[138] Hrsg. von Gonzaque True, tome 1, Paris 1956, Livre I, chap. 1, S. 5.

[139] a. a. O., I, 3, S. 10f.

[140] Moral III, 2, 26, S. 35.

Philosophie wird vereinbaren lassen". Das Recht beruhe vielmehr auf bürgerlichen Gesetzen. Wo aber ein bürgerliches Gesetz so verkehrt sei, daß es allen Interessen der Gesellschaft zuwiderlaufe, da verliere es seine Autorität, d. h. seine Geltung[141].

In der Tat kann daraus, daß etwas ist oder geschieht, nicht abgeleitet werden, daß etwas sein oder geschehen soll[142]. Die rechtsphilosophische und rechtstheoretische Funktion des empirischen und insbesondere kausalgesetzlichen NdS-Begriffs besteht deshalb ausschließlich darin, die Schranken aufzuweisen, die dem Normsetzer durch die Beschaffenheit des Regelungsobjekts gesetzt sind. Diese Schrankenfunktion der empirischen NdS wird im weiteren Verlauf der Darstellung noch mehrfach begegnen.

§ 8

Der NdS-Begriff bei Kant

Mit dem Empirismus geht Kant davon aus, daß der Mensch die Natur der Dinge an sich, d. h. das reale, bewußtseinstranszendente Wesen der Dinge nicht zu erkennen vermag[143]. Im Gegensatz zum Empirismus hält er jedoch eine erfahrungsüberschreitende (apriorische) Erkenntnis der Natur der Dinge als Erscheinungen für möglich. Der Grund dieser Möglichkeit liegt in seiner These, daß sich die Erkenntnis nicht nach den Gegenständen, sondern die Gegenstände nach der Erkenntnis richten[144].

Hatte Hume gelehrt, daß die „schöpferische Kraft des Geistes auf weiter nichts hinauskommt als auf die Fähigkeit der Verbindung, Umstellung, Vermehrung oder Verminderung des Stoffes, den uns Sinne und Erfahrung liefern"[143], so erblickt Kant gerade in der Fähigkeit der Verbindung (Synthesis) eine echte schöpferische Kraft des Denkens (Spontaneität), die den Schlüssel zur Deutung apriorischer Erkenntnis an die Hand gibt[146]. Daher formuliert er, daß „wir die Natur der Dinge a priori nicht anders studieren können, als daß wir die Bedingungen und allgemeine (obgleich subjektive) Gesetze erforschen, unter denen allein eine solche Erkenntnis ... möglich ist"[147]. Das heißt: die apriorische oder

---

141 Moral a. a. O., S. 35f, Note 1.

142 Das erst von Kant (Kr. d. r. V., B 375, 575ff, W. II, S. 325, 498ff) in aller Schärfe herausgearbeitete Prinzip der Unableitbarkeit des Sollens aus dem Sein findet sich andeutungsweise bereits bei Hume, Treatise III, 1, sect. 1a. E., vol. 2 S. 177f; dazu Brecht, Politische Theorie, S. 650f.

143 Prol. § 14, A 71f, W. III, S. 159.

144 Kr. d. r. V., Vorrede B XVI, W. II, S. 25.

145 Verstand II, S. 19.

146 Kr. d. r. V., B 129ff, W. II, S. 134ff.

147 Prol. § 17, A 76, W. III, S. 162.

transzendentale Natur der Dinge wird durch die Natur des Erkenntnisvermögens oder des Bewußtseins bestimmt, und zwar nicht des empirischen Bewußtseins, sondern des „Bewußtseins überhaupt“[148].

Auf dieser Grundlage müssen Kants Definitionen des Naturbegriffs verstanden werden. Kant unterscheidet zwischen der Natur im materialen und der Natur im formalen Sinne. Die erstere definiert er als „Inbegriff aller Gegenstände der Erfahrung“[149], die letztere als „das Dasein der Dinge, sofern es nach allgemeinen Gesetzen bestimmt ist“[150], oder einfacher als „Existenz der Dinge unter Gesetzen“[151]. Der Naturbegriff im NdS-Begriff ist die Anwendung des formalen Naturbegriffs auf die Vorstellung der „Beschaffenheit“ einer Sache[152]. Daraus ergibt sich die Definition der NdS als „das erste innere Princip alles dessen, was zum Dasein eines Dinges gehört“[153 154].

---

148 Prol. § 22, A 88, W. III, S. 171. Den Gedanken des „Bewußtseins überhaupt“ faßt Kant in der Kr. d. r. V. (§§ 15ff B 129ff, W. II, S. 134ff) in dem Begriff von der „ursprünglich-synthetischen Einheit der Apperzeption“. Mit diesem Begriff wird der empirischen die reine Vorstellungsverknüpfung gegenübergestellt, die die „transzendentale Einheit des Selbstbewußtseins“, die Einheit des „Ich denke“ begründet (vgl. insbes. a. a. O. § 16). Hierin liegt der Ansatzpunkt für die weitere Entwicklung des deutschen Idealismus, die über Fichtes „Absolutes Ich“ (vgl. Joh. Gottl. Fichte, Erste und Zweite Einleitung in die Wissenschaftslehre, Phil. Bibl. Bd. 239, Hamburg 1961, S. 61ff) zu Hegels Lehre vom absoluten Begriff führt. Dazu unten § 9. Zur Frage, ob Kant das Bewußtsein überhaupt bereits zum metaphysischen Subjekt „hypostasiert“ habe, vgl. N. Hartmann, Metaphysik der Erkenntnis, S. 154.

149 Prol. § 16, A 74, W. III, S. 160; vgl. Kr. d. r. V. B 163, W. II, S. 156.

150 Prol. § 14, A 71, § 36, A 110, W. III, S. 159, 187; vgl. Kr. d. r. V. B 165, W. II, S. 157.

151 Kr. d. pr. V., A 74, W. IV, S. 156.

152 Vgl. Metaphysische Anfangsgründe der Naturwissenschaft, Vorrede A III, W. V, S. 11.

153 Metaphysische Anfangsgründe der Naturwissenschaft a. a. O. An dieser Stelle (Fußn. *) definiert Kant das Wesen einer Sache als das „erste innere Princip alles dessen, was zur Möglichkeit eines Dinges gehört“. Daher könne man geometrischen Figuren, da in ihrem Begriffe nichts, was ein Dasein ausdrückt, enthalten sei, nur ein Wesen, nicht aber eine Natur beilegen. Der Unterschied zwischen Natur und Wesen einer Sache ist hier also modal gefaßt. Er bezieht sich jedoch nur auf das erkennbare, transzendentale Realwesen als dem „ersten Grund der Möglichkeit“ einer Sache (Logik § 106, A 222, W. III, S. 576). Das unerkennbare, transzendente Realwesen bezeichnet Kant dagegen auch als „Naturwesen“ oder „Natur eines Objekts“ (Logik, Einl. Abschn. VIII, A 90, W. III, S. 489; Über eine Entdeckung A 98, W. III, S. 357).

154 Die Wortverbindung „Natur der Sache“ taucht bei Kant nur gelegentlich auf. Insbesondere bedient er sich ihrer zur Begründung seiner systematischen Dreiteilungen. „Man hat es bedenklich gefunden“, heißt es in der Kr. d. U., Einl. B LVII Note *, W. V, S. 273, „daß meine Einteilungen in der reinen

Der formale Naturbegriff enthält wiederum einen theoretischen und einen praktischen Aspekt. Der erstere liegt vor, sofern die Dinge durch Seinsgesetze, der letztere, sofern sie durch Sollensgesetze bestimmt sind. Die formale Natur im theoretischen Sinne bezieht sich auf die Sinnenwelt, die formale Natur im praktischen Sinne auf die Verstandeswelt[155].

Bezogen auf die Sinnenwelt meint die formale Natur den „Inbegriff der Regeln, unter denen alle Erscheinungen stehen müssen, wenn sie in einer Erfahrung als verknüpft gedacht werden sollen"[156]. Anders formuliert ist sie „die Gesetzmäßigkeit aller Gegenstände der Erfahrung, und, sofern sie a priori erkannt wird, die notwendige Gesetzmäßigkeit derselben"[157]. Es gibt somit empirische und reine oder transzendentale Naturgesetze. Die transzendentalen Naturgesetze, die die Form der Sinnenwelt konstituieren, entfaltet Kant in seiner Lehre von den synthetischen Grundsätzen des reinen Verstandes[158]. Sie ergeben sich aus der Anwendung der reinen Denkformen (Kategorien) auf die reinen Anschauungsformen (Raum und Zeit). Für sie gilt der Satz: „der Verstand schöpft seine Gesetze (a priori) nicht aus der Natur, sondern schreibt sie dieser vor"[159]. Im Gegensatz dazu stehen die empirischen Naturgesetze oder einzelnen Kausalgesetze, „die jederzeit besondere Wahrnehmungen voraussetzen"[160]. Für den NdS-Begriff bedeutet das, daß in der Beschaffenheit einer Einzelsache empirische und reine Merkmale zu

---

Philosophie fast immer dreiteilig ausfallen. Das liegt aber in der Natur der Sache". „Sache" ist hier das Einteilungsverfahren der reinen Philosophie, „Natur" die von Kant im folgenden näher erläuterte, durch die Beschaffenheit des Denkens vorgezeichnete Eigenart dieses Verfahrens. Vgl. auch Grundlegung zur Metaphysik der Sitten, Vorrede BA III, W. IV, S. 11: „Die alte griechische Philosophie teilte sich in drei Wissenschaften ab: die Physik, die Ethik und die Logik. Diese Einteilung ist der Natur der Sache vollkommen angemessen, und man hat an ihr nichts zu verbessern, als etwa nur das Prinzip derselben hinzu zu tun".

155 Kr. d. pr. V., A 74 ff, W. IV, S. 156 ff.

156 Prol. § 36, A 110, W. III, S. 187.

157 Prol. § 17, A 75, W. III, S. 161.

158 Kr. d. r. V., B 198 ff, W. II, S. 201 ff.

159 Prol. § 36, A 113, W. III, S. 189. Von hier aus muß auch die Definition der NdS bei J. Friedr. Fries, System der Logik, 2. Aufl. Heidelberg 1819, § 19, S. 101, verstanden werden: „Zweytens reden wir von der Natur der Dinge überhaupt, so wie von der Natur jedes einzelnen Dinges, und meinen damit die Beschaffenheit unserer Erkenntnis, nach welcher alles mannigfaltige Daseyn einzelner Dinge unter allgemeinen Gesetzen steht, nach denen es abgemessen werden kann". Vgl. dazu auch Schmid, Theorie und Methodik des bürgerlichen Rechts, S. 256.

160 Prol. § 36, A 113, W. III, S. 189; Kr. d. r. V., B 165, W. II, S. 157.

unterscheiden sind[161]. Nur die letzteren konstituieren die transzendentale NdS. Diese besteht also aus Merkmalen, die durch die transzendentalen Anschauungs- und Denkformen bestimmt sind.

Näher braucht auf die transzendentale NdS hier nicht eingegangen zu werden. Denn ebenso wie die rationale NdS Descartes' ist sie rechtsphilosophisch irrelevant. Das zeigt sich am deutlichsten am Beispiel der kausalgesetzlichen NdS. Der Begriff der Kausalität ist für Kant eine transzendentale Denkform (Kategorie)[162]. Die Anwendung dieser Denkform auf die Sinnenwelt bedeutet aber nur, daß das Subjekt vermöge ihrer die empirisch beobachtbaren Regelmäßigkeiten in der Koexistenz und Sukzession von Sinnesdaten, d. h. die empirischen Naturgesetze, nicht lediglich als faktische Regelmäßigkeiten, deren Geltung für die Zukunft grundsätzlich unerweislich ist, sondern als allgemeingültige und notwendige Gesetzmäßigkeiten denkt[163]. Die einzelnen Kausalgesetze sind also ihrem Inhalt nach stets empirisch bedingt und nur ihrer Form nach (für Kant) transzendental. Für die rechtsphilosophische Funktion der konkreten kausalgesetzlichen NdS-Begriffe, d. h. für ihre Schrankenfunktion, macht es aber keinen Unterschied, ob die in ihnen enthaltenen Gesetze nur empirisch (als unvollständige und für die Zukunft nur hypothetisch geltende Induktionen) oder auch transzendental (als notwendig-allgemeingültige Gesetze) gedacht werden.

Rechtsphilosophisch interessanter ist der praktische Aspekt des formalen Naturbegriffs. Mit ihm stellt Kant — ausgehend von der Definition der formalen Natur als Existenz der Dinge unter Gesetzen — der sinnlichen Natur vernünftiger Wesen als Existenz derselben unter empirisch bedingten (kausalen) Gesetzen eine übersinnliche Natur vernünftiger Wesen als Existenz derselben unter den praktischen Gesetzen der autonomen Vernunft gegenüber[164]. Neben die sinnliche Ordnung der Dinge, deren (reine) Gesetzgebung in den theoretischen Prinzipien des Verstandes liegt, tritt damit eine „intelligible Ordnung der Dinge"[165], deren Gesetzgebung in den praktischen Prinzipien der Vernunft gegründet ist. War die formale Natur im theoretischen Sinne definiert als Inbegriff der Regeln, unter denen die Dinge als Erscheinungen stehen, so stellt sich die formale Natur im praktischen Sinne als Inbegriff der Regeln

---

[161] Vgl. Über eine Entdeckung, A 82, W. III, S. 346.

[162] Kr. d. r. V., B. 106, 233ff, W. II, S. 118, 226ff; Prol. § 29, A. 99ff, W. III, S. 179ff.

[163] Vgl. die Angaben oben in N. 126.

[164] Kr. d. pr. V., A 74ff, W. IV, S. 156ff.

[165] Kr. d. pr. V., A 72, W. IV, S. 155; vgl. Kr. d. r. V., B 842, W. II, S. 683; Grundlegung zur Metaphysik der Sitten, BA 82ff, W. IV, S. 71ff.

dar, unter denen der Mensch als freies Vernunftwesen steht. Kant formuliert: „so ist die übersinnliche Natur, so weit wir uns einen Begriff von ihr machen können, nichts anderes, als eine Natur unter der Autonomie der reinen praktischen Vernunft. Das Gesetz dieser Autonomie aber ist das moralische Gesetz; welches also das Grundgesetz einer übersinnlichen Natur und einer reinen Verstandeswelt ist, deren Gegenbild in der Sinnenwelt, aber doch zugleich ohne Abbruch der Gesetze derselben, existieren soll. Man könnte jene die urbildliche (natura archetypa), die wir bloß in der Vernunft erkennen, diese aber, weil sie die mögliche Wirkung der Idee der ersteren, als Bestimmungsgrundes des Willens, enthält, die nachgebildete (natura ectypa) nennen. Denn in der Tat versetzt uns das moralische Gesetz, der Idee nach, in eine Natur, in welcher reine Vernunft, wenn sie mit dem ihr angemessenen physischen Vermögen begleitet wäre, das höchste Gut hervorbringen würde, und bestimmt unseren Willen, die Form der Sinnenwelt, als einem Ganzen vernünftiger Wesen, zu erteilen“[166].

Mit dem Begriff der urbildlichen Natur knüpft Kant an den platonischen Begriff der Idee als Vollform einer Sache an[167]. Er definiert die Idee als „Vernunftbegriff, dem kein kongruierender Gegenstand in den Sinnen gegeben werden kann“[168]. Anders als bei Platon enthalten die Ideen bei Kant aber keine Wirklichkeitserkenntnis, ihnen entspricht keine theoretische Realität. Sie sind vielmehr (in theoretischer Hinsicht) regulative Begriffe, in denen die Vernunft reflektierend die Endzwecke der Welt zu erfassen sucht. Wohl aber kann ihnen, sofern sie praktische, ihrem Inhalt nach auf menschliches Verhalten gerichtete Ideen sind, eine „objektive und obgleich nur praktische, dennoch unbezweifelte Realität“ verschafft werden, und zwar dadurch, daß sich der Mensch als freies Vernunftwesen der Gesetzgebung der praktischen Vernunft gemäß verhält[169].

Für die Geschichte des NdS-Begriffs ist diese Verknüpfung des praktisch-formalen Naturbegriffs mit dem Begriff der Idee deshalb wichtig, weil sie die Möglichkeit eröffnet, auch auf dem Boden der kantischen Terminologie die sollensgesetzliche Struktur (die Idee oder das Ideal[170])

---

[166] Kr. d. pr. V., A 74f, W. IV, S. 157.
[167] Vgl. Kr. d. r. V., B 368 ff, W. II, S. 321 ff.
[168] Kr. d. r. V., B 383, W. II, S. 331; vgl. Logik § 3, A 140f, W. III, S. 522.
[169] Kr. d. pr. V., A 85, W. IV, S. 164; Kr. d. r. V., B 384f, 597, 842, W. II, S. 331f, 513, 683.
[170] Unter einem Ideal versteht Kant die Idee „nicht bloß in concreto, sondern in individuo, d. i. als ein einzelnes, durch die Idee allein bestimmbares, oder gar bestimmtes, Ding“; Kr. d. r. V., B 596f, W. II, S. 512f.

einer Institution, z. B. des Staates, der Ehe, des Eigentums etc., als deren „Natur“ zu bezeichnen. So sagt Kant, die Idee einer Verfassung, die aus Gesetzen bestehe, nach denen eine möglichst große Freiheit jedes einzelnen mit der aller anderen zusammen bestehen könne, sei eine notwendige Idee, die man bei der Abfassung aller einzelnen Gesetze zugrunde legen müsse; und wenn auch eine völlige Übereinstimmung des Ideals mit der Wirklichkeit wohl niemals zustande kommen werde, so sei „die Idee doch ganz richtig,welche dieses Maximum zum Urbild aufstellt, um nach demselben die gesetzliche Verfassung der Menschen der möglichst großen Vollkommenheit immer näher zu bringen“[171].

Angewandt auf die Natur von Institutionen ergibt der praktische Aspekt des formalen Naturbegriffs somit eine spezifisch sollensgesetzliche Fassung des NdS-Begriffs. Der Ausdruck Natur bezeichnet hier die Beschaffenheit, die eine Institution nach einer objektiven, auf einem obersten normativen Geltungsgrund beruhenden Gesetzgebung haben soll. Im Gegensatz zur technisch-praktischen NdS kann die so verstandene NdS objektiv-praktische NdS genannt werden; diese Bezeichnung macht den Charakter der Normen kenntlich, die hier gemeinte „Natur“ konstituieren[172] [173]. Von der teleologischen unterscheidet sich die objektiv-praktische NdS dadurch, daß ihr nur praktische, nicht auch theoretische Realität zukommt.

Mit den vorstehenden Bemerkungen ist die begriffsgeschichtliche Untersuchung in jenem Zeitraum angelangt, in dem die Entstehung der Lehre von der NdS in der Rechtswissenschaft anzusetzen ist. Es erscheint jedoch zweckmäßig, die Geschichte des NdS-Begriffs als allgemeiner Denkform noch einen Schritt weiter zu verfolgen und die Ausprägung dieser Denkform im Hegelschen System zu betrachten. Denn auch auf die Hegelsche Fassung des NdS-Begriffs wird im dogmen-

---

[171] Kr. d. r. V., B 374, W. II, S. 324.

[172] Kant unterscheidet zwischen technisch-praktischen (hypothetischen) Imperativen, d. h. Regeln der Geschicklichkeit (und der Klugheit), und moralisch-praktischen Imperativen, d. h. unbedingt verpflichtenden Sollensnormen. Vgl. Grundl. z. Metaphysik der Sitten, BA 44, W. IV, S. 46; Metaphysik der Sitten, Rechtslehre, Einl. BA 20f, W. IV, S. 328; Kr. d. U., Einl. B XIII, W. V, S. 243. Im Text wird der Ausdruck objektiv-praktische Normen verwandt, um damit alle Sollensätze zu bezeichnen, die ein objektives Sollen ausdrücken, d. h. deren Geltung auf einem obersten normativen Geltungsgrund, einer Grundnorm, beruht. Vgl. unten § 26.

[173] Der praktische Aspekt des formalen Naturbegriffs erklärt auch, daß Kant trotz seiner strengen Trennung von Sein und Sollen ein „Natur“-Recht kennt, d. h. hier ein Recht, „das auf lauter Prinzipien a priori beruht“; Metaphysik der Sitten, Rechtslehre, BA 44, W. IV, S. 345.

geschichtlichen Kapitel mehrfach zurückzukommen sein. Mit ihr erhält der Ausdruck NdS erneut eine teleologische Bedeutung.

§ 9

Der NdS-Begriff bei Hegel

Auch Hegel unterscheidet (zwar nicht ausdrücklich, aber der Sache nach) zwischen der Natur im materialen und im formalen Sinne. Die erstere definiert er als „die Idee in der Form ihres Andersseins"[174], die letztere, die „Natur der Sache", als den „Begriff" einer Sache[175]. Hier interessiert nur der formale Naturbegriff, d. h. der Hegelsche Begriff des Begriffs.

Der Ausdruck „Begriff" einer Sache meint bei Hegel nicht den Begriff im Sinne der formalen Logik; er meint vielmehr ein durchaus metalogisches oder metaphysisches Gebilde[176]. Seine Bedeutung erschließt sich am besten in einer Anknüpfung an den kantischen Begriff des „Bewußtseins überhaupt" oder der „ursprünglich-synthetischen Einheit der Apperzeption"[177]. Mit diesem Begriff hatte Kant die Grundlage für seine These gelegt, daß sich die Erkenntnis nicht nach den Gegenständen, sondern die Gegenstände nach der Erkenntnis richten. Die ursprüngliche und allen einzelnen Vorstellungsverknüpfungen zugrunde liegende Einheit des „Ich denke", formuliert im Anschluß hieran Hegel, „enthält den Anfang zum wahren Auffassen der Natur des Begriffs"[178]. Der absolute Begriff ist für Hegel „nichts anderes als Ich oder das reine Selbstbewußtsein. Ich habe wohl Begriffe, aber Ich ist der reine Begriff selbst, der als Begriff zum Dasein gekommen ist"[179]. Dieses „Ich" ist nicht das empirische Ich des einzelnen Menschen, sondern das zum metaphysischen Subjekt erhobene Bewußtsein überhaupt, das im einzelmenschlichen Ich nur eine Stätte hat, in der es zum Bewußtsein seiner selbst gelangt[180]. Daher kann Hegel den absoluten Begriff auch mit „Gott"

---

[174] Enzyklopädie § 247, S. 200.

[175] Enzyklopädie § 65, S. 91; § 502, S. 396f; Rechtsphilosophie, Randbem. zu § 1, S. 301; vgl. auch Phänomenologie des Geistes, Ausgabe Hoffmeister, Phil. Bibl. Bd. 114, 6. Aufl. Hamburg 1952, S. 36; Logik I, Vorrede, S. 14.

[176] Hermann Glockner, Der Begriff in Hegels Philosophie, Heidelberger Abhandlungen zur Philosophie und ihrer Geschichte, Bd. II, Tübingen 1924, S. 7; vgl. auch Larenz, Methodenlehre, S. 356ff.

[177] Vgl. oben § 8 Note 148.

[178] Logik II, S. 227.

[179] Logik II, S. 220.

[180] Vgl. Theodor Litt, Hegel, Heidelberg 1953, S. 84ff, 293; N. Hartmann, Metaphysik der Erkenntnis, S. 156ff.

identifizieren; die in der Lehre vom Begriff gipfelnde Logik wird so zur „Darstellung Gottes ..., wie er in seinem ewigen Wesen vor der Erschaffung der Natur und eines endlichen Geistes ist“[181].

Wenn von der Natur oder dem Begriff einer Einzelsache die Rede ist, so ist damit freilich nicht der absolute Begriff, sondern ein konkreter Einzelbegriff in seiner Objektivität gemeint[182]. Alle konkreten und objektiven Einzelbegriffe müssen aber als Konkretisierungen des absoluten Begriffs, als Stufen seiner dialektischen Selbstentfaltung verstanden werden. Sie liegen den Erscheinungen der Wirklichkeit als Zweckbestimmungen[183] und „Vernunft eines Gegenstandes“[184] zugrunde. „Der Begriff in seiner Objektivität“, formuliert Hegel, „ist die an- und fürsichseiende Sache selbst. Durch seine notwendige Fortbestimmung macht der formelle Begriff sich selbst zur Sache und verliert dadurch das Verhältnis der Subjektivität und Äußerlichkeit gegen sie. Oder umgekehrt ist die Objektivität der aus seiner Innerlichkeit hervorgetretene und in das Dasein übergegangene reelle Begriff. ... Eins mit der Sache ist er in sie versenkt; seine Unterschiede sind objektive Existenzen, in denen er selbst wieder das Innre ist. Als die Seele des objektiven Daseins muß er sich die Form der Subjektivität geben, die er als formeller Begriff unmittelbar hatte; so tritt er in der Form des Freien, die er in der Objektivität noch nicht hatte, ihr gegenüber und macht darin die Identität mit ihr, die er an und für sich als objektiver Begriff mit ihr hat, zu einer auch gesetzten. In dieser Vollendung ... ist der adäquate Begriff die Idee“[185]. Die Idee als „Einheit des Begriffs und der Realität“[186] ist somit „alles Wirkliche, insofern es ein Wahres ist“[187].

Von hier aus erklären sich Hegels Definition der materialen Natur als „Idee in der Form ihres Andersseins“ sowie der häufig zitierte Satz aus seiner Vorrede zur Rechtsphilosophie: „Was vernünftig ist, das ist

---

[181] Logik I, S. 31. Zur Bestimmung des absoluten Begriffs als Gott vgl. auch Litt, a. a. O., S. 86/87, und Larenz, Methodenlehre, S. 361. Dieser Zusammenhang erklärt, daß Hegel in Umkehrung des empiristischen Axioms „nihil est in intellectu, quod non fuerit in sensu“, auch sagen kann: „nihil est in sensu, quod non fuerit in intellectu“; Enzyklopädie, § 8, S. 41f.

[182] Vgl. Logik I, S. 14 (Vorrede zur 2. Ausgabe); zur Verwendung des Ausdrucks NdS in der Rechtsphilosophie vgl. dort § 3, S. 24, § 140, S. 135f, § 212, S. 183, § 270, S. 225.

[183] Vgl. Logik II, S. 383ff; Enzyklopädie, § 204, S. 144; Larenz, Methodenlehre, S. 357.

[184] Rechtsphilosophie, § 2, S. 19.

[185] Logik II, S. 236f. (Das Zitat ist im Text ohne die Sperrungen des Originals wiedergegeben).

[186] Logik II, S. 225.

[187] Enzyklopädie, § 213, S. 182.

wirklich; und was wirklich ist, das ist vernünftig[188]." In dem letzteren Satz ist wiederum das Grundaxiom aller teleologischen Metaphysik ausgesprochen. Der in ihm gemeinte Wirklichkeitsbegriff ist der spezifisch teleologische Wirklichkeitsbegriff, „wonach nur das Wohlgelungene und Formgerechte ‚wirklich' ist"[189]. Freilich gibt es auch für Hegel vernunftwidrige, schlechte und mißlungene Phänomene. Den Grund hierfür erblickt er in der „Ohnmacht der Natur, die Strenge des Begriffs nicht festhalten und darstellen zu können und in diese begriffslose blinde Mannigfaltigkeit sich zu verlaufen"[190]. Diese Mannigfaltigkeit ist aber „bloße Erscheinung, das Subjektive, Zufällige, Willkürliche, das nicht die Wahrheit ist"[191]; sie ist „vorübergehendes Dasein, äußerliche Zufälligkeit, Meinung, wesenlose Erscheinung, Unwahrheit, Täuschung"[192]. „Die Natur ist an sich, in der Idee göttlich, aber wie sie ist, entspricht ihr Sein ihrem Begriffe nicht"[193].

Hegel exemplifiziert diesen Gedanken an der Idee des Staates: ein empirischer Staat, der der Idee des Staates gar nicht entspreche, verdiene überhaupt nicht den Namen Staat; doch wirke die Idee des Staates als ein so mächtiger Trieb in den Individuen, „daß sie ihn, sei es auch nur in der Form äußerer Zweckmäßigkeit, in Realität zu versetzen oder ihn sich gefallen zu lassen gedrungen sind, oder sie müßten zugrunde gehen. Der schlechteste Staat, dessen Realität dem Begriffe am wenigsten entspricht, insofern er noch existiert, ist er noch Idee; die Individuen gehorchen noch einem machthabenden Begriffe"[194]. An diesem Beispiel zeigt sich zugleich der Unterschied des Hegelschen zum Kantschen Begriff der Idee. Hatten die Ideen bei Kant bloß regulative oder praktische Bedeutung, so enthalten sie bei Hegel echte Wirklichkeitserkenntnis. Hatte Kant in bezug auf die praktischen Ideen formuliert, es könne „nichts Schädlicheres und eines Philosophen Unwürdigeres gefunden werden, als die pöbelhafte Berufung auf vorgeblich widerstreitende Erfahrung"[195], so dehnt Hegel diesen Satz auf alle Ideen aus und wendet ihn damit gegen Kant selbst: man dürfe den Ideen nicht deshalb die theoretische Realität absprechen, weil ihnen kein kongruierender Gegenstand in der Sinnenwelt gegeben werden könne[196]; denn daß „die

188 Rechtsphilosophie, Vorrede, S. 14; vgl. auch Enzyklopädie, § 6, S. 38.
189 N. Hartmann, Teleologisches Denken, S. 49.
190 Logik II, S. 247; Enzyklopädie, § 250, S. 203.
191 Logik II, S. 409.
192 Rechtsphilosophie, § 1, S. 19.
193 Enzyklopädie, § 248, S. 201.
194 Logik II, S. 410.
195 Kr. d. r. V., B 373, W. II, S. 324.
196 Logik II, S. 408ff.

wirklichen Dinge nicht mit der Idee kongruieren, ist die Seite ihrer Endlichkeit, Unwahrheit"[197].

Der Hegelsche NdS-Begriff ist somit ein teleologischer NdS-Begriff und als solcher wiederum zugleich ein theoretischer und ein praktischer Begriff[198]. Die Funktion eines praktischen Begriffs erhält er auf einer bestimmten Stufe seiner Selbstentfaltung, auf der Stufe nämlich, in der er dem empirischen Subjekt als das zu verwirklichende Gute bewußt wird und so dem Subjekt als „absolutes Postulat" und „Sollen" gegenübertritt[199]. In höherer Betrachtungsweise ist das vom Begriff ausgehende subjektive Sollensgefühl freilich nur eine „List der Vernunft"[200], vermöge derer der Begriff dem „Trieb, sich zu realisieren[201]", Wirksamkeit verleiht.

Damit ist bereits die rechtsphilosophische Funktion des Hegelschen NdS-Begriffs angesprochen. Wie die aristotelisch-thomistische Naturrechtslehre gründet auch Hegel das Naturrecht ausdrücklich auf die NdS. Das Naturrecht erscheint ihm als das Recht, „wie es durch die Natur der Sache, d. i. den Begriff, sich bestimme"[202]. Die Naturrechtswissenschaft hat hier jedoch weniger die Aufgabe, Maßstäbe für das staatliche Gesetzesrecht zu entwickeln, als vielmehr den Zweck, das staatliche Recht als vernünftig zu begreifen[203]. Das folgt aus der Bestimmung des Staates als „Wirklichkeit der sittlichen Idee"[204]. Die Rechtsphilosophie hat daher „die Idee, als welche die Vernunft eines Gegenstandes ist, aus dem Begriff zu entwickeln oder, was dasselbe ist, der eigenen immanenten Entwicklung der Sache selbst zuzusehen"[205]. So wird bei Hegel am Ende der Wille des staatlichen Gesetzgebers zur obersten Quelle allen Rechts[206].

Damit sind die historisch wichtigsten Grundausprägungen des NdS-Begriffs als allgemeiner Denkform unter Berücksichtigung ihrer Bedeutung für das Naturrechtsproblem aufgewiesen. Die weitere Entwicklung des Begriffs kann im Zusammenhang mit der Geschichte der Lehre von der NdS in der Rechtswissenschaft verfolgt werden.

---

[197] Logik II, S. 410.
[198] Vgl. Logik II, S. 477ff; Enzyklopädie, § 325, S. 193.
[199] Logik II, S. 480.
[200] Enzyklopädie, § 209, S. 180.
[201] Logik II, S. 477.
[202] Enzyklopädie, § 502, S. 398f.
[203] Vgl. Rechtsphilosophie, § 3, S. 22.
[204] Rechtsphilosophie, § 257, S. 207f.
[205] Rechtsphilosophie, § 2, S. 19.
[206] Verdross, Abendländische Rechtsphilosophie, S. 152; vgl. auch Welzel, Naturrecht, S. 176ff.

2. Kapitel

Zur Geschichte der Lehre von der NdS in der Rechtswissenschaft

§ 10

Die Entstehung der Lehre von der NdS

Die Lehre von der NdS in der Rechtswissenschaft war eingangs bestimmt worden als die Summe der spezifisch rechtswissenschaftlichen Versuche, den NdS-Begriff definitorisch zu erfassen und in die Systematik der Rechtstheorie einzuordnen. In diesem Sinne gibt es eine Lehre von der NdS erst seit dem ausgehenden 18. und dem beginnenden 19. Jahrhundert. Erst seit jener Zeit begegnet der Ausdruck NdS als Titel eines juristischen Lehrstücks, wird der NdS-Begriff zum Gegenstand abgesonderter Erörterungen[207].

Die Verwendung des Ausdrucks NdS als Titel eines juristischen Lehrstücks ist überdies vorwiegend ein Phänomen der deutschsprachigen Jurisprudenz. Soweit sie in die italienische und französische Rechtswissenschaft aufgenommen wird, geschieht dies durchweg unter Hinweis auf ihren Ursprung im deutschsprachigen Schrifttum[208].

Die Entstehung der juristischen Lehre von der NdS erklärt sich aus zwei Bedingungen: erstens aus der Bedeutung des Ausdrucks NdS im späten Naturrecht der deutschen Aufklärung, zweitens aus einer besonderen Quellensituation der germanistischen Rechtswissenschaft.

Auf die Bedeutung des Ausdrucks NdS im späten Naturrecht der deutschen Aufklärung hat insbesondere Hans Thieme hingewiesen[209]. Kennzeichen jenes Naturrechts sind eine allgemeine Verflachung der Argumentation und das Eindringen der Naturrechtswissenschaft in die juristischen Einzelwissenschaften[210]. Beide Kennzeichen spiegeln sich im

---

[207] Dogmengeschichtliche Hinweise s. vor allem bei Beseler, System, § 14 S. 40ff.; Hermann Isay, Rechtsnorm und Entscheidung, S. 78ff.; Gutzwiller, NdS, S. 294ff., N. 1; Radbruch, NdS, S. 5ff.; Maihofer, NdS, S. 145ff.; Baratta, Natura del fatto, S. 225, 226. Eine zusammenhängende dogmengeschichtliche Darstellung liegt, wie erwähnt, noch nicht vor. Auch die folgende Untersuchung kann keinen Anspruch auf Vollständigkeit erheben. Ihr Ziel ist lediglich, die Grundlinien der Entwicklung aufzuzeigen. Dabei sollen nicht die Verwendung des Ausdrucks NdS in der Praxis, sondern nur die theoretischen Beiträge zur Erfassung des NdS-Begriffs (die „Lehre“ von der NdS) betrachtet werden.

[208] Vgl. Geny, Méthode II, S. 88; Asquini, La natura dei fatti, S. 129ff; Bobbio, NdS, S. 306, 307; Tammelo, Nature of facts, S. 236; Stone, Nature of things, S. 146. [209] Die Zeit des späten Naturrechts, S. 231ff.

[210] Thieme a. a. O.; E. Wolf, Große Rechtsdenker, S. 426ff.; Wieacker, Privatrechtsgeschichte, S. 152.

Gebrauch des NdS-Begriffs wieder. Das Hauptmerkmal des spätnaturrechtlichen NdS-Begriffs besteht in seiner Unbestimmtheit. Der Ausdruck NdS bezeichnet hier nicht einen präzise definierten Begriff, sondern dient als Schlagwort zur Begründung allgemein einleuchtender Vernunftwahrheiten, deren philosophische Prämissen im Dunkeln bleiben[211]. Ein typisches Beispiel hierfür und zugleich auch für das Eindringen des Naturrechts in die Einzelwissenschaften bietet Gallus Aloys Caspar Kleinschrods Lehrbuch des Strafrechts, betitelt: „Systematische Entwickelung der Grundbegriffe und Grundwahrheiten des peinlichen Rechts aus der Natur der Sache und der positiven Gesetzgebung[212]". Eine Definition der NdS enthält das Werk nicht, aus seinem Inhalt ergibt sich aber, daß der Verfasser unter der NdS „die allgemeinen philosophischen Wahrheiten" versteht, die den Grundbegriffen des Strafrechts „immanent" sind[213]. Im gleichen Sinne formuliert Anton Friedrich Justus Thibaut wenige Jahre später: „Nicht wenig Materien finden sich, worin aus der Natur der Sache raisonniert werden kann und in welchen die Juristen und Kaiser wirklich nach der Natur der Sache entschieden. Da nun auch bei uns den Richter nichts hindert, seiner Vernunft zu folgen, wenn ihn das positive Recht nicht bindet, so leidet es wohl keinen Zweifel, daß jener Methode die praktische Brauchbarkeit nicht abgesprochen werden kann. Ein schiefer Kopf kann freilich dieselbe mißbrauchen[214]".

Weder Kleinschrod noch Thibaut bezeichnen die NdS jedoch ausdrücklich als Quelle des positiven Rechts. Die Einfügung der NdS in das System der Quellen des positiven Rechts war ein Werk der germanistischen Jurisprudenz. Das erklärt sich aus der besonderen Quellensituation der Germanistik. Ausdruck dieser Situation war das „Problem der Existenz eines gemeinen deutschen Privatrechts"[215]. Auf dieses Problem muß hier kurz eingegangen werden, da die Lehre von der NdS durch Jahrzehnte hindurch eng mit ihm verbunden blieb.

---

[211] Vgl. Thieme a. a. O. und oben § 6 N. 194 a. E.

[212] Drei Teile, Erlangen 1794—1796.

[213] Vgl. Vorrede zum 1. Teil (ohne Seitenangaben).

[214] Theorie der logischen Auslegung des römischen Rechts, 2. Aufl. Altona 1806 (1. Aufl. 1799), S. 134f. Als weitere Belegstellen für die Verwendung des Ausdrucks NdS bzw. der hiermit weithin gleichbedeutenden Wortverbindung „Natur der Dinge" vgl. J. G. H. Feder, Grundlehren zur Kenntnis des menschlichen Willens und der natürlichen Gesetze des Rechtsverhaltens, 3. Aufl. Göttingen 1789, S. 82; Chr. Fr. Glück, Pandektenkommentar, 1. Theil, Erlangen 1790, § 10, S. 82; ferner gehören hierhin die im weiteren Verlauf der Darstellung genannten Beiträge von Pütter, Runde, Reyscher, Almendingen und Gönner.

[215] Vgl. dazu etwa Runde, Grundsätze, S. 67ff.

Das Problem der Existenz eines gemeinen deutschen Privatrechts war eine Folgeerscheinung der Rezeption des römischen Rechts. In deren Verfolg hatte das Recht des Corpus iuris civilis in Deutschland die Bedeutung eines subsidiär geltenden gemeinen Rechts erhalten. Ferner war das in den Partikularrechten fortgeltende deutsche Recht einer „romanistischen Verwissenschaftlichung" unterworfen worden[216]. Trotzdem begann sich im 18. Jahrhundert neben der romanistischen eine spezifisch germanistische Rechtswissenschaft zu entwickeln[217]. Hierfür waren neben historischen und nationalen auch praktische Belange maßgebend. Es hatten sich nämlich in den Partikularrechten alte deutsche Rechtsinstitute erhalten, die nicht ohne Gewaltsamkeit unter das romanistische Begriffssystem subsumiert werden konnten. Häufig mangelte es jedoch an Rechtssätzen für ihre Beurteilung. Um in solchen Fällen nicht auf das römische Recht zurückgreifen zu müssen, erstrebten die Germanisten die Erarbeitung eines gemeinen deutschen Privatrechts als eines weiteren subsidiär geltenden Rechts.

Als Erkenntnisquellen hierfür kamen die Reichsgesetze, soweit sie sich mit privatrechtlichen Gegenständen befaßten, und das rechtseinheitliche Gewohnheitsrecht in Betracht. Beide Quellen reichten aber für die Entwicklung eines wissenschaftlichen Systems nicht aus[218]. In dieser Situation bildete sich zunächst die sog. „Analogistenschule", die das gemeine deutsche Privatrecht durch Analogiebildungen aus den Partikularrechten zu erarbeiten suchte[219]. Neben die Analogistenschule trat dann im Ausgang des 18. Jahrhunderts die sog. „spekulative Schule" (Runde, Posse, Schmalz, Reyscher), die zur Behebung der Quellenschwierigkeiten die „Natur der Sache" oder die „Natur deutscher Rechtsinstitute" in das System der germanistischen Quellenlehre einführte[220] [221].

---

[216] Wieacker, Privatrechtsgeschichte, S. 118.

[217] Dazu eingehend F. Frensdorff, Das Wiedererstehen des deutschen Rechts, SavZGerm. Bd. 29 (1908), S. 1ff.

[218] Vgl. insbesondere Gottlieb Hufeland, Beyträge zur Berichtigung und Erweiterung der positiven Rechtswissenschaften, 1. Stück, Jena 1792, 1. Abhandl. S. 3ff.

[219] Hierin gehören etwa Pütter, Selchow, Rudloff, Hufeland, Tafinger und Danz. Im einzelnen ist die Aufgliederung der Schulen und die Zuordnung der einzelnen Autoren streitig. Vgl. die Darstellungen des Methodenstreits bei Eichhorn, Einleitung S. 114ff.; Mittermaier, Grundsätze S. 101ff.; Maurenbrecher, Lehrbuch S. 105ff.; Rückert, Begriff, S. 80ff.

[220] Die Bezeichnung „spekulative Schule" stammt von Maurenbrecher, Lehrbuch, § 94 S. 107. Zu Runde und Reyscher s. den folgenden Text. Zur Bezeichnung der NdS als Rechtsquelle bei A. F. H. Posse vgl. dessen „Abhandlungen einiger vorzüglicher Gegenstände des deutschen Staats- und Privatrechts", 1. Heft, Rostock und Leipzig, 1802, S. 10, 35f., 46. Theodor Schmalz

Es handelt sich hier zunächst einfach darum, daß unter dem Titel NdS das Naturrecht in die Quellenlehre Eingang fand. Das zeigt sich besonders deutlich bei Runde und Reyscher. Justus Friedrich Runde, dessen 1791 in erster Auflage erschienenen „Grundsätze des gemeinen deutschen Privatrechts" großen Einfluß auf die Entwicklung der Germanistik ausübten[222], formuliert: Was in Ermanglung von Reichsgesetzen und reichseinheitlichem Gewohnheitsrecht „aus der Natur der Sache, oder eines den Deutschen eigenen, durch Gesetz, Gewohnheit oder Vertrag unter Privatpersonen anerkannten Rechtsinstituts richtig gefolgert werden kann, ist ebenfalls so gemein gültig und geltend, als die gesunde Vernunft; und hat bey Entscheidung von Streitigkeiten, wie andere Grundsätze eines hypothetischen Vernunftrechts, in jedem Falle Anwendung, wo es an positiven Bestimmungen fehlt"[223]. Eine nähere Definition der NdS gibt Runde nicht. Doch zeigt seine Bezugnahme auf das hypothetische Vernunftrecht, daß er den Ausdruck im Sinne des späten Naturrechts verstanden wissen wollte[224]. Unter *absolutem* Ver-

wird von Maurenbrecher, Lehrbuch, S. 107, und Beseler, System, S. 41, als Anhänger der von Runde begründeten Lehre von der NdS genannt. Inwiefern das für sein Lehrbuch des deutschen Privatrechts, Berlin 1818, § 38, zutrifft, konnte nicht überprüft werden. In seinem „Handbuch des teutschen Land- und Lehnrechts", Königsberg 1796, erwähnt Schmalz die NdS als Rechtsquelle nicht, erklärt aber im Abschnitt über den Begriff des deutschen Privatrechts, es komme darauf an, „die Natur der teutschen Rechtsverhältnisse historisch, juristisch und philosophisch zu entwickeln" (§ 39 S. 15, vgl. auch Vorr. S. VIIf.). Schmalz' Werk „Das reine Naturrecht", 2. Aufl. Königsberg 1795, knüpft an die kantische Rechtsphilosophie an, enthält jedoch den Ausdruck NdS ebenfalls nicht.

[221] Schon vor Runde hatte dessen Lehrer Joh. Stephan Pütter, der im allgemeinen der Analogistenschule zugerechnet wird, in seinen Untersuchungen über das Problem der Existenz eines gemeinen deutschen Privatrechts an zentraler Stelle mit dem NdS-Begriff argumentiert, ohne die NdS jedoch direkt als dritte Rechtsquelle neben Gesetz und Gewohnheitsrecht zu bezeichnen. Pütter versteht den NdS-Begriff, den er ohne nähere Definition verwendet, eindeutig im naturrechtlichen Sinne; vgl. seine „Beyträge zum Teutschen Staats- und Fürstenrecht", 2. Theil, Göttingen 1779, S. 68ff, 93ff, insbes. S. 96, 97.

[222] Vgl. Landsberg, Bd. III, 1 S. 352.

[223] Zit. nach der 5. Aufl. § 80 S. 68f.

[224] Einige Jahrzehnte später ist hierüber eine Kontroverse entstanden. Während Eichhorn (Über das geschichtliche Studium, S. 131) und Rundes Sohn Christian Ludwig Runde (in seiner Bearbeitung der 8. Aufl. der Rundeschen Grundsätze, Göttingen 1829, § 80) meinten, Runde habe in Vorwegnahme der Methodenlehre der historischen Schule unter der NdS den mittels historischer Forschung aufgefundenen Begriff eines Rechtsinstituts verstanden, betonten L. Reyscher (Das ges. württ. Privatrecht, 1. Bd., Tübingen 1837, § 66 N. 4 S. 105f.) und Gerber (Das wissenschaftliche Prinzip, S. 60f.) den naturrechtlichen Charakter des Rundeschen NdS-Begriffs.

nunftrecht verstand man in jener Zeit die unmittelbar aus der Vernunft fließenden und überall geltenden allgemeinen Rechtsgrundsätze, unter *hypothetischem* Vernunftrecht die aus dem Begriff und dem Wesen eines Rechtsinstituts sich ergebenden Normen, deren örtliche und zeitliche Geltung durch die Existenz des Instituts in einer bestimmten Rechtsordnung bedingt erschienen[225].

Noch eindeutiger identifiziert der eine Generation jüngere Ludwig Reyscher, dessen Wirken bereits in die Zeit der historischen Rechtsschule fällt, NdS und Naturrecht[226]. Seine Definitionen der NdS sind jedoch durchweg unscharf[227]. Er unterscheidet schließlich einen materialen, einen rationalen, einen nationalen und einen positiven NdS-Begriff, ohne damit wesentlichen Anklang zu finden[228].

Die Lehre der spekulativen Schule blieb nicht unbestritten. Insbesondere seitens der Analogistenschule wurde sie kritisiert[229]. Charakte-

---

[225] Vgl. etwa Franz Xaver Gmeiner, Das allgemeine Lehnrecht, Bd. 1, Grätz 1795, § 23 S. 39ff.

[226] Das ges. württ. Privatrecht, 1. Bd., Tübingen 1837, § 66 S. 105, 106; Über das Daseyn und die Natur des deutschen Rechts, Z. f. dt. R. u. dt. Rechtswiss., Bd. 1 (Leipzig 1839), S. 11ff, 37ff; Die Einheit des gemeinen deutschen Rechts und dessen Verhältniß zu den fremden Rechten, Z. f. dt. R. u. dt. Rechtswiss., Bd. 9 (Tübingen 1845), S. 337ff., 358ff.; Der Begriff des gemeinen deutschen Rechts, Z. f. dt. R. z. dt. Rechtswiss., Bd. 10 (Tübingen 1846), S. 153ff., 171ff.

[227] In seinem württ. Privatrecht (a. a. O.) lehrt Reyscher, „daß, wenn die historischen Quellen nicht zureichen, die Natur der Sache zu Hülfe genommen werden müsse, welche am Ende nichts anderes ist als ein angewandtes Naturrecht, d. h. eine allgemeine Vernunftansicht (naturalis ratio), angewandt auf die Natur gegebener Verhältnisse". In seinem Programmaufsatz zur Eröffnung der Z. f. dt. R. u. dt. Rechtswiss. („Über das Daseyn" a. a. O., S. 40) definiert er die NdS als „die rechtliche Idee, welche der äußeren Beschaffenheit eines gegebenen Rechtsverhältnisses zugrunde liegt".

[228] Der Begriff des gemeinen deutschen Rechts (Fundstelle in N. 226), S. 172f.: Die *materiale* oder physische NdS ist durch das „allgemeine Naturgesetz" bestimmt und entspricht dem jus naturale der Römer; die *rationale* NdS ist durch die Vernunftnatur des Menschen bestimmt und entspricht dem jus gentium der Römer sowie dem Vernunftrecht der Aufklärung; die *nationale* NdS ist durch die „Gemeinschaft des Ursprungs, der Bildung und der politischen Schicksale des deutschen Volkes" bestimmt und entspricht dem Volksrecht Beselers (dazu weiter unten im Text); die *positive* NdS ist durch „die deutschen Reichsgesetze und Gewohnheiten (das sogenannte Reichsrecht)" bestimmt und entspricht dem „positiven" Recht. Diese Lehre enthält in manchem eine Vorwegnahme der Genyschen Lehre von den Gegebenheiten (données) des Rechts (vgl. dazu unten § 15 N. 342) und ist als solche rechtsphilosophisch durchaus fruchtbar. Rechtstheoretisch fragwürdig bleibt jedoch, daß Reyscher den derart vielgestaltigen NdS-Begriff als „Hauptgrundlage" und „Quelle" des gemeinen deutschen Rechts bezeichnet.

[229] Gottlieb Hufeland, Beyträge zur Berichtigung und Erweiterung der posi-

ristikum dieser Kritik ist jedoch, daß sie die Verwendung des NdS-Begriffs nicht schlechthin ablehnt, sondern ihn umzudeuten und für die eigene Methode zu verwerten sucht. So bemängelt Danz, daß Runde nicht erkläre, auf welche Weise die Rechtssätze aus der NdS abzuleiten seien; die Natur eines deutschen Rechtsinstituts lasse sich nicht a priori, sondern lediglich durch Analogiebildungen aus den Partikularrechten erkennen[230 231].

Diese Tendenz einer unbedeutenden Übernahme des NdS-Begriffs blieb für die weitere Entwicklung der Lehre von der NdS bestimmend. Das zeigt sich insbesondere im germanistischen Zweig der historischen Rechtsschule. Zuvor sei noch auf die Fortbildung der Lehre von der NdS in der gemeindeutschen Prozessualistik hingewiesen.

§ 11

Die Lehre von der NdS in der gemeindeutschen Prozessualistik

Die Quellensituation der gemeindeutschen Prozeßrechtswissenschaft in der ersten Hälfte des 19. Jahrhunderts war derjenigen der gemeindeutschen Privatrechtswissenschaft vergleichbar. Die Prozessualisten übernahmen daher als erste die Lehre von der NdS als einer Quelle des positiven Rechts[232].

Noch ganz im Sinne des späten Naturrechts erscheint die NdS bei Nikolaus Thaddäus Gönner[233] und Ludwig Harscher von Almendingen[234]. Beide bezeichnen indessen die NdS noch nicht ausdrücklich als Rechtsquelle. Diesen Schritt vollzog als erster Karl Grolmann. Grolmanns Definition und Einordnung der NdS wurden formgebend für eine Reihe weiterer Prozeßrechtswissenschaftler. Zum ersten Male erhielt die Lehre von der NdS damit eine feste Lehrtradition. Mit Grolmann begann die

---

tiven Rechtswissenschaften, 1. Stück, Jena 1793 S. 77ff.; W. A. Fr. Danz. Handbuch des heutigen Privatrechts, 2. Aufl. Stuttgart 1800, § 101 S. 342ff,

[230] a. a. O., S. 342f., 325.

[231] Von den späteren Kritikern äußerte sich am schärfsten Gerber. Er formuliert, die NdS bezeichne bei Runde „nur eine oberflächliche philosophierende Anschauung des gegenwärtig Vorhandenen", bei Reyscher sei sie ein Prinzip, welches „die vollkommene Verseichtigung der Wissenschaft" herbeiführen werde; Das wissenschaftliche Prinzip, S. 60, 310. Kritisch auch Rückert, Begriff, S. 86ff.

[232] Vgl. Beseler, System, § 14 S. 43.

[233] Handbuch des gemeinen deutschen Processes, Bd. 2, 2. Aufl. Erlangen 1804, S. 97; zu Gönner vgl. Landsberg, Bd. III, 2 S. 147ff.

[234] Metaphisik (!) des Civilprocesses, Bd. 1, Gießen und Wetzlar 1808, S. 5—7.

Prozessualistik sich gleichzeitig einem „gemäßigten Positivismus“ zuzuwenden[235], in dessen Rechtsquellensystematik die NdS jedoch eine bedeutsame Öffnung für das Naturrecht darstellte.

Als oberste Quelle des Rechts bezeichnet Grolmann den Willen des Gesetzgebers[236]. Des näheren unterscheidet er unmittelbare und mittelbare gesetzliche Quellen. Zu den letzteren rechnet er die Gerichtsobservanz und die NdS. Zur NdS heißt es: „Unter den mittelbaren gesetzlichen Quellen verdient eine Hauptstelle die Natur der Sache, d. h. hier: die aus dem Wesen und Zweck eines Instituts abzuleitenden Regeln; denn wo die Gesetze selbst nichts genauer bestimmen, da haben sie nothwendig mit dem Wesen eines, von ihnen gebilligten Instituts, alles das, was hieraus abgeleitet werden muß, stillschweigend gebilligt, und mit der Anschauung eines bestimmten Zweckes einer Handlung oder Einrichtung die Gültigkeit der, aus dem Begriffe der Zweckmäßigkeit abzuleitenden Regeln anerkannt“[237].

Mit einigen Abweichungen, die hier unerörtert bleiben können, wurde diese Lehre von Ludwig von Gaisberg[238], Justus Thimoteus Balthasar von Linde[239], Hieronymus J. P. von Bayer[240], Theodor Brackenhoeft[241], J. C. Gensler[242] und Wilhelm Müller[243] übernommen.

Hatte bereits Runde mit der Eingrenzung des Sachbegriffs im NdS-Begriff auf Institute einen ersten Schritt zur Technisierung des NdS-Begriffs vollzogen, so bedeutete die Erfassung der „Natur“ eines Rechtsinstituts als dessen Zweck und Wesen einen weiteren Schritt auf diesem Wege. Indessen blieb dieser Schritt unbestimmt. Er schloß die Vermengung naturrechtlicher und positivrechtlicher Ordnungsvorstellungen

---

235 Vgl. zur Geschichte der Prozessualistik in der ersten Hälfte des 19. Jahrhunderts Landsberg, Bd. III, 2 S. 147ff., 380ff.

236 Theorie des gerichtlichen Verfahrens in bürgerlichen Rechtsstreitigkeiten nach dem gemeinen dt. Recht, 2. Aufl. Gießen und Darmstandt 1803, § 9 S. 9.

237 a. a. O., § 11 S. 10f.

238 Allgemeine Vorkenntnisse zur Theorie des bürgerlichen Processes mit besonderer Rücksicht auf den teutschen gemeinen bürgerlichen Process, Stuttgart 1820, § 187 S. 158f.

239 Lehrbuch des deutschen gemeinen Civilprozesses, 7. Aufl. Bonn 1850, § 24 S. 27/28.

240 Vorträge über den gemeinen Civilprozess, 8. Aufl. München 1856, § 8 S. 13 und 14.

241 Erörterungen über die Materie des allgemeinen Theils von Linde's Lehrbuch des gemeinen deutschen Civilprocesses, Leipzig 1842, § 24 S. 48—50.

242 Vollständiger Commentar über Martin's Civilprocess-Lehrbuch, herausg. von K. E. Morstadt, Bd. 1, Heidelberg 1825, § 4 S. 8.

243 Über die Natur des Gerichtsgebrauchs und dessen Gesetzeskraft, in: Civilist. Abhandlungen, 1. Theil (5. Abh.) Gießen 1833, S. 160ff., 212/213.

nicht aus. Insbesondere entstand die Frage, woraus der Zweck eines Rechtsinstituts zu erkennen sei. Dachte man ausschließlich an den vom Gesetzgeber mit dem Institut verfolgten Zweck, so wurde die Gewinnung von Rechtsnormen aus der NdS identisch mit der sog. teleologischen Gesetzesinterpretation[244]. Sie unterscheidet sich von dieser nur dadurch, daß sie nicht aus dem Zweck einzelner Rechtsnormen, sondern aus dem Zweck von Rechtsinstituten argumentiert. Der ihr zugrunde liegende NdS-Begriff ist der bereits erwähnte technisch-praktische NdS-Begriff[245]. Es ergibt sich jedoch aus dieser Funktion der NdS die Schwierigkeit, zwischen Normen, die noch vom Willen des Gesetzgebers gedeckt sind, und weitergehenden reinen Zweckmäßigkeitserwägungen zu unterscheiden. „Nöthige Vorsicht bey dem Gebrauch dieser Quelle", warnt daher Grolmann, „um nicht das Nützliche und Räthliche mit dem rechtlich Nothwendigen zu verwechseln"[246]. Ein Kriterium, das eine solche Verwechslung ausschließen würde, gibt er indessen nicht an. Es lag daher nahe, den Zweck eines Rechtsinstituts unabhängig vom Willen des Gesetzgebers durch philosophische, historische, rechtsvergleichende oder soziologische Erwägungen zu bestimmen. So lehrt Brackenhoeft, der Zweck sei aus dem Bedürfnis zu erkennen, das zur Entstehung des Instituts geführt habe[247]. Konsequenterweise erscheint bei ihm die NdS nicht mehr als mittelbare gesetzliche Quelle, sondern als Erkenntnisquelle für das Juristenrecht. Diese Bestimmung leitet über zur Rechtstheorie der historischen Schule, deren Problematik im nächsten Paragraphen angedeutet werden soll. Festzuhalten ist jedoch, daß überall dort, wo die Argumentation aus dem Zweck von Rechtsinstituten nicht mehr am Willen des Gesetzgebers orientiert ist, die NdS zum Einfallstor für das Naturrecht ins positive Recht wird.

§ 12

Die Lehre von der NdS in der historischen Rechtsschule

In der historischen Schule blieb die Lehre von der NdS in erster Linie mit dem Problem der Existenz eines gemeinen deutschen Privatrechts verknüpft. Daher wurde die Diskussion um die Erfassung des NdS-Begriffs fast ausschließlich im germanistischen Zweig der Schule geführt[248].

---

[244] Vgl. Bobbio, NdS, S. 315.

[245] S. o. § 6 S. 21.

[246] a. a. O. (Fundstelle oben N. 236), S. 11 N.*

[247] a. a. O. (Fundstelle oben N. 241), S. 48/49; ähnlich auch schon Almendingen a. a. O. (oben N. 234), S. 5f.

[248] Die Zurückhaltung der Romanistik gegenüber der Lehre von der NdS dürfte daraus zu erklären sein, daß für sie eine der Germanistik vergleichbare

Die grundsätzliche Weichenstellung vollzog hier bereits Carl Friedrich Eichhorn. In seinem Programmaufsatz zum ersten Band der Zeitschrift für geschichtliche Rechtswissenschaft (1818) bejaht er die Existenz eines gemeinen deutschen Privatrechts und fordert für dessen Erarbeitung die historische Methode[249]. Es komme nicht darauf an, führt Eichhorn aus, in den Partikularrechten analoge Bestimmungen aufzusuchen, sondern durch historische Forschung die „höhere Regel" (129), die „rechtliche Idee" (130 f) zu ermitteln, die überhaupt erst das Vorhandensein analoger Institute in den Partikularrechten erkläre. In Umdeutung der Rundeschen Lehre fährt er fort, dies sei auch die Ansicht, „welche Runde gehabt hat, wenn er den Beweis, daß eine Rechtslehre des deutschen Privatrechts als gemeines Recht betrachtet werden dürfe, darauf gegründet wissen wollte, daß sie aus der Natur des Rechtsinstituts folge" (131)[250]. Die NdS war damit als mittels historischer Forschung aufgefundener Begriff und Leitgedanke eines Rechtsinstituts definiert.

In das System der Rechtsquellen nahm Eichhorn allerdings die so bestimmte NdS nicht auf[251]. In dieser Beschränkung sind ihm nicht alle

---

Quellenproblematik nicht bestand. Als typisch für die Stellung des romanistischen Zweiges der historischen Schule zur Lehre von der NdS darf eine gelegentliche Äußerung Savignys bezeichnet werden. Anläßlich seiner Erörterung der sittlichen Natur des Rechts spricht Savigny von der Anerkennung der überall gleichen sittlichen Würde und Freiheit des Menschen und der Sicherung dieser Freiheit durch Rechtsinstitute „mit allem was aus der Natur und Bestimmung dieser Institute durch praktische Consequenz hervorgeht und was die Neueren Natur der Sache nennen (aequitas oder naturalis ratio)"; System Bd. 1, § 15 S. 55. Es handelt sich hier offensichtlich um eine Anspielung auf die germanistische Lehre von der NdS. In ihr erschöpft sich Savignys Auseinandersetzung mit dieser Lehre. Sachlich können freilich auch seine Ansätze zu einer institutionellen Rechtsauffassung zum Gesamtbereich der Lehre von der NdS gerechnet werden (vgl. System, Bd. 1, § 5 S. 9ff.). Savigny selbst hat diese Ansätze jedoch — abgesehen von der zitierten Äußerung — nicht mit dem Ausdruck NdS verknüpft. Zu Savignys auf einer ganz anderen Ebene liegenden Einfluß auf die Verwendung des Ausdrucks NdS im internationalen Privatrecht vgl. die unten § 14 N. 305 und 306 genannten Untersuchungen. Zur Verwendung des naturrechtlich verstandenen Begriffs der „Natur der Dinge" in der Romanistik vgl. außer dem oben § 10 N. 214 erwähnten Pandekten-Kommentar von Glück noch Albrecht Schweppe, Das römische Privatrecht in seiner heutigen Anwendung, Bd. 1. 4. Aufl. Göttingen 1828, § 25 S. 8; August Wilhelm Heffter, System des römischen und deutschen Civilprocesses, 2. Aufl. Bonn 1843, § 21 S. 17 N. 43. Eine spezifisch romanistische Variante der Lehre von der NdS entwickelte sich erst in der Begriffsjurisprudenz; dazu unten § 13.

[249] Über das geschichtliche Studium, S. 124ff.; die Seitenzahlen im Text beziehen sich auf diesen Aufsatz.

[250] Vgl. dazu § 10 N. 224.

[251] Vgl. zu Eichhorns Quellenlehre dessen „Einleitung" §§ 2ff. S. 2ff.

Germanisten gefolgt. Bezeichnend ist insoweit die Stellungnahme C. J. A. Mittermaiers. Noch in seinem 1821 erschienenen „Lehrbuch des deutschen Privatrechts" spricht er der NdS die Qualität einer Rechtsquelle ausdrücklich ab[252]. Bereits in seinen wenige Jahre später veröffentlichten „Grundsätzen" heißt es jedoch: „Wenn die Natur der Sache als Quelle des deutschen Privatrechts bestritten wurde, so galt dies jener Ansicht, welche nur die durch philosophisches Räsonnement und willkührliche Abstraktionen aus einem sogenannten Vernunftrechte abgeleitete Vorstellungen Natur der Sache nannte. Sobald dagegen nur dasjenige als Natur der Sache aufgestellt wird, was auf einem zuverlässigen historischen Wege aufgefunden ist und ebenso den Ursprung eines Instituts benützt, als die Fortbildung historisch verfolgt, dann liefert die Natur der Sache die höhere Regel, welche ... in der Beurtheilung des Instituts und Entscheidung einzelner Fälle den gelehrten Richter leiten muß[253 254]."

Damit entstand die Frage, wie die Lehre von der NdS mit dem allgemeinen rechtstheoretischen Programm der historischen Schule vereinbart werden konnte. Zur Lösung dieses Problems bot sich die Lehre vom Juristenrecht an. In sie floß der NdS-Begriff ein.

Die insbesondere von Savigny und Puchta entwickelte Lehre vom Juristenrecht[255] umfaßt zwei Erscheinungen: einmal das durch die Rechtsüberzeugung des Juristenstandes in Vertretung des Volkes geschaffene Gewohnheitsrecht, wie es sich in der Gerichtsobservanz und der communis opinio doctorum offenbart[256], zum andern das mittels historischer Forschung, Interpretation, Konstruktion, System- und Prinzipienbildung erarbeitete spezifisch „wissenschaftliche" Recht[257].

---

252 Landshut 1821, § XIII, S. 38/39. 253 Grundsätze, § 33, S. 110f.

254 Auch Mittermaiers NdS-Begriff bleibt jedoch mehrdeutig; vgl. Grundsätze, S. 111: „Insbesondere wird die Natur der Sache wichtig, wo a) aus der Art der Entstehung des Instituts, aus dem Zwecke desselben eine entschiedene Rechtsansicht sich nachweisen läßt, welche den Begriff und die Merkmale des Instituts bestimmt, b) oder wenn bei einem Institut gewisse technische Beziehungen vorkommen, welche zugleich die obersten Grundsätze für die Anwendung gemeiner Regeln auf einzelne Fälle bilden, oder c) wenn aus einer ununterbrochenen Rechtsansicht und verbindlich angenommenen Meinung aller Interessenten ein stillschweigend vertragsmäßiges Recht sich ableiten läßt, oder d) aus dem Zusammenhang des Instituts mit einer bestimmten Art des Verkehrs ... eine Regel sich ergiebt, welche den Richter bei Enscheidung der einzelnen Fälle leiten muß."

255 Vgl. Savigny System, Bd. 1, §§ 14ff., S. 45ff.; Puchta, Pandekten, § 16 S. 29ff. Vgl. zur Rechtsquellenlehre der historischen Schule auch die Darstellung bei Ross, Theorie der Rechtsquellen, S. 128ff.

256 Savigny, System, Bd. 1, § 20 S. 90ff., spricht hier von der produktiven Tätigkeit der Juristen.

257 Savigny a. a. O., § 19 S. 87ff., spricht hier von der theoretischen Tätigkeit

In dieser letzteren Ausprägung des Juristenrechts als „wissenschaftlichen" Rechts fand die Lehre von der NdS bei einer Reihe von Autoren ihren systematischen Standort. Verstanden als methodisch gebildeter „Gebotsbegriff"[258] eines Rechtsinstituts war die NdS nichts als ein anderer Name für das wissenschaftlich erarbeitete Recht. Von den Germanisten sind hier der bereits als Prozessualist angeführte Theodor Brackenhoeft[259], ferner Heinrich Thöl[260], Josef Unger[261] und Otto Stobbe[262] zu nennen. Die Einordnung der NdS in das Juristenrecht findet sich aber auch bei einigen Romanisten. Der dort zugrunde liegende NdS-Begriff soll im folgenden Paragraphen untersucht werden.

Brackenhoeft und Thöl handeln das Juristenrecht und die NdS in der Rechtsquellenlehre, Unger und Stobbe in der Lückenfüllungslehre ab. In diesem Schwanken zeigt sich eine im Begriff des „wissenschaftlichen" Rechts liegende Problematik, die auch für die Funktion des NdS-Begriffs von Bedeutung ist. Es müssen nämlich in der „produktiven" Tätigkeit der Juristen zwei Aspekte unterschieden werden: erstens die Entfaltung des Gesetzes- und Gewohnheitsrechts durch Interpretation, Konstruktion und Systembildung, zweitens die Ermittlung von Normen und Rechtsgrundsätzen, die zum Gesamtbereich des Naturrechts gehören. In beiden Problemkreisen kann mit der NdS als methodisch, insbesondere mittels historischer Forschung gebildetem Begriffs eines Rechtsinstituts gearbeitet werden. Beide Aspekte wurden in der historischen Schule nicht immer scharf getrennt[263]. Vor allem die Vieldeutigkeit des Ausdrucks NdS verhinderte trotz aller Bemühungen um eine definitorische Erfassung eine klare Stellungnahme[264]. Im Hinblick darauf

---

der Juristen. Zur Lehre vom Juristenrecht als wissenschaftlichem Recht vgl. insbes. auch Rückert, Begriff, S. 49ff.; Thöl, Einleitung, S. 138ff.

[258] Der Ausdruck „Gebotsbegriff" stammt von Heck, Begriffsbildung, S. 54. Es ist zweckmäßig, diesen Begriff schon hier aufzugreifen, da nur in Verbindung mit ihm die normative Bedeutung der als Begriff eines Rechtsinstituts definierten NdS zu verstehen ist. Vgl. dazu näher unten § 26.

[259] Grundlagen des gemeinen deutschen Rechts, Würzburg 1851, § 5 S. 40ff., 45.

[260] Einleitung § 57 S. 144; vgl. zu Thöl auch unten § 14 S. 84f.

[261] System des österreichischen allgemeinen Privatrechts, Bd. 1, 3. Aufl. Leipzig 1868, § 10 S. 66.

[262] Handbuch des deutschen Privatrechts, Bd. 1, 3. Aufl. Berlin 1893, § 25 S. 190.

[263] Vgl. zu den rechtstheoretischen Unklarheiten in der Rechtsquellenlehre der historischen Schule Ross, Theorie der Rechtsquellen, S. 128ff., und im einzelnen die in den vorstehenden Noten angegebenen Fundstellen.

[264] Von einer einheitlichen Lehrtradition kann bei der germanistischen im Gegensatz zur prozessualistischen Lehre von der NdS nicht gesprochen werden.

kann man mit Landsberg und anderen Autoren sagen, daß die Lehre von der NdS „eine unbewußte Herübernahme naturrechtlich-konstruktiver Begriffe in die Methode der neuen Schule“ bedeutete[265].

Nicht alle Germanisten ordneten indessen die NdS dem Juristenrecht zu. Abgesehen von Reyscher, dessen eindeutig naturrechtliche Erfassung des NdS-Begriffs ihn als Vertreter der spekulativen Schule erscheinen läßt[266], finden sich vor allem bei Beseler, Bluntschli und Schmid andere Stellungnahmen.

Georg Beseler verarbeitete den NdS-Begriff in seiner Lehre vom Volksrecht[267]. Er definiert die NdS als ein „Princip, welches in den concret ausgebildeten Rechtsverhältnissen wirksam ist“ (41), als einen „in den Lebensverhältnissen ruhenden Trieb“ (83). In diesen Formulierungen klingt der metaphysisch-teleologische NdS-Begriff aristotelischer Prägung an, wie ihn zur gleichen Zeit auch der Rechtsphilosoph Friedrich Julius Stahl verwandte[268]. Doch ist für Beseler wie für Stahl die so verstandene NdS nicht Rechtserkenntnisquelle, sondern Rechtsentstehungsquelle. Positive Rechtsnormen ergeben sich aus ihr nach Ansicht beider Autoren erst dann, wenn der in den Lebensverhältnissen ruhende Trieb durch die vom Rechtsbewußtsein des Volkes getragene tatsächliche Übung der Rechtsgenossen realisiert wird[169]. Rechtsquelle im rechtstheoretischen Sinne, d. h. „Erkenntnisgrund für etwas als positives Recht“[270], ist hier also nicht die NdS, sondern das Volksrecht, das Gewohnheitsrecht.

Vgl. dazu auch die kritischen Äußerungen zum NdS-Begriff bei Gerber, Das wissenschaftliche Prinzip, S. 60, 310f.; Rückert, Begriff, S. 86ff.; Otto Gierke, Deutsches Privatrecht, Bd. 1, Leipzig 1895, §21 S. 182.

[265] Landsberg, Bd. III, 2 S. 212; E. I. Bekker, Über den Streit zwischen der historischen und der philosophischen Rechtsschule, Heidelberg 1886, S. 20 N. 5; Erich Jung, Das Problem des natürlichen Rechts, Leipzig 1912, S. 39; ähnlich auch Gierke a. a. O. Einschränkend Boehmer, Grundlagen, Bd. II, 1 S. 160f.

[266] S. o. § 10 S. 37f.

[267] System, § 14 S. 40ff., § 30 S. 82ff. Die Seitenangaben im Text beziehen sich auf dieses Werk.

[268] Philosophie des Rechts nach geschichtlicher Ansicht, Bd. II, 1, Heidelberg 1833, S. 185: „Nämlich aus dem Naturrecht darf nicht entschieden werden, allerdings aber muß aus der Natur der Sache entschieden werden, d. i. nach dem was die Verhältnisse und Institute ihrem innern Trieb gemäß fordern“. Zur teleologischen Deutung dieses Triebes vgl. a. a. O., S. 43, 109, 113, 137. Vgl. auch Stahl, Philosophie des Rechts, Bd. II, 1, 4. Aufl. Heidelberg 1870, S. 223f. in Verb. mit S. 203f. und S. 260 N.*

[269] Beseler a. a. O., S. 40, 80, 83; zu Stahls Rechtsquellenlehre s. dessen Philosophie des Rechts, Bd. II, 1 (4. Aufl.), S. 233ff.

[270] Wolff, Verwaltungsrechts Bd. 1, § 24 Ib, S. 93.

Von hier aus war es nur ein Schritt zu der Umdeutung des NdS-Begriffs, die Johann Caspar Bluntschli vornahm. Für ihn ist die NdS weder ein juristischer Gebotsbegriff noch ein in den Lebensverhältnissen ruhender Trieb, sondern einfach die gewohnheitliche Struktur der sozialen Institutionen, die „feste Natur der äußern Verhältnisse" und als solche das faktische Element des Gewohnheitsrechts[271]. Es handelt sich hier also um den empirischen NdS-Begriff, angewandt auf die durchschnittstypische Beschaffenheit sozialer Beziehungen.

In der Auseinandersetzung mit Beselers Lehre vom Volksrecht entstand 1948 Reinhold Schmids „Theorie und Methodik des bürgerlichen Rechts"[272], ein Buch, das zwar nicht mehr zum Gedankenkreis der historischen Schule gehört, aber wegen seines Zusammenhanges mit dem Problem der Existenz eines gemeinen deutschen Privatrechts an dieser Stelle genannt werden darf. Schmid, ein Anhänger der Friesschen Rechtsschule[273], unterscheidet drei Arten von Recht: das Gesetzes-, das Gewohnheits- und das gewillkürte Recht. Den NdS-Begriff ordnet er dem gewillkürten, auf dem Grundsatz der Parteiautonomie beruhenden Recht zu (206 ff., 254 ff.). Er definiert die NdS als Zweck der Lebensverhältnisse (256)[274]. Ein Lebensverhältnis nach der NdS beurteilen, bedeutet daher für ihn, durch Mittel-Zweck-Erwägungen den präsumtiven Parteiwillen zu erschließen, den die Parteien mangels ausdrücklicher abweichender Vereinbarungen gegen sich gelten lassen müssen (140, 257). Zum Gegenstand wissenschaftlicher Forschung werde die so verstandene„Deduktion aus der Natur der Sache" dadurch, daß es sozialtypische Grundformen menschlichen Verhaltens gebe, für die ein System hypothetisch geltender Rechtssätze entwickelt werden könne (206, 257 f.). Nicht das Gewohnheitsrecht, sondern die NdS und das Herkommen oder die Verkehrssitte seien in Wahrheit die Phänomene des Rechtslebens, die Beseler mit seiner Lehre vom Volksrecht vor Augen gehabt habe (209, 260); sie seien auch von Runde und Reyscher gemeint, wenn diese die Existenz eines gemeinen deutschen Privatrechts auf die NdS gegündet wissen wollten (262).

Damit war der Lehre von der NdS ein völlig neuer Aspekt abgewonnen. Die Geltung der aus der technisch-praktischen NdS abgeleiteten Normen

---

271 Deutsches Privatrecht, 2. Aufl. München 1860, § 6 S. 10.

272 Die Seitenangaben im Text beziehen sich auf dieses Werk.

273 Vgl. Vorr. S. IVf. und den gesamten ersten Teil des Werkes.

274 Schmid schließt sich zunächst der Friesschen Definition der NdS (vgl. oben § 8 N. 159) an und gelangt von daher zu der Deutung, daß die rechtliche Natur der Wechselbeziehungen zwischen den Menschen „durch die Verbindung von Mittel und Zweck bestimmt" sei (256, 140).

wurde hier weder durch das Naturrecht noch durch das Juristenrecht, sondern durch das Prinzip der Privatautonomie begründet. Die NdS wurde zum Mittel der ergänzenden Vertragsauslegung.

§ 13

Die Lehre von der NdS in der Begriffsjurisprudenz

Der romanistische Zweig der historischen Rechtsschule entwickelte sich schon bei Savigny und Puchta zur dogmatischen Pandektenwissenschaft[275]. Mit dieser verband sich zunehmend die Geisteshaltung des juristischen Positivismus. Dessen reine Form ist der Gesetzespositivismus, d. h. die Vorstellung, daß positives, juristisch geltendes Recht allein das staatliche Gesetzes- und das (staatlich gebilligte) Gewohnheitsrecht sei[276]. Da jedoch auf dem Gebiet des Privatrechts in Deutschland während des gesamten 19. Jahrhunderts das subsidiär geltende römische Recht und die auf ihm basierende gemeinrechtliche Dogmatik ein gemeindeutsches Gesetzbuch vertreten mußten, trat der juristische Positivismus der Romanistik zunächst in Gestalt des wissenschaftlichen Positivismus auf[277]. In ihm herrschte die Auffassung, daß im Falle der Lückenhaftigkeit des Partikularrechts die fehlenden Rechtsnormen ohne Rückgriff auf naturrechtliche oder soziale Normen aus dem System der gemeinrechtlichen Begriffe abzuleiten seien[278]. In methodologischer Hinsicht erscheint daher der wissenschaftliche Positivismus als Begriffsjurisprudenz.

Die Begriffsjuristen prüften die Lebensverhältnisse und Rechtsinstitute nicht unter dem Aspekt, welche Ordnung ihnen ideal angemessen oder sozial immanent sei, sondern unter dem Aspekt, welchem Rechtsbegriff sie zu subsumieren seien. Sie suchten nicht die teleologische, naturrechtliche, zweckadäquate oder sozialgesetzliche Natur einer Institution, sondern ihre „Rechtsnatur". Der Ausdruck „Rechtsnatur" ist mehrdeutig. Er meint primär den Inbegriff der Rechtsnormen, die eine Institution als rechtliche Institution konstituieren[279]. Rechtsnormen bestehen aber aus Tatbestand, Kopula und Rechtsfolge. Ebenso wie die Normeninbegriffe als solche können daher auch die einzelnen Bestandteile der Normen zum Gegenstand juristischer Begriffsbildung

---

[275] Vgl. Wieacker, Privatrechtsgeschichte, S. 253ff.; Dahm, Deutsches Recht, S. 124ff.; Ross, Theorie der Rechtsquellen, S. 169ff.

[276] Wieacker, Privatrechtsgeschichte, S. 253.

[277] Wieacker a. a. O., S. 253, 271.

[278] Wieacker a. a. O., S. 253.

[279] Vgl. dazu unten § 26, S. 109ff.

gemacht werden. So knüpft etwa das System der zivilrechtlichen Vertragsarten an die Tatbestände, das System der subjektiven Rechte (Kann-, Darf-, Sollrechte) an die Kopula, das System der rechtlichen Zwangsmittel an die Rechtsfolge an. Sekundär bezeichnet der Ausdruck Rechtsnatur daher den systematischen Oberbegriff, unter den ein konkretes soziales oder rechtliches Phänomen zu subsumieren ist[280]. Dabei kann jedoch auch der juristische Oberbegriff normative Bedeutung haben, insofern, wie Jhering formuliert, „in einen richtig gefaßten Begriff ... vielleicht der praktische Inhalt von zehn früheren Rechtssätzen aufgenommen“ ist[281].

Von hier aus lassen sich Bedeutung und Funktion des NdS-Begriffs in der Begriffsjurisprudenz verstehen. Die NdS wurde zur „Rechtsnatur“ und trat als solche in den Dienst der Analogie oder der „juristischen Consequenz“[282]. In diesem Sinne lehrt Carl Georg Wächter, wenn die Gesetzesanalogie versage, müsse der Richter „die Entscheidungsnorm in der Analogie des gesamten positiven Rechts suchen, d. h. aus der positivrechtlich gebildeten Natur der Sache und dem Geist des positiven Rechts überhaupt und den demselben zugrunde liegenden Prinzipien“[283]. Christian Friedrich Mühlenbruch schreibt, zum nichtgeschriebenen Recht könne man auch rechnen, was durch konsequente Schlußfolgerungen aus gegebenen Begriffen abgeleitet werde (juristische Konsequenz) und dahin gehöre „die Berücksichtigung der s. g. Natur der Sache, d. h. was aus gewissen allgemeinen Rechtsbegriffen und Einrichtungen abgeleitet werden kann“[284]. Georg Friedrich Puchta endlich formuliert: „Wenn der Richter sich von äußeren Quellen verlassen findet, so hat er den anzuwendenden Rechtssatz aus den Prinzipien des bestehenden Rechts (nicht aus dem sog. Naturrecht) zu schöpfen; ausgehend von der Natur der Sache erhält er ihn auf dem Wege der juristischen Konsequenz und der Analogie[285].“ In einer späteren Auflage seiner

---

[280] Stammler, Theorie der Rechtswissenschaft, S. 214, definiert: „Die ‚rechtliche Natur‘ eines Wollens ist der Oberbegriff, der auf dem Wege von jenem Wollen zu dem Zentralbegriffe des Rechts gelegen ist.“

[281] Geist Bd. I, S. 37.

[282] Zum Begriff der juristischen Konsequenz vgl. insbes. Thöl, Einleitung, S. 143; Rückert, Begriff, S. 49ff.

[283] Handbuch des im Königreich Württ. geltenden Privatrechts, Bd. 2, Stuttgart 1842, § 14 S. 60; vgl. Bd. 1 (1839), § 131 S. 1111; ähnlich, jedoch weniger präzise, ders., Pandekten Bd. 1, Leipzig 1880, § 25 S. 124 und § 7 S. 23f. Dazu kritisch Bierling, Juristische Prinzipienlehre Bd. 4, S. 413f. N. 24.

[284] Lehrbuch des Pandektenrechts, 1. Theil, 3. Aufl. Halle 1839, § 42 S. 109; ebenso ders., Doctrina Pandectarum, vol. 1, 2. Aufl. Halle 1830, § 42, S. 104/105.

[285] Pandekten, 1838, S. 22, zit. nach Gutzwiller, NdS S. 284 N. 1.

Pandekten präzisiert er: „Im allgemeinen gelangt man dazu durch eine doppelte Operation, 1. Erschließung der Rechtssätze, unter denen der Fall seiner Natur nach gehört (juristische Konsequenz), 2. Nachweisung, daß dieselbe Folgerung auch sonst schon unter gleichen Umständen in dem bestehenden Recht vorkommt (Analogie)[286]."

Hatte man die rechtliche Natur eines Lebensverhältnisses oder eines Instituts erkannt, so hatte man es nach Auffassung der Begriffsjurisprudenz ‚konstruiert", d. h. in das System der juristischen Begriffe eingeordnet[287]. Diese Einordnung bedeutete zugleich die Erschließung der Rechtsnormen, nach denen das Lebensverhältnis zu behandeln oder die Regelung des Instituts zu ergänzen waren. Je nachdem, ob man etwa der Grundstücksmiete eine dingliche oder eine obligatorische Natur, der Benutzung der Eisenbahn eine öffentlichrechtliche oder eine privatrechtliche Natur zuerkannte, unterwarf man sie verschiedenen Normenkomplexen[288]. Das dabei angewendete methodische Prinzip besteht darin, daß man Rechtssätze, die in den Pandekten oder in einem Gesetz für ein bestimmtes Rechtsinstitut ausgesprochen waren, als Begriffsmerkmale in die Rechtsnatur des übergeordneten Institutsbegriffs aufnahm und sie vermöge dieses Kunstgriffs auf andere, demselben Oberbegriff untergeordnete Institute anwendete[289]. So diente etwa der Begriff des dinglichen Rechts dazu, um einen Rechtssatz aus dem Gebiet des Pfandrechts auf das der Dienstbarkeiten zu übertragen[290].

Daher konnte Rudolph Jhering in seiner begriffsjuristischen Periode sagen: „Eine gelungene Construktion ist in meinen Augen eine juristische That, eine Leistung von bleibendem Werth"[291]. Daher erscheinen ihm die Institutsbegriffe produktiv: „sie paaren sich und zeugen neue[292]". Daher sieht er in der Rechtswissenschaft die „Arena einer dialektischen Gymnastik"[293]. Von hier aus ist es auch zu verstehen, daß Jhering

---

[286] Pandekten (9. Aufl.), § 16 S. 30.

[287] Vgl. Windscheid, Lehrbuch des Pandektenrechts, Bd. 1, § 24 S. 95; zur jur. Konstruktion vgl. im übrigen Jhering, Geist Bd. II, 2 S. 340ff.; Ehrlich, Juristische Logik, S. 252ff.; Heck, Begriffsbildung, S. 66ff.; Arthur Baumgarten, Juristische Konstruktion und konstruktive Jurisprudenz, in: Festg. f. Paul Speiser, Basel 1926, S. 105ff.; Max von Rümelin, Zur Lehre von der juristischen Konstruktion, in: ARSP Bd. 16 (1922/23), S. 343ff.

[288] Ein Beispiel hierfür aus der gegenwärtigen Rechtsprechung enthält das Urteil des BGH v. 26. 3. 1953, JZ 1953 S. 551, mit krit. Anm. von Hans J. Wolff.

[289] Vgl. zu diesem Verfahren ausführlich und kritisch die Darstellungen von Ehrlich und Heck a. a. O. (Fundstellen in N. 287).

[290] Ehrlich, Juristische Logik, S. 272. [291] Geist Bd. II, 2 S. 354 N. 514.

[292] Geist Bd. I, S. 40.

[293] Geist Bd. II, 2 S. 372.

schreibt: „Es war ein ganz richtiges Gefühl, das einen Juristen des vorigen Jahrhunderts, den Germanisten Runde, bestimmte, die Natur der Sache als Rechtsquelle aufzustellen; es gibt kaum einen Ausdruck, welcher der von mir im Bisherigen entwickelten naturhistorischen Anschauung sowohl der Sache wie dem Namen nach so nahekäme[294]".

Auf die Problematik der begriffsjuristischen Methode und ihrer Verknüpfung mit dem NdS-Begriff soll hier nicht eingegangen werden[295]. Festzuhalten ist nur, daß der begriffsjuristische NdS-Begriff die Fühlung zum Naturrecht gänzlich verloren hatte. Indessen ist die Verbindung des Ausdrucks NdS mit dem positivistisch verstandenen Begriff der Rechtsnatur eine Randerscheinung, die sich in der Folgezeit nicht durchsetzte. Die Hauptlinie der Entwicklung verläuft vielmehr von der Germanistik über die Handelsrechtswissenschaft zur Freirechtsschule. Diese Entwicklung ist im folgenden darzustellen.

§ 14

Die weitere Entwicklung der Lehre von der NdS im 19. Jahrhundert

Bevor auf die Bedeutung und die Funktion der NdS in der Handelsrechtswissenschaft eingegangen wird, ist noch auf einige Ausprägungen der Lehre von der NdS hinzuweisen, die außerhalb der Hauptentwicklungslinie liegen.

An erster Stelle ist hier Burkhard Wilhelm Leist zu nennen. Leist hat sich mehrfach mit der NdS befaßt[296]. Er definiert sie als das „factisch Existirende"[297], als das „naturale Element" im Recht, das neben dem juristischen, dem sittlichen und dem voluntaren Element in allen Rechtsinstituten wirksam sei[298]. Im einzelnen können Leists Unter-

---

[294] Geist Bd. II, 2 S. 371; zu Jherings naturhistorischer Methode vgl. E. Wolf, Große Rechtsdenker, S. 638ff.; Landsberg, Bd. III, 2 S. 791ff. Neben dem logisch-systematischen Element spielen in Jherings Methodenlehre auch andere Arbeitsvorstellungen eine Rolle, insbesondere Analogien zu naturwissenschaftlich-physikalischen Vorgängen und Gebilden; vgl. dazu noch Wieacker, Privatrechtsgeschichte, S. 255.

[295] Kritische Stimmen zum NdS-Begriff aus dem Bereich der Romanistik: Windscheid, Lehrbuch des Pandektenrechts, Bd. 1, § 23 S. 58, N. 1a; E. I. Bekker, Ernst und Scherz über unsere Wissenschaft, Festg. an R. Jhering, Leipzig 1892, S. 147; speziell gegen die begriffsjuristische Fassung des NdS-Begriffs wandte sich Leist, Die realen Grundlagen, S. 166; kritisch ferner auch Karl Bergbohm, Jurisprudenz und Rechtsphilosophie, Bd. I, 1, Leipzig 1892, S. 352f, 383.

[296] Naturalis ratio und Natur der Sache, S. 7ff.; Die realen Grundlagen, S. 4ff., 158. Siehe zu Leist auch Radbruch, NdS, S. 28ff.

[297] Die realen Grundlagen, S. 4f.

[298] Naturalis ratio und Natur der Sache, S. 12.

suchungen hier nicht dargestellt werden. Zur allgemeinen Einordnung seiner Lehre von der NdS mag der Hinweis genügen, daß sie der Entwicklungslinie des empirischen Naturrechts zuzuordnen ist, in dem die NdS als empirische und insbesondere kausalgesetzliche Beschaffenheit eines Regelungsobjekts dem Gesetzgeber als Schranke gegenübertritt[299] [300].

Eine weitere Seitenlinie bildet die Lehre von der NdS in der Hegelschen Strafrechtsschule um die Mitte des 19. Jahrhunderts. Insbesondere Reinhold Köstlin[301] und Albert Friedrich Berner[302] entwickeln in ihr die Grundbegriffe des Strafrechts aus der teleologisch verstandenen NdS im Sinne Hegels[303]. Das Verfahren beider Autoren erinnert an die Methode des Spätnaturrechtlers Kleinschrod[304]. Während dort jedoch die philosophischen Prämissen des NdS-Begriffs im dunkeln blieben, sind sie hier durch die Bezugnahme auf die Hegelsche Metaphysik präzise bestimmt.

Eine Sonderstellung nimmt die Lehre von der NdS im internationalen Privatrecht ein. Bedeutung und Funktion der hier verwendeten NdS-Begriffe sind von Max Gutzwiller[305] und neuerdings von Paul Heinrich Neuhaus[306] eingehend untersucht worden. Auf diese Untersuchungen darf verwiesen werden. Für die Zwecke der vorliegenden Abhandlung genügt die Feststellung, daß der Lehre von der NdS im internationalen Privatrecht nicht ein bestimmter NdS-Begriff zugrunde liegt; der Ausdruck NdS wird hier vielmehr sowohl im technisch-praktischen als auch im empirischen Sinne, sowohl in der Bedeutung von Rechtsnatur als auch als unbestimmtes Schlagwort verwandt[307].

---

[299] Dazu oben § 7 S. 31ff.

[300] Ähnlich wie Leist verstehen die NdS zu jener Zeit auch E. I. Bekker, Ernst und Scherz (s. o. § 13 N. 295), S. 147; Fr. Eisele, Über Realcontracte, in: Zeitschrift f. Schweizerisches Recht, Bd. 16 (1871), S. 85.

[301] Neue Revision der Grundbegriffe des Strafrechts, Tübingen 1845, S. 14f., 17; ders., System des deutschen Strafrechts, allg. Teil, Tübingen 1855, § 124, S. 424, 425.

[302] Lehrbuch des deutschen Strafrechts, 6. Aufl. Leipzig 1872, § 5 S. 5/6.

[303] Dazu oben § 9.

[304] Vgl. oben § 10 S. 36.

[305] Der Einfluß Savignys auf die Entwicklung des Internationalprivatrechts, Veröff. der Univ. Freiburg (Schweiz), Bd. 28, 1923, insbes. S. 63ff., 85ff.

[306] Rechtsfindung, S. 364ff.

[307] Einzelnachweise in den Beiträgen Gutzwillers und Neuhaus'. Es handle sich, formuliert Zitelmann, bei der NdS um einen „Namen für ein großes Unbekanntes", und er ergänzt: „Vielleicht gelingt es noch einmal, auch diese geistigen Prozesse, die bei der sogenannten Entscheidung aus der Natur der Sache sich, vom Bewußtsein kaum beleuchtet, abspielen, besser ans Licht zu ziehen: zur Zeit sind wir, das darf man sagen, noch nicht soweit"; Ernst Zitelmann, Internationales Privatrecht, Bd. 1 Leipzig 1897, S. 4, 6.

Die Hauptlinie der Entwicklung geht, wie erwähnt, von der Germanistik zum Handelsrecht. Auch die Handelsrechtswissenschaft des 19. Jahrhunderts stand vor einer besonderen Quellenproblematik. Die Ausdehnung von Handel, Industrie und Verkehr hatte zu sozialen Phänomenen geführt, die der Gesetzgeber nur zögernd regelte und die unter das romanistische Begriffssystem nicht angemessen subsumiert werden konnten[308]. Abermals war es also das Bedürfnis nach einer subsidiären Rechtsquelle bzw. einem Mittel der Lückenfüllung, das zum Ansatzpunkt für die Bemühungen um den NdS-Begriff wurde.

Als formgebend für die Lehre von der NdS im Handelsrecht dürfen die Ausführungen Heinrich Thöls bezeichnet werden[309]. Thöl ordnet den NdS-Begriff wiederum der Lehre vom wissenschaftlichen Recht zu. Die Wissenschaft, lehrt er, finde das Recht, falls Gesetz und Gewohnheitsrecht Lücken aufwiesen, aus rechtlichen und aus faktischen Grundlagen: im ersten Fall durch Prinzipienbildung und Analogie, im zweiten Fall durch Deduktion aus der NdS[310]. Stand die NdS bei den Romanisten im Dienst der Rechtsfindung aus rechtlichen Grundlagen, so tritt sie hier in den Dienst der Rechtsfindung aus faktischen Grundlagen. Diese faktischen Grundlagen und damit die NdS sind für Thöl „der Wille, der Zweck und das Verfahren der Contrahenten bei einem Vertrage, überhaupt der Interessenten bei einem Rechtsgeschäft. Nicht der besondere Wille (Zweck, Verfahren) einzelner, sondern der allgemeine Wille der Gesammtheit“[311].

Im Anschluß hieran setzte sich bei einer Reihe weiterer Handelsrechtler (und Versicherungsrechtler) die Definition der NdS als Zweck und Wesen sozialtypischer Lebensverhältnisse durch[312]. Die juristische

---

308 Vgl. Wieacker, Privatrechtsgeschichte, S. 126; über den Zusammenhang von Germanistik und Handelsrechtswissenschaft s. auch a. a. O., S. 249.

309 Das Handelsrecht, Bd. 1, 5. Aufl. Leipzig 1875, § 15 S. 48/49; vgl. ders., Einleitung, S. 144. S. auch schon vorher Meno Pöhls, Darstellung des gemeinen Deutschen und des Hamburgischen Handelsrechts, Bd. 2 (Wechselrecht) Hamburg 1829, § 208 S. 27f.; Bd. 4 (Assecuranzrecht) Hamburg 1834, S. V.

310 a. a. O.

311 a. a. O.

312 Vgl. Levin Goldschmidt, Handbuch des Handelsrechts, Bd. I, 1, Erlangen 1864, § 34 S. 217f.; Wilhelm Endemann, Das deutsche Handelsrecht, 2. Aufl. Heidelberg 1868, § 6 III S. 33; J. Fr. Behrend, Lehrbuch des Handelsrechts, Bd. I, 1, Berlin und Leipzig 1886, § 20 S. 85; Adolf Rüdiger, Die Rechtslehre vom Lebensversicherungsvertrag, Berlin 1885, § 15 S. 94, § 16 S. 98; Victor Ehrenburg, Versicherungsrecht, Bd. 1, Leipzig 1893, § 2 III, S. 22; unklarer Conrad Malss, Die Quellen des nichtmaritimen Versicherungsrechts, in: Z. f. Versicherungsrecht, herausg. v. Malss, Bd. 1 (Leipzig 1866), S. 1ff. Ins Italienische wurde diese Lehre übertragen von Vivante, Trattatto di diritto commer-

Funktion der so definierten NdS wurde verschieden gedeutet. Eine zurückhaltende Deutung gab D. Bischoff[313]. Sachlich übereinstimmend mit der Lehre Reinhold Schmids betrachtet er die NdS lediglich als Mittel der ergänzenden Auslegung gewillkürten Rechts[314].

Die Deutung Bischoffs wurde jedoch dem rechtstheoretischen Anliegen der übrigen Autoren nicht gerecht[315]. Diese suchten vielmehr eine dritte Rechtsquelle neben Gesetz und Gewohnheitsrecht. Die konsequenteste Lösung wäre gewesen, die aus dem Zweck sozialtypischer Lebensverhältnisse folgenden Regeln der Zweckmäßigkeit und die in der durchschnittstypischen Beschaffenheit dieser Verhältnisse liegenden empirischen Verhaltensregelmäßigkeiten (Sozialnormen) bewußt als transjuristische Normen zu behandeln und in ihnen lediglich objektive Anhaltspunkte für eine freie, rechtsschöpferische Tätigkeit der Gerichte zu erblicken. Die Rechtsprechung selbst hätte dann die Bedeutung einer selbständigen Rechtsquelle erhalten[316]. Aber obwohl diese Lösung in der Lehre vom Juristenrecht angelegt war, wurde sie von den zitierten Autoren nicht vertreten. Man bemühte sich vielmehr, die in der NdS liegenden oder aus ihr folgenden Normen selbst als Rechtsnormen zu erweisen.

So heißt es bei Goldschmidt: „Die so auf wissenschaftlichem Wege gefundenen Normen können durch Gesetz oder den in der Gewohnheit sich äußernden Rechtswillen zu schlechthin verbindenden Normen werden — solange dies nicht der Fall ist, schöpfen sie ihre verbindende Kraft lediglich aus ihrer inneren Wahrheit“[317]. Ähnlich lehrt Vivante, daß „gli elementi essenziali e connaturali di un istituto non abbisognano di una esplicita dichiarazioni convenzionale o legale per essere riconosciuti“[318]. Damit war die Grenze zwischen Zweckmäßigkeitsnormen, Sozialnormen und Rechtsnormen grundsätzlich aufgehoben.

Das Phänomen, das die Handelsrechtler mit der Lehre von der NdS zu bewältigen suchten, spricht am klarsten Endemann aus. Er formuliert, die NdS falle „eigentlich zusammen mit der Lebendigkeit der Rechtsfortbildung, welche an die bestehenden Verhältnisse sich anschließt“[319].

---

ciale, Bd. 1, 5. Aufl. 1925, S. 25 (zit. nach Asquini, La natura dei fatti, S. 129) und Asquini, La natura dei fatti, S. 129ff. Vgl. auch den zusammenfassenden Überblick bei Bischoff, NdS, S. 2ff.

[313] NdS, S. 6ff. Bischoff steht auf dem Standpunkt des juristischen Positivismus. Seine Schrift ist heute fast völlig vergessen.

[314] Bischoff, NdS, insbes. S. 24ff., 30, 31, 41. Zu Reinhold Schmid s. o. § 12 S. 47f.

[315] Vgl. dazu Bischoff selbst, NdS, S. 2ff. [316] Vgl. etwa Bobbio, NdS, S. 315.

[317] Handbuch des Handelsrechts (s. o. N. 312), S. 218f.

[318] Fundstelle oben N. 312.

[319] Das deutsche Handelsrecht (s. o. N. 312), S. 34 N. 23.

So identifizieren schließlich einige Autoren die NdS schlechthin mit den „Bedürfnissen des Rechtslebens" und statuieren diese als Rechtsquelle[320], wobei freilich der Unterschied zwischen Rechtserkenntnis- und Rechtsentstehungsquellen unbeachtet blieb. Damit trat die Lehre von der NdS in den Bereich der Freirechtsbewegung.

§ 15

Die Lehre von der NdS im juristischen Methodenstreit der Zeit um die Jahrhundertwende

Die positivistische Rechtsanwendungstheorie ging vom Dogma der Lückenlosigkeit des „positiven" Rechts aus[321]. Für den Richter folgte daraus eine strenge Bindung an das Gesetz, das Gewohnheitsrecht und das pandektistische Begriffssystem. Diese Lehre vermochte indessen, wie bereits am Beispiel des Handelsrechts gezeigt, den Bedürfnissen der Praxis auf die Dauer nicht gerecht zu werden. Gegen sie erhob sich daher in der zweiten Hälfte des 19. Jahrhunderts zunehmende Kritik, die um die Jahrhundertwende, d. h. zu einem Zeitpunkt, in dem infolge des Inkrafttretens des Bürgerlichen Gesetzbuches der wissenschaftliche Positivismus der Zivilistik „gleichsam über Nacht" in den Gesetzespositivismus umschlug[322], in einen umfassenden Methodenstreit mündete. Gegner des Positivismus und der Begriffsjurisprudenz waren die sachlich und personell mannigfach verbundenen, teils aber auch einander befehdenden Richtungen der Freirechtsschule, der soziologischen und der Interessenjurisprudenz[323]. In Frankreich spielte sich im Kampf der école nouvelle gegen die école de l'exégèse eine parallele Entwicklung ab[324].

Alle neueren Richtungen gingen von der Lückenhaftigkeit des Gesetzes- und Gewohnheitsrechts aus[325] und forderten eine Lockerung der Bindung des Richters an das Gesetz. Damit entstand für sie die Frage, wonach der Richter im Falle einer Gesetzeslücke zu judizieren habe.

---

320 Konrad Cosack, Lehrbuch des Handelsrechts, 7. Aufl. Stuttgart 1910,, § 5 II S. 18; Staub, Komm. z. HGB, 11. Aufl. bearb. v. Koenige-Piner-Bondi, Bd. I, 1, Berlin 1921, Einl. II, S. 13.

321 Wieacker, Privatrechtsgeschichte, S. 255.

322 Wieacker, Privatrechtsgeschichte, S. 343.

323 Vgl. dazu im einzelnen die Darstellungen von Wieacker, Privatrechtsgeschichte, S. 332; Ross, Theorie der Rechtsquellen, S. 184ff; Dahm, Deutsches Recht, S. 130ff; Boehmer, Grundlagen Bd. II, 1 S. 158ff; Hans Reichel, Gesetz und Richterspruch, Zürich 1915, S. 28ff.

324 Ross, Theorie der Rechtsquellen, S. 3 ff, 184, 185f.

325 Über Begriff und Arten der Gesetzeslücken s. die zusammenfassende Darstellung von Meier-Hayoz, Der Richter als Gesetzgeber, S. 59ff.

Diese Fragestellung bildete den problemgeschichtlichen Standort, den die Lehre von der NdS im Rahmen des juristischen Methodenstreits der Zeit um die Jahrhundertwende einnahm.

Die im folgenden zitierten Autoren gehören nicht sämtlich einer der genannten neueren Schulen oder Richtungen an. Doch ist ihnen gemeinsam, daß sie im Gegensatz zum Positivismus und im Anschluß an die germanistisch-handelsrechtliche Tradition die NdS als dritte Rechtsquelle neben Gesetz und Gewohnheitsrecht bzw. als zweites Mittel der Rechtsfindung neben der Analogie zu erfassen suchten[326]. Hatten sich freilich Germanisten und Handelsrechtler im allgemeinen um eine definitorische Präzisierung des NdS-Begriffs bemüht, so trat jetzt eine gegenläufige Entwicklung ein. Die NdS degenerierte zum unbestimmten Begriff[327], zum Sammelausdruck für alle Faktoren der freien Rechtsfindung[328], zum Schlagwort, das als Vehikel der Lebensbedürfnisse und des „entschieden Vernünftigen"[329] in den Dienst des Rechtsgefühls trat. Eine relativ klare Definition findet sich noch bei jenen Autoren, die den NdS-Begriff durch die Formel von der „den Lebensverhältnissen innewohnenden Ordnung" bestimmen[330]. Allerdings bleibt dabei unklar, woher diese Ordnung, die

---

326 Eine verhältnismäßig geringe Rolle spielte der NdS-Begriff in der Interessenjurisprudenz. Diese löste das Rechtsfindungsproblem durch die Lehre von der an die Wertungen des Gesetzgebers angelehnten Interessenabwägung; vgl. Heck, Begriffsbildung, S. 104ff. Im Rahmen dieses Verfahrens wurde der Terminus NdS gelegentlich zur Bezeichnung der empirischen Beschaffenheit der Interessenlage, der „Interessennatur" des Einzelfalles, verwandt. Vgl. August Egger, Komm. z. schw. Zivilgesetzbuch, Einl. und Personenrecht, 2. Aufl. Zürich 1930, Art. 1 Anm. 40: „Ein wichtiges Hilfsmittel für die Regelbildung liegt in der Besinnung auf die ‚Natur der Sache', d. h. auf die Besonderheit der Interessenlage". Dies sind jedoch vereinzelte Benennungen, denen für die Geschichte der Lehre von der NdS keine große Bedeutung zukommt.

327 Insofern fiel die Lehre von der NdS auf den Stand des späten Naturrechts im Ausgang des 18. Jahrhunderts zurück; vgl. dazu oben § 10 S. 35f.

328 In diesem Sinne ist die NdS bei Ross, Theorie der Rechtsquellen, S. 436, bestimmt. Ebenso ders., Lehrbuch des Völkerrechts, Stuttgart und Köln 1951, § 9 S. 79.

329 Otto Bähr, s. u. N. 332.

330 So vor allem Heinrich Dernburg, Pandekten, Bd. 1, 5. Aufl. Berlin 1896, § 38 S. 87; vgl. ders., Das bürgerliche Recht des deutschen Reiches und Preußens, Bd. 1, 2. Aufl. Halle 1902, § 30 S. 8: „Führt die Analogie nicht zum Ziele, so muß sich die Natur der Sache geltend machen. Darunter sind nicht willkürliche Spekulationen gemeint, wie man sie seinerzeit der Naturrechtslehre vorwarf. Es ist aber anzuerkennen, daß den Lebensverhältnissen eine ihnen und ihren Zwecken angemessene Ordnung innewohnt, welche man bei der Argumentation aus der Natur der Sache entwickelt und zur Geltung bringt". Fast gleichlautende Formulierungen finden sich bei einem Vorläufer der Freirechtsbewegung: Franz Adickes, Zur Lehre von den Rechtsquellen, Cassel und Göt-

teils als sozialgesetzliche, teils als zweckadäquate Ordnung zu denken ist, ihre rechtliche Verbindlichkeit erlangt[331].

Vollends ins Unbestimmte verlor sich der NdS-Begriff aber bei einer Reihe anderer Autoren. Hierhin gehört Otto Bähr, für den die „Natur der Dinge", die „Bedürfnisse des Verkehrs" und das „entschieden Vernünftige" Ausdrücke sind, „die im Grunde genommen dasselbe bedeuten"[332]. Ähnlich ist für Erich Jung die Berufung auf die NdS nichts anderes als

tingen 1872, S. 26, 46; allgemein schlägt Adickes vor, „unter dem allerdings etwas verschrieenen Wort der ‚Natur der Sache' die Gesammtheit der äußeren Verhältnisse und Umstände zusammenfassen, aus denen die subjektive Vernunft die Rechtssätze zu finden hat" (a. a. O., S. 22). Vgl. ferner Josef Kohler, Über die Interpretation von Gesetzen, Z. f. d. Privat- u. öff. Recht der Gegenwart (GrünhutsZ) Bd. 13 (1886), S. 1ff, 57 N. 144: „die Natur der Sache bilden eben die Lebensverhältnisse und das in ihnen liegende Streben nach einer bestimmten ten rechtlichen Gestaltung". Ferdinand Regelsberger, Pandekten, Bd. 1, Leipzig 1893, § 12 S. 68: „Der Inhalt eines Rechtssatzes wird ... wesentlich bestimmt durch die thatsächliche Beschaffenheit desjenigen typischen Lebensverhältnisses, welches den Gegenstand seiner Ordnung bildet, durch dessen wirtschaftlichen, sittlichen, gesellschaftlichen Zweck ... Man kann sagen: bis zu einem gewissen Grade sind in den Lebensverhältnissen selbst die Linien für ihre rechtliche Ordnung vorgezeichnet. Zur Erkenntnis dieser Bedingungen führt eine vernünftige eindringende Betrachtung der Lebensverhältnisse. Ihr erschließen sie ihre Natur, die viel gerühmte und viel verlästerte, oft verworfene und immer wieder gesuchte Natur der Sache. Natur der Sache, Vernunft der Dinge, naturalis ratio, Zweckgedanke, Verkehrsbedürfnis, Rechtsgefühl sind nur verschiedene Bezeichnungen für dasselbe Ding". In letzterem Satz kündet sich bereits die spezifisch freirechtliche Auflösung des NdS-Begriffs an. Kennzeichnend ist insoweit auch die Stellungnahme Eugen Ehrlichs. In seiner Jugendschrift „Über Lücken im Recht", Juristische Blätter, herausg. v. M. Burian, Bd. 17 (Wien 1888), S. 447ff (Fortsetzung durch mehrere Hefte), definiert er die NdS im Anschluß an die germanistisch-handelsrechtliche Tradition als „Wesen der Lebensverhältnisse" (581, 582) und genauer als „Zweck der socialen Institute" (582). In seiner Programmschrift „Freie Rechtsfindung und freie Rechtswissenschaft", Leipzig 1903, S. III, 26, benennt er die NdS lediglich als ein nicht näher definiertes Prinzip der freien Rechtsfindung. In seiner „Grundlegung zur Soziologie des Rechts" findet sich eine völlig andere, diesmal rein soziologische Definition der NdS; dazu weiter unten im Text. In seinem späteren Werk „Die juristische Logik", S. 320, wird schließlich die NdS als „unbestimmter Begriff" bezeichnet, dessen Wert eben in seiner Unbestimmtheit liege.

331 Im einzelnen mischen sich bei den in N. 330 genannten Autoren naturrechtliche und soziologische Ordnungsvorstellungen. Felix Dahn, Zur Lehre von den Rechtsquellen, in: Z. f. dt. Gesetzgebung u. f. einheitliches dt. Recht, herausg. v. J. Fr. Behrend, Bd. 4 (Berlin 1872), S. 553ff, 559, bezeichnet die NdS unter Bezugnahme auf Adickes als ein „Erbstück aus dem Nachlaß der alten naturrechtlichen Schule".

332 Urteile des Reichsgerichts mit Besprechungen, München und Leipzig 1883, S. 10, 11. Vgl. auch schon das Regelsberger-Zitat in N. 330.

„ein Rückgriff auf die letzten Unterlagen des Rechtsempfindens, als die Verwendung des Rechtsbewußtseins als Rechtsquelle“[333]. Hans Reichel formuliert: „Soll nun aber dieser Begriff (scil. der NdS-Begriff) mehr als Schlagwort, mehr als bloßes Verlegenheitsargument sein, so muß er mit objektiv-normativem Gehalt erfüllt sein. Und in der Tat: die ‚Natur der Sache‘ ist nichts anderes, als das ‚nach Sachlage Natürliche‘, das derzeit Richtige, Gerechte, Kulturgemäße, Heilsame. Wenn also der Richter einen Rechtssatz aus der Natur der Sache entwickeln will, so fragt er damit: welche generelle, als allgemein gültig gedachte Regelung dieses — durch Gesetz und Gewohnheitsrecht nicht entschiedenen — Falles entspricht relativ am besten den Postulaten der Gerechtigkeit und den Bedürfnissen unserer Zeit und unserer sozialen Gemeinschaft“[334].

Auch für Lorenz Brütt ist die Entscheidung aus der NdS „ein unmittelbares Zurückgreifen auf richtiges Recht“[335]. Anders als bei den vorgenannten Autoren liegt aber dem Brüttschen NdS-Begriff eine ausgearbeitete Naturrechtskonzeption zugrunde, die der Argumentation aus der NdS einen festen Rückhalt verleiht[336].

Etwas Ähnliches gilt für die Lehre von der NdS bei François Geny, dem Hauptvertreter der französischen école nouvelle. In seiner „Méthode

---

[333] Das Problem des natürlichen Rechts, Leipzig 1912, S. 42; vgl. überhaupt S. 39—42.

[334] Gesetz und Richterspruch, Zürich 1915, S. 110, vgl. überhaupt S. 105ff, 118 ff. Ähnlich unbestimmt bleibt der NdS-Begriff bei Ludwig Kuhlenbeck Von den Pandekten zum Bürgerlichen Gesetzbuch, 1. Teil, Berlin 1898, § 4, S. 24f; Max Gmür, Die Anwendung des Rechts nach Art. 1 des schw. ZGB, Bern 1908, S. 108, N. 1 (die Beachtung der NdS bedeute, „daß die richterliche Norm den Anforderungen des Lebens entsprechen muß“); Andreas von Thur, Der allgemeine Teil des Deutschen Bürgerlichen Rechts, Bd. 1, Leipzig 1910, S. 42; Arthur Baumgarten, Die Wissenschaft vom Recht und ihre Methode, 1. Teil, Tübingen 1920, § 13 S. 302f; vgl. auch Ernst Zitelmann, Die juristische Willenserklärung, JherJ Bd. 16 (Jena 1878) S. 356ff, 360: „solche Gründe aus der Natur der Sache sind Gründe bald der Zweckmäßigkeit, bald der Logik, die im Dunkel jenes nebelhaften Ausdrucks unerkannt nebeneinander wohnen“.

[335] Die Kunst der Rechtsanwendung, Berlin 1907, S. 159.

[336] Brütts Naturrechtskonzeption ist eine auf dem Boden des Stammlerschen Neukantianismus entwickelte Rechtszwecklehre. Den obersten Rechtszweck erblickt Brütt in der „größtmöglichen Entfaltung des Kulturlebens eines Volkes“ (a. a. O., S. 131). Richtiges Recht ist daher für ihn „dasjenige Recht, welches die Kulturentwicklung eines Volkes nach Möglichkeit fördert und am meisten dazu beiträgt, die nationalen Kräfte vom potentiellen in den aktuellen Zustand zu überführen“ (129). Brütts NdS-Begriff, der im übrigen nicht näher definiert ist, meint offenbar den Inbegriff der „richtigen“ Rechtsnormen, die eine soziale oder rechtliche Institution regeln. So verstanden handelt es sich hier um eine Neuausprägung der objektiv-praktischen NdS. Vgl. dazu oben § 8 S. 29f und unten § 26 S. 112ff.

d'interprétation" behandelt er den NdS-Begriff, „cette notion à la fois imprécise et féconde"[337], im Rahmen der libre recherche scientifique, vermöge welcher der Richter beim Schweigen des Gesetzes- und Gewohnheitsrechts die Normen zur Entscheidung der Streitfälle zu gewinnen hat[338].

Der Ausdruck nature des choses bezeichnet hier „tous les éléments des faits de notre vie sociale," an die sich die Vernunft bei der freien Rechtsfindung zu halten hat[339]. Jedoch sind diese éléments des faits für Geny nichts rein empirisch Wertindifferentes, denn: „sous le contrôle des principes supérieurs, de pure raison et d'absolue justice ... nous pouvons accepter ce postulat, que les rapports de la vie (nature des choses hoc sensu) contiennent, en eux-mêmes, des lois qui les doivent régir"[340]. Deutlich tritt der sich hier andeutende metaphysisch-teleologische Charakter des NdS-Begriffs in Genys zweitem Hauptwerk, der „Science et Technique en droit privé positif" hervor. Dieses Werk unternimmt eine Erneuerung der klassischen katholischen Naturrechtslehre[341]. Dementsprechend erscheint die NdS hier als das ontologische Fundament des Naturrechts, das Genys definiert als „l'ensemble des règles juridiques, que la raison dégage de la nature même des choses, dont l'homme est une partie, et qui correspondent à ce que nous avons appelé les données naturelles et rationelles du droit positif"[342].

Eine andere Bedeutung erhielt der NdS-Begriff in der soziologischen Jurisprudenz. Die NdS bezeichnet hier wiederum die durchschnittstypische Beschaffenheit der sozialtypischen Lebensverhältnisse bzw. der sozialen Institutionen. „Die Normen ‚aus der Natur der Sache'", formuliert Eugen Ehrlich, „... sind die Regeln des Handelns, die ein Rechtsverhältnis im Leben beherrschen; sie sind ein Werk des Lebens, nicht des

---

[337] Méthode II, S. 88.
[338] Dazu überhaupt a. a. O., S. 74ff.
[339] a. a. O., S. 91.
[340] a. a. O., S. 115.
[341] Vgl. Ross, Theorie der Rechtsquellen, S. 52ff.
[342] Science et Technique, Bd. 2, S. 419. Auf Genys Lehre von den Gegebenheiten (donnés) des Rechts kann hier im einzelnen nicht eingegangen werden. Geny unterscheidet le donné réel ou naturel (Klima, Bodenbeschaffenheit, physiologische Beschaffenheit des Menschen, a. a. O., S. 372ff), le donné historique (die historischen Bedingungen des Rechts, a. a. O., S. 376ff), le donné rationel (die Vernunftnatur des Menschen, a. a. O., S. 380ff) und le donné idéal (die dem Recht vorgegebenen Wertungen, a. a. O., S. 384ff). Der Terminus nature des choses ist im engeren Sinne dem donné naturel (S. 372 N. 1), im weiteren Sinne den donnés naturels und rationels (S. 419), im weitesten Sinne auch allen vier donnés zugeordnet (so Science et Technique, Bd. 1, S. 97, 106). Vgl. hierzu Reyschers Lehre von der NdS, oben § 10 N. 228.

Gesetzgebers oder einer anderen zum Setzen von Normen berufenen Gewalt"[343].

Ähnlich lehrt Karl Georg Wurzel unter Bezugnahme auf den NdS-Begriff, daß „die Rechtsnormen bis zu einem gewissen Grade Naturgesetze der sozialen Entwicklung sind", und „die Rechtsregeln ebenso den Tatsachen, auf die sie sich beziehen, innewohnen, wie etwa die Bewegungsgesetze den Körpern, und nicht ein ihnen von außen angelegter Zaun sind"[344].

Die rechtstheoretische Problematik der vorstehend angedeuteten NdS-Konzeptionen, sowohl der naturrechtlichen als auch der soziologischen, liegt letztlich im Begriff des Rechts überhaupt. Der Haupteinwand, der gegen die Lehre von der NdS in der Freirechtsbewegung erhoben werden muß, ist der Einwand des Methodensynkretismus, d. h. der Vorwurf der Vermengung naturrechtlicher, soziologischer und juristischer Ordnungsvorstellungen[354]. Näher braucht darauf hier nicht eingegangen zu werden, da es im Rahmen dieser dogmengeschichtlichen Untersuchung ausschließlich um die Ermittlung der Bedeutungen und Zusammenhänge geht, in denen der Ausdruck NdS tatsächlich verwandt wurde und wird[346].

§ 16

Der NdS-Begriff in der institutionellen und phänomenologischen Rechtslehre

Die rechtstheoretischen Unklarheiten der Freirechtsschule führten in den zwanziger Jahren des gegenwärtigen Jahrhunderts zum Erlahmen dieser Bewegung. Gleichzeitig trat die Lehre von der NdS zurück[347] [348].

[343] Grundlegung der Soziologie des Rechts, S. 288.

[344] Das juristische Denken, Wien 1904, S. 31.

[345] Vgl. dazu insbes. Ross, Theorie der Rechtsquellen, S. 184ff.

[346] Kritische Stimmen zum NdS-Begriff im Zeitraum des Methodenstreits: Bergbohm, Bekker (Fundstellen oben § 13 N. 295), Gierke (Fundstelle oben § 12 N. 264), Karl Binding, Einführungsvorlesung (zit. b. Radbruch, Kleines Rechtsbrevier, Göttingen 1954, S. 59); Bierling, Juristische Prinzipienlehre, Bd. 4, S. 414ff; Heinrich Herrfahrdt, Lücken im Recht, Bonner Diss. 1915, S. 56; Isay, Rechtsnorm und Entscheidung, S. 81; Windscheid, Lehrbuch Bd. 1, § 23 S. 58 N. 1a, nennt den NdS-Begriff mit Bezug auf Adickes einen „nicht zu Unrecht verschrieenen Begriff".

[347] Als thematische Beiträge zur Lehre von der NdS sind in den zwanziger Jahren, soweit ersichtlich, nur die Aufsätze von Asquini, La natura dei fatti (1921), und Gutzwiller, NdS (1924), erschienen. Asquinis Abhandlung gehört in den Bereich der handelsrechtlichen Lehre von der NdS; s. o. § 14 S. 53ff. Gutzwillers Aufsatz ist aus der Beschäftigung des Autors mit der Funktion der NdS im internationalen Privatrecht herausgewachsen; s. o. § 14 S. 52. Gutzwiller billigt der NdS (als empirischer und logischer NdS) eine begrenzte

So ist es zu erklären, daß zwei neue methodologische Strömungen, die institutionelle und die phänomenologische Rechtslehre, sich trotz enger thematischer Verwandtschaft mit der überkommenen Lehre von der NdS[349] des Ausdrucks NdS nur gelegentlich und beiläufig bedienten.

Die institutionelle Rechtslehre wurde in Frankreich von Maurice Hauriou begründet[350] und in Deutschland unter Anknüpfung an Savigny, Stahl und Hegel insbesondere von Carl Schmitt aufgenommen und zum konkreten Ordnungsdenken fortgebildet[351]. Ihr Ziel ist die Erfassung des Rechts als innere Ordnung institutionell gestalteter Lebensgebiete wie Familie, Staat, Stand, Kirche, Heer usw. und die Ableitung rechtlicher Regeln und Entscheidungen aus der „Natur" und dem „Wesen" sozialer und rechtlicher Institutionen und konkreter Ordnungen[352]. Mit dem Ausdruck NdS wurde das konkrete Ordnungsdenken von Georg Dahm und insbesondere von Hans Helmut Dietze verknüpft[353]. In Frankreich näherte

---

Bedeutung im Rahmen des syllogistischen Auslegungsverfahrens zu (282ff). Eine weitergehende, lückenfüllende Funktion habe sie lediglich als „Direktionsmittel des Denkens" (302), vermöge dessen ein Rechtsfall „in den Brennpunkt des freien juristischen Denkens" gebracht werde (299). Doch entziehe sich das letztere Verfahren einer genaueren Analyse: „Man hat die ‚Natur der Sache' ein Schlagwort genannt. In der Tat wird es nie dazu kommen, eine genaue Gebrauchsanweisung von ihr zu geben. ... die ‚Natur der Sache' als heuristisches Prinzip (ist) eine Abbreviatur gedrängtesten Inhalts" (301).

348 Eine Seitenlinie der Entwicklung bildet die Verwendung des NdS-Begriffs in der völkerrechtlichen Quellenlehre. Vgl. E. v. Ullmann, Völkerrecht, Tübingen 1908, § 6 S. 33; Alphons Rivier, Lehrbuch des Völkerrechts, 2. Aufl. Stuttgart 1899, § 2 I, S. 11; Paul Heilborn, Grundbegriffe und Geschichte des Völkerrechts, Berlin-Stuttgart-Leipzig 1912, S. 37; Alf Ross, Lehrbuch des Völkerrechts, Stuttgart und Köln 1951, § 9 S. 79; Georg Dahm, Völkerrecht, Bd. 1, Stuttgart 1958, § 7 V S. 42. Eine einheitliche Begriffs- und Lehrtradition liegt diesen Äußerungen nicht zugrunde.

349 Vgl. Radbruch, NdS, S. 7.

350 Zu Haurious Institutionenbegriff s. u. § 21 S. 92f; vgl. zu Hauriou im übrigen Victor Leontowitsch, Die Theorie der Institution bei Maurice Hauriou, in: ARSP Bd. 29 (1935/36), S. 336ff und Bd. 30 (1936/37), S. 202ff.

351 Vgl. Schmitt, Die drei Arten, S. 40ff; Larenz, Rechts- und Staatsphilosophie, S. 156ff; Forsthoff, Lehrbuch des Verwaltungsrechts, Bd. 1, S. 151 N. 1, 152 N. 1.

352 Schmitt, Die drei Arten, S. 20; Theodor Maunz, Das Verwaltungsrecht des nationalsozialistischen Staates, in: Deutsches Verwaltungsrecht, herausg. von Hans Frank, München 1937, S. 45.

353 Dahm, Der Methodenstreit in der heutigen Strafrechtswissenschaft, in: Z. f. d. ges. Strafrechtswissenschaft, Bd. 57 (1938), S. 223ff, 252 N. 4; H. H. Dietze, Das Naturrecht der Gegenwart, Bonn 1936, insbes. S. 30, 47, 53, 61, 103, 122, 137ff, 143, 145, 172/73, 175, 191, 301, 318. Dietze leitet aus der NdS bzw. aus dem „Wesen der Gemeinschaft" u. a. ab: Die Notwendigkeit eines Propagandaministeriums (S. 292), den Grundsatz der Unfehlbarkeit des Führers

sich der Institutionalismus bereits bei Hauriou und vor allem bei dessen Schüler George Renard der katholischen Naturrechtslehre[354], während das konkrete Ordnungsdenken in Deutschland von Anfang an der Hegelschen Metaphysik verbunden war[355]. Einer näheren Darstellung der institutionellen Rechtslehre bedarf es in diesem Kapitel nicht, da grundsätzlich neue Fassungen des NdS-Begriffs in ihr nicht ersichtlich sind.

Die phänomenologische Rechtslehre knüpft an die von Edmund Husserl begründete phänomenologische Philosophie an[356]. Ihr Ziel ist die Ableitung von Gesetzlichkeiten aus dem „Wesen" und der „Natur" rechtlicher Gebilde mittels methodisch geleiteter Wesensschau. Mit dem Ausdruck NdS wurde dieses Verfahren insbesondere bei Adolf Reinach und Eugen Kempermann verbunden[357]. Die folgende Untersuchung knüpft an Reinachs Lehre an[358].

Nach Reinach haben die spezifisch rechtlichen Gebilde wie Eigentum, Anspruch, Kauf, Vertrag usw. ein vom positiven Recht unabhängiges ideales Sein (169f). Dieses ist der Wesensschau zugänglich, vermöge derer die im Wesen oder in der Natur jener Gebilde gründenden „Wesensgesetze" mit intuitiver Evidenz erschaut werden (161f). Als solche Wesensgesetze benennt Reinach z. B. die Sätze, daß ein Eigentümer das Recht habe, mit der ihm gehörenden Sache in jeder beliebigen Weise zu verfahren (238), daß ein Versprechen Anspruch und Verbindlichkeit erzeuge (185), daß ein anspruchsbegründender Vertrag zugunsten Dritter wesensgesetzlich unmöglich sei (208), usw. Diese Gesetze sind nach Reinach weder vom positiven Recht abstrahiert noch aus bloßen Begrif-

---

(S. 299), die Grundsätze: „Recht ist das, was arische Menschen für Recht befinden, Unrecht ist das, was sie verwerfen", „Gleiches Blut gehört in ein gemeinsames Reich", „Alles, was dem Volk nützt, ist Recht, alles, was ihm schadet, Unrecht" usw. (185ff). Deutlicher kann die Fragwürdigkeit der Argumentation aus der NdS kaum belegt werden.

354 Vgl. Georges Renard, La Theorie de l'institution, vol. 1, Paris 1930; S. 23; ferner E. Schwinge und L. Zimmerl, Wesensschau und konkretes Ordnungsdenken im Strafrecht, Bonn 1937, S. 17f.

355 Vgl. insbes. Karl Larenz, Rechts- und Staatsphilosophie, S. 124ff, 156ff; ders., Über Gegenstand und Methode des völkischen Rechtsdenkens, Berlin 1938, S. 25; s. auch C. Schmitt, Die drei Arten, S. 45ff; Dahm, Der Methodenstreit (Fundstelle o. N. 352), S. 251ff.

356 Vgl. Wieacker, Privatrechtsgeschichte, S. 352f.

357 Reinach, Die apriorischen Grundlagen des bürgerlichen Rechts, 1913, abgedr. in: Gesammelte Schriften, herausg. von seinen Schülern, Halle 1921, S. 166ff, NdS-Stellen S. 173, 344; Kempermann, Die Erkenntnis des Verbrechens und seiner Elemente, Berlin 1934, S. 4, 20, 25; vgl. auch Radloff, JW 1934, S. 69, 70; Radbruch, JW 1932, S. 37/38 und NdS, S. 14.

358 Die Seitenangaben im Text beziehen sich auf das in N. 357 genannte Werk.

fen abgeleitet (185, 249). Es sind weder synthetische Urteile a posteriori noch analytische Urteile, sondern synthetische Urteile a priori, d. h. erfahrungsüberschreitende Erkenntnisse (339, 340).

Hinsichtlich des Verhältnisses der phänomenologischen Wesensgesetze zum positiven Recht führt Reinach die Unterscheidung von apriorischen Seinsgesetzen und juristischen Sollensbestimmungen ein (299ff). Letzteren billigt er die Möglichkeit zu, aus Gründen der Zweckmäßigkeit, Rechtssicherheit und Gerechtigkeit von den ersteren abzuweichen(vgl. etwa S. 310). Gleichwohl habe jede juristische Sollensbestimmung sich primär nach dem wesensgesetzlich Seienden (nach der phänomenologischen NdS) zu richten, „insofern dieses, an und für sich betrachtet, stets auch das Seinsollende ist. Es müssen besondere Grundsätze hinzutreten, wenn ihm dieser Sollenscharakter genommen und damit Anlaß zu einer abweichenden Bestimmung gegeben werden soll (328). Daher billigt Reinach der phänomenologischen NdS eine die Lücken des Gesetzes und Gewohnheitsrechts ausfüllende Funktion zu (344)[359].

Prüft man den dieser Lehre zugrundeliegenden phänomenologischen NdS-Begriff, so ergibt sich, daß die synonym verwandten Ausdrücke Natur und Wesen hier zunächst einfach im Sinne der logischen Tradition den konstitutiven Merkmalsbestand eines Gegenstandes meinen[360]. Die spezifische Eigenart und Problematik der phänomenologischen NdS tritt jedoch erst hervor, wenn man weiter fragt, welcher Sphäre die gemeinten Gegenstände angehören und welche Methode über die „Wesentlichkeit" eines Merkmals entscheidet. Die Problematik verschiebt sich damit auf die Begriffe des idealen Seins und der phänomenologischen Wesensschau. Zu ihrem Verständnis bedarf es eines Rückgangs auf die philosophischen Quellen der phänomenologischen Rechtslehre.

Der Grundgedanke der phänomenologischen Wesensschau besteht in der Hinwendung zum absoluten Anfang aller Erkenntnis. Ihn formuliert Edmund Husserl im „Prinzip aller Prinzipien", „daß jede originär gebende Anschauung eine Rechtsquelle der Erkenntnis sei, daß alles,

---

[359] Im Gegensatz zu Reinach lehnen Fritz Schreier, Grundbegriffe und Grundformen des Rechts, Leipzig und Wien 1924, S. 88, und Gerhard Husserl, Rechtskraft und Rechtsgeltung, Bd. 1, Berlin 1925, S. 8, die lückenfüllende Funktion der phänomenologischen Wesensgesetze ab. Nach G. Husserl, Recht und Zeit, Frankfurt/M. 1955, S. 14, handelt es sich bei den apriorischen Wesensgesetzen lediglich um „Grundstrukturen jedes möglichen Rechts", d. h. um Rechtswahrheiten, „die als solche keine normative Kraft besitzen".

[360] Vgl. insbes. Edmund Husserl, Ideen, S. 13; Franz Georg Schmücker, Phänomenologische Untersuchungen zur Konstitution des Seienden aus Wesen und Sein, PhilJb. Bd. 66 (1958), S. 34ff, 40. E. Husserl a. a. O., S. 9 verwendet die Ausdrücke Wesen, Wesenheit, Washeit, Idee und Eidos synonym.

was sich uns in der Intuition (sozusagen in seiner leibhaften Wirklichkeit) darbietet, einfach hinzunehmen sei, als was es sich darbietet"[361]. Gegenstand der originär gebenden Anschauung ist der reine Inhalt des Bewußtseins. Die Hinwendung zu ihm wird nach Husserl durch mehrere methodisch zu vollziehende Ausschaltungen (Reduktionen) erreicht: durch das Absehen von allem subjektiven, theoretischen und traditionellen Wissensballast, das Absehen von der tatsächlichen Existenz der betrachteten Gegenstände und das Absehen von allen unwesentlich oder zufällig erscheinenden Merkmalen[362]. Bei der damit verbundenen Hinwendung zum Wesen der Dinge billigt Husserl der Einbildungskraft eine besondere Vorzugsstellung zu: „Erzeugen wir in der freien Phantasie irgendwelche Raumgestaltungen, Melodien, soziale Vorgänge und dergleichen ..., so können wir daran durch ‚Ideation' mannigfache reine Wesen originär erschauen und ev. sogar adäquat"[363]. So habe der Phänomenologe in der Phantasie „die unvergleichliche Freiheit in der willkürlichen Umgestaltung der fingierten Figuren, in der Durchlaufung kontinuierlich modifizierter möglicher Gestaltungen, also in der Erzeugung einer Unzahl von Gebilden, die ihm den Zugang zu den Weiten der Wesensmöglichkeiten mit ihren unendlichen Horizonten von Wesenserkenntnissen allererst eröffnet"[364].

Die eigentliche Problematik der phänomenologischen Wesensschau ergibt sich jedoch erst aus der Frage nach ihrem Erkenntniswert, d. h. der Frage nach dem Verhältnis des individuellen Bewußtseinsinhalts zum „idealen" Sein und des idealen Seins zum „realen" Sein. Dazu ist zunächst zu sagen, daß die phänomenologische Methode in ihrer ursprünglichen Konzeption keine Erkenntnistheorie, sondern lediglich eine Methode zur Erhellung des jedem Erkenntnisprozeß vorgegebenen Bewußtseinsinhalts sein will[365]. Das bedeutet, daß sie von verschiedenen erkenntnistheoretischen Systemen benutzt werden kann[366].

---

[361] Ideen, S. 52.

[362] Vgl. im einzelnen die Darstellungen der phänomenologischen Methode bei Bochenski, Denkmethoden, S. 22ff; Stegmüller, Hauptströmungen, S. 70ff; Maihofer, Recht und Sein, S. 53ff.

[363] Ideen, S. 16.

[364] Ideen, S. 162.

[365] Vgl. insbes. Alexander Pfänder, Logik, 2. Aufl. Halle 1929, S. 168/169.

[366] So vollzog E. Husserl selbst in seinen „Ideen" eine Hinwendung zur Transzendentalphilosophie, dazu Maihofer, Recht und Sein, S. 58/59. Andere Philosophen verbanden die Methode der phänomenologischen Wesensschau mit dem aristotelisch-thomistischen Gedanken des intellectus agens, so z. B. Geyser, Über Begriffe und Wesensschau, S. 128ff; F. G. Schmücker a. a. O. (Fundstelle o. N. 360), S. 34ff. Bei Reinach wiederum finden sich Formulierungen, die an die platonische Lehre von der Vernunfterkenntnis anknüpfen, vgl. Die aprio-

Im Grunde zielt die Wesensschau jedoch, wie schon bei der Darstellung der Reinachschen Lehre deutlich geworden ist, auf apriorische Erkenntnisse[367]. Ihr Problem ist somit das Aprioritätsproblem überhaupt. Das in ihr gemeinte Phänomen ist die Erkenntnis des Allgemeingültigen am Einzelfall, das „Herausheben" des Wesensgesetzlichen aus dem singulären Bewußtseinsinhalt[368]. Der Empirismus deutet dieses Phänomen als induktive Verallgemeinerung, die niemals zu synthetischen Urteilen a priori führen kann, sondern stets auf einem synthetischen Urteil a posteriori beruht, dessen Verallgemeinerung nicht a priori für die Wirklichkeit „gilt", sondern nur den Wert einer Hypothese hat[369]. Alle allgemein formulierten Seinsgesetze sind für den Empiristen solche Hypothesen, die immer wieder der Möglichkeit der Falsifizierung unterliegen. Allerdings ist es auch auf dem Boden des Empirismus möglich, durch Verwendung eines breiten Induktionsmaterials und durch gedankliche Vorwegnahme möglicher Erfahrungen zu Wesens- oder Gesetzesaussagen zu gelangen, bei denen die Wahrscheinlichkeit einer Falsifizierung sehr gering erscheint. Das ändert für den Empiristen jedoch nichts an der grundsätzlichen Unmöglichkeit synthetischer Urteile a priori[370].

Will man trotzdem in der phänomenologischen Wesensschau eine Methode zur Gewinnung erfahrungsüberschreitender (notwendiger und allgemeingültiger) Sacherkenntnis erblicken, so bedarf es der Annahme metaphysischer Prämissen, die die Übereinstimmung der empirischen Wirklichkeit mit der apriorischen Erkenntnis erklären[371]. Die damit verbundene Problematik kann hier nicht erörtert werden[372].

Festzuhalten ist, daß auch der phänomenologische NdS-Begriff, sofern er zur Ableitung oder Begründung synthetischer Urteile a priori herangezogen wird, auf solchen Prämissen beruht. Für eine voraussetzungsfreie Wissenschaft verliert er dadurch an Wert. Verneint man die Möglichkeit apriorischer Sacherkenntnis, geht man also mit dem Empirismus

---

rischen Grundlagen, S. 339, 340; dazu auch Hedwig-Conrad Martius, Einl. zu Reinachs gesammelten Schriften, S. XXVI.

[367] Vgl. N. Hartmann, Aufbau, S. 46f.

[368] Vgl. N. Hartmann, Metaphysik der Erkenntnis, S. 513, 514; ders., Grundlegung, S. 289, 297.

[369] Vgl. etwa Schlick, Erkenntnislehre, S. 353ff.

[370] Dazu ausführlich Stegmüller, Hauptströmungen, S. 346ff.

[371] Mit einem „Minimum an metaphysischer Hypothese" formuliert N. Hartmann, Metaphysik der Erkenntnis, S. 355f, 367, 571, die Aprioritätsprämisse in dem Satz von der vorausgesetzten partialen Identität von Seins- und Erkenntnisprinzipien.

[372] Zur Kritik der phänomenologischen Methode vgl. auch Julius Kraft, Von Husserl zu Heidegger, 2. Aufl. Frankfurt/M. 1957, S. 20ff.

davon aus, daß aller Bewußtseinsinhalt aus der Erfahrung stammt und dem Denken kein schöpferisches Vermögen innewohnt, so ist ein prinzipieller Unterschied zwischen der „ideierenden" Abstraktion (= Wesensschau)[373] der Phänomenologen und der empirisch-vergleichenden Abstraktion der Empiristen nicht mehr ersichtlich. Der Wert der phänomenologischen Methodenlehre reduziert sich dann darauf, die Bedeutung bestimmter methodischer Ausschaltungen für die Verarbeitung des im Gedächtnis gespeicherten empirischen Materials sowie die Funktion der Einbildungskraft bei der gedanklichen Vorwegnahme möglicher Beobachtungen hervorgehoben zu haben. Eine solche empirische Phänomenologie dürfte etwa Wieacker im Auge haben, wenn er die Aufgabe der Rechtsgeschichte in einer „geschichtlich orientierten Phänomenologie der rechtlichen Sachverhalte" erblickt, die aus dem historischen (und rechtsvergleichenden) Material eine begrenzte Anzahl immer wiederkehrender institutioneller Strukturen im Sinne des von Esser aufgewiesenen Gesetzes der „sachlogischen Entsprechung von Ordnungsaufgaben und Ordnungsformen unter gleichen Bedingungen" zu ermitteln bestrebt ist[374].

Es ergibt sich somit, daß der phänomenologische NdS-Begriff keine grundsätzlich neue Ausprägung des NdS-Begriffs darstellt. Es ist vielmehr, wie der NdS-Begriff überhaupt, eine Funktion verschiedener erkenntnistheoretischer Grundhaltungen. Die Frage nach seiner Bedeutung für die Rechtswissenschaft kann daher nicht einheitlich beantwortet werden. Zu Reinachs Rechtslehre bleibt festzustellen, daß in ihr vor allem das Verhältnis von Sein und Sollen unzureichend geklärt ist[375]. Hinsichtlich der einzelnen Wesensgesetze, die Reinach am Wesen rechtlicher Gebilde erschaut, hat schon Erwin Riezler bemerkt, daß es sich hierbei nicht um synthetische Urteile a priori, sondern um analytische, aus dem logischen Wesen stillschweigend vorausgesetzter Begriffe abgeleitete Urteile handle[376].

---

[373] Vgl. E. Husserl, Logische Untersuchungen, Bd. II, 1, 4. Aufl. Halle 1928, S. 223f.

[374] Wieacker, Privatrechtsgeschichte, S. 251f, vgl. auch 346f; ders., Gesetzesrecht und richterliche Kunstregel, in: JZ 1957, S. 701ff, 705; Esser, Grundsatz und Norm, S. 346f. Zum Begriff der „sachlogischen Strukturen" s. u. § 18 N. 400.

[375] Vgl. Die apriorischen Grundlagen, S. 328. Es bleibt unklar, inwiefern dem idealen Sein der rechtlichen Gebilde zugleich „an und für sich" die Qualität objektiven Gesolltseins zukommt.

[376] Apriorisches im Recht, in: ARSP Bd. 17 (1923/24), S. 264ff, insbes. 278ff. Kritisch zur phänomenologischen Rechtslehre auch Larenz, Rechts- und Staatsphilosophie, S. 51ff; E. Schwinge und L. Zimmerl, Wesensschau und

§ 17

Die Lehre von der NdS bei Radbruch

Während sich die institutionelle und die phänomenologische Rechtslehre der Wortverbindung NdS nur gelegentlich und beiläufig bedienten, trat nach 1945 eine allgemeine und eng an den Ausdruck NdS angelehnte Wiederbelebung der Diskussion um den NdS-Begriff ein. Ausgangspunkt fast aller neueren Beiträge ist Gustav Radbruchs 1948 erschienener Aufsatz über „Die Natur der Sache als juristische Denkform“[377]. Dieser Aufsatz soll deshalb zunächst gesondert betrachtet werden.

Radbruch untersucht in ihm den NdS-Begriff am Leitfaden dreier Fragen: „Was bedeutet ‚Sache‘, was ‚Natur‘, woher die Verbindlichkeit der ‚Natur der Sache‘?“ (10).

Als Sache bezeichnet Radbruch den Stoff, den das Recht zu formen hat. Diesen Stoff gliedert er in drei Gruppen (10ff): in die Gruppe der rechtlich-relevanten Naturtatsachen (einschließlich des Menschen in seiner empirischen Beschaffenheit)[378], die Gruppe der sozialen Vorformen der Rechtsverhältnisse (die durch Gewohnheit, Herkommen, Sitte, Brauch, Usance usw. geregelten Lebensverhältnisse) und die Gruppe des bestehenden Rechts, soweit dieses Stoff ständiger rechtlicher Fortbildung ist[379].

Die Natur der so umrissenen Sachen definiert Radbruch als „ihr Wesen, ihr Sinn, und zwar nicht ein von irgend jemandem wirklich gedachter, vielmehr der allein aus der Beschaffenheit der Lebensverhält-

---

konkretes Ordnungsdenken im Strafrecht, Bonn 1937, S. 8ff, 15ff; Karl Engisch, Zur phänomenologischen Methode im Strafrecht, in: ARSP Bd. 30 (1936/37), S. 130ff; Edmund Mezger, Wesensschau und konkretes Ordnungsdenken im Strafrecht, in: ZAkadDR, Bd. 4 (1937), S. 417ff.

[377] Die Seitenangaben im Text beziehen sich auf den Sonderdruck dieses Aufsatzes (s. Lit.-Verz.). Frühere Äußerungen Radbruchs zur NdS: Rechtsidee und Rechtstoff, S. 183ff, insbes. S. 190; Rechtsphilosophie, S. 98ff; Vorschule, S. 20ff. Der Geist des englischen Rechts, 3. Aufl. Göttingen 1956, S. 8, 35, 36, 53. Der Aufsatz „La natura della cosa come forma giuridica di pensiero“, in: Rivista internazionale de filosofia del diritto, Bd. 21 (1942), S. 145ff, enthält eine frühe und kürzere Fassung des später in der Laun-Festschrift erschienenen Aufsatzes „Die Natur der Sache als juristische Denkform“. Vgl. zu Radbruchs Lehre von der NdS E. Wolf, Einleitung zu Radbruchs Rechtsphilosophie, S. 70f; ders., Große Rechtsdenker, S. 750ff; Fritz von Hippel, Gustav Radbruch als rechtsphilosophischer Denker, Heidelberg 1951, S. 40ff; Maihofer, NdS, S. 148ff; Baratta, Natura del fatto, S. 193ff; Tammelo, Nature of facts, S. 241ff.

[378] Insofern trifft es nicht zu, daß, wie Schambeck, NdS, S. 465, meint, Radbruch die Natur des Menschen vom NdS-Begriff ausgeschlossen habe. Vgl. dazu schon oben § 1 N. 9.

[379] Vgl. Vorschule, S. 21.

nisse selbst zu entnehmende objektive Sinn, die Antwort auf die Frage: wie kann dieses so beschaffene Lebensverhältnis als sinnvoll gedacht werden, d. h. als Verwirklichung einer Idee — und welcher Idee?" (13). Und zwar werde gesucht der juristische Sinn als „Auslese bestimmter Merkmale aus der Ganzheit eines Lebensverhältnisses unter einem bestimmten Aspekt" (13). Ziel dieses Ausleseverfahrens ist die Gewinnung von Idealtypen im Sinne Max Webers[380]: „Die so gewonnenen juristischen Merkmale werden unter der Herrschaft einer Rechtsidee zu einem einheitlichen Sinngefüge zusammengefaßt, das wohl meistens, aber nicht immer, ein teleologisches Gefüge, ein Gefüge von rechtlichen Zwecken und Mitteln sein wird. So wird das Lebensverhältnis in ein Rechtsinstitut umgeformt, in Gestalt eines Idealtypus, das Verfahren aber, das wir damit angedeutet haben, ist die juristische Konstruktion" (13f)[381]. Unter der juristischen Konstruktion versteht Radbruch also nicht die systematische Konstruktion der Begriffsjurisprudenz (die Subsumtion eines sozialen oder rechtlichen Phänomens unter einen systematischen Rechtsbegriff), sondern teleologische, zweckgeleitete Begriffsbildung[382], Bildung von Idealtypen, d. h. „ideeller Schemata einer von individuellen Zufälligkeiten gereinigten, folgerichtig durchkonstruierten und deshalb einseitig gesteigerten Wirklichkeit" (32).

---

[380] Zum Begriff des Idealtypus vgl. unten § 25, S. 107f.

[381] Die Verbindung des NdS-Begriffs mit dem Gedanken der juristischen Konstruktion entwickelt Radbruch erstmals in der Laun-Festschrift; sie findet sich weder in der Vorschule noch in der italienischen Fassung des NdS-Aufsatzes.

[382] Radbruch führt allerdings aus: „Die juristische Konstruktion wird meist eine teleologische Begriffsbildung sein, das Rechtsinstitut, das ihr Gegenstand ist, wird regelmäßig durch einen bestimmten Rechtszweck gekennzeichnet. Da aber die Rechtsidee sich nicht in der Zweckmäßigkeit erschöpft, sondern daneben auf die Gerechtigkeit und die Sicherheit des Rechts sich erstreckt, sind auch Konstruktionen nicht teleologischen Charakters denkbar — so wird die Konstruktion der Rechtskraft an der Rechtssicherheit, die Konstruktion des gleichen Wahlrechts an der Gerechtigkeit orientiert sein, frei von jedem Zweckmäßigkeitsgedanken" (33). Hier dürfte indessen eine Verwechslung von Zweckmäßigkeit und Zweckhaftigkeit vorliegen. Jedes Rechtsinstitut, gleichgültig, welchem der drei von Radbruch entwickelten Zweige der Rechtsidee (Gerechtigkeit, Rechtssicherheit, Zweckmäßigkeit) es zugeordnet ist, erfüllt eine Funktion und dient damit einem oder mehreren Zwecken. Der Zweck des Instituts der Rechtskraft liegt eben im Gedanken der Rechtssicherheit, der des gleichen Wahlrechts in der Realisierung des Gleichheitsprinzips. Die von Radbruch gemeinte idealtypische Begriffsbildung ist daher nicht nur meist, sondern stets zweckgeleitete, „teleologische" Begriffsbildung. Vgl. zur Gegenüberstellung von systematischer und teleologischer Konstruktion auch Radbruch, Rechtsphilosophie, S. 218.

Zur Verbindlichkeit der so bestimmten NdS, d. h. zu ihrer rechtlichen Funktion, führt Radbruch aus, sie sei nichts aus eigener Kraft Geltendes, keine Rechtsquelle, wohl aber einserseits Mittel der Auslegung und Lückenfüllung, andererseits Leitgedanke für den Gesetzgeber (15).

Zum Mittel der Auslegung und Lückenfüllung werde sie durch den Gedanken der juristischen Konstruktion. Der praktische Nutzen der Konstruktion erweise sich, wenn die gesetzliche Regelung eines Rechtsinstituts unvollständig sei. In diesem Falle könne die Lücke „durch Ableitung der fehlenden Rechtssätze aus dem Wesen des konstruierten Instituts ergänzt werden" (34). Voraussetzung hierfür sei aber, daß der der Konstruktion zugrunde gelegte Sinn des Lebensverhältnisses und die Idee, auf die sich der Sinn gründe, mit dem Geist des Gesetzes nicht in Widerspruch stünden, daß also eine positive Rechtsquelle der Konstruktion „ausdrücklich oder stillschweigend Raum gewährt" (15).

Als Leitgedanke für den Gesetzgeber erscheine die NdS einmal unter dem Gesichtspunkt der Durchsetzung rechtlicher Ideen, als „Widerstand der stumpfen Welt", sodann deute sie auf das historische Klima, in dem ein Rechtsgedanke erzeugt und dessen Einfluß auf den Inhalt des Rechts unentrinnbar sei, schließlich bezeichne sie die „Stoffbestimmtheit der Idee", d. h. das Phänomen, daß jede Idee „durch den Stoff bestimmt, weil für den Stoff bestimmt" sei (15—17)[383].

Eine Prüfung der Radbruchschen Lehre von der NdS ergibt, daß ihr zwei verschiedene NdS-Begriffe zugrunde liegen, denen auch unterschiedliche Funktionen zugeordnet sind. Die Bruchstelle liegt in der Definition der NdS als Sinn und Wesen einer Sache. Solange der Sinn und das Wesen als Auslese bestimmter Merkmale unter einem bestimmten Aspekt verstanden werden, bezeichnet diese Definition einfach die empirische NdS[384]. Als solche bezieht sie sich auf den Gesamtbereich des von Radbruch angeführten Rechtsstoffs, vor allem aber auf die rechtlich relevanten Naturtatsachen und die sozialen Vorformen der Rechtsverhältnisse. Die Funktion der so verstandenen NdS ist die Schrankenfunktion. Ausschließlich um sie handelt es sich bei Radbruchs Bemerkungen zur NdS als Leitgedanken für den Gesetzgeber, als Widerstand der stumpfen Welt und zur Stoffbestimmtheit der Idee[385].

Sobald der Sinn einer Sache jedoch als wertbezogener Zweck bestimmt wird, erhält der Ausdruck NdS eine andere Bedeutung. Er nähert sich

---

[383] Zum Gedanken der Stoffbestimmtheit der Idee s. insbes. auch Radbruch, Rechtsidee und Rechtsstoff, S. 343ff.

[384] S. o. § 7 S. 22f. Radbruch zielt mit dieser Definition offenbar auf den Gedanken der idiographischen, wertbeziehenden Begriffsbildung; vgl. dazu unten § 23 S. 99ff. [385] Vgl. Maihofer, NdS, S. 148ff.

dann dem technisch-praktischen NdS-Begriff und bezieht sich vorwiegend auf die zweite und dritte Gruppe der von Radbruch genannten „Sachen“, d. h. auf die durchschnittstypischen Lebensverhältnisse, die es zu idealtypischen Rechtsinstituten umzuformen gelte. Tatsächlich sind Radbruchs Ausführungen zur juristischen Konstruktion ausschließlich auf diese beiden Sachbereiche zugeschnitten[386].

Die dem technisch-praktischen NdS-Begriff zugeordnete Funktion ist nicht die Schrankenfunktion, sondern die auslegende und lückenfüllende Funktion. Genau betrachtet kommen dem Ausdruck NdS hier wiederum zwei Bedeutungen zu, die jedoch sachlich eng zusammenhängen. Als „Natur“ der sozialen und rechtlichen Institutionen wird einerseits ihr Sinn als wertbezogener Zweck bezeichnet, der den Ausgangspunkt der juristischen Konstruktion bildet (13). Zum anderen erscheint als „Natur“ der Sache das „Wesen des konstruierten Instituts“ (34), d. h. das Ergebnis der Konstruktion, die zweckadäquate Beschaffenheit, die idealtypische Struktur des konstruierten Instituts. Zur terminologischen Unterscheidung soll die erste Bedeutung finale NdS[387], die zweite idealtypische NdS genannt werden. Die idealtypische NdS ist identisch mit der technisch-praktischen NdS, insofern diese oben definiert wurde als die Beschaffenheit, die ein Gegenstand haben muß, wenn er als Mittel zur Erreichung eines bestimmten Zweckes geeignet sein soll[388]. Die finale NdS unterscheidet sich hiervon durch eine von der Vorstellung der zweckadäquaten Beschaffenheit abgeleitete Bedeutungsverschiebung, vermöge derer der vorausgesetzte Zweck selbst als NdS bezeichnet wird. So kann etwa die finale Natur der Ehe in der Erzeugung und Erziehung von Nachkommenschaft erblickt werden[389]. Die dementsprechende idealtypische Natur der Ehe besteht dann in dem Inbegriff der Normen, die die zweckadäquat durchkonstruierte Institution Ehe konstituieren. Zur terminologischen Vereinfachung und wegen der engen Verwandtschaft

---

[386] Mit Recht weist Fritz von Hippel, Gustav Radbruch als rechtsphilosophischer Denker, Heidelberg 1951, S. 42, darauf hin, daß Radbruch das Problem, inwieweit der feststellbare Sinn der Lebensverhältnisse für das richtige Recht maßgebend sei, trotz einiger Hinweise nicht mehr eigentlich beantwortet habe: „Schon die ungleichartige Vielfalt dessen, was er als ‚Sache‘ und ‚Stoff‘ zum Arbeitsausgang sich gemacht hatte, mußte ihm bei solcher Auflösung hinderlich sein“.

[387] Der Ausdruck finale NdS wird hier gewählt, um eine terminologische Abhebung zur metaphysisch verstandenen teleologischen NdS zu erreichen.

[388] Vgl. oben § 6 S. 20f. Zum Verhältnis des Begriffs der zweckadäquaten Beschaffenheit zum Begriff des Idealtypus im Sinne Max Webers vgl. unten § 25 S. 107.

[389] Vgl. Schambeck, NdS, S. 470.

dieser beiden Bedeutungen und ihrer Funktionen wird der Ausdruck technisch-praktische NdS im folgenden zur Bezeichnung sowohl des finalen wie des idealtypischen NdS-Begriffs verwandt.

Die begriffliche und funktionelle Zweigleisigkeit der Radbruchschen Lehre von der NdS wurde für die gesamte gegenwärtige Diskussion des NdS-Begriffs bestimmend. Man kann insofern zwei Gruppen von Beiträgen unterscheiden, von denen die erste vorwiegend mit einem weiten Sachbegriff (Sache = alle rechtlich relevanten Gegenstände), die zweite vorwiegend mit einem engen Sachbegriff (Sache = soziale und rechtliche Institutionen) arbeitet. Die erste Gruppe ist mehr rechtsphilosophisch, die zweite mehr rechtstheoretisch-methodologisch orientiert. Überschneidungen ergeben sich allerdings daraus, daß der weite Sachbegriff den engen einschließt. Daher kommt großenteils auch bei den rechtsphilosophischen Beiträgen der institutionelle Aspekt des NdS-Begriffs in den Blick.

§ 18

Grundzüge der gegenwärtigen Diskussion um den Begriff und die Lehre von der NdS

Die folgende Darstellung der gegenwärtigen Diskussion um den Begriff und die Lehre von der NdS knüpft an die vorerwähnte Zweigleisigkeit an. Sie gibt nur einen groben Überblick über den Stand der Meinungen[390].

Zunächst sollen die Beiträge erwähnt werden, denen der weite Sachbegriff zugrunde liegt, d. h. in denen der Sachbegriff durch den Gesamtbereich aller rechtlich relevanten Gegenstände umschrieben ist. Innerhalb dieser Beiträge ist wiederum zu unterscheiden, ob der Naturbegriff im NdS-Begriff metaphysisch-teleologisch oder nichtteleologisch verstanden wird.

Der teleologische Naturbegriff begegnet durchweg bei den Autoren, die in der Tradition der thomistischen Naturrechtslehre stehen[391]. Am

[390] Vgl. die Literaturangaben bei Enneccerus-Nipperdey, § 33 N. 16, S. 218. Auf die Abhandlungen von Neuhaus, Rechtsfindung, und Küchenhoff, Bundeszuständigkeiten, soll hier nicht näher eingegangen werden. Beide behandeln den NdS-Begriff unter einem speziellen methodologischen Aspekt. In der definitorischen Erfassung schließt sich Neuhaus im wesentlichen an Gutzwillers, Küchenhoff an Radbruchs Untersuchungen zum NdS-Begriff an. S. auch Küchenhoff, Kompetenzverteilung, S. 451 ff. — Mehrfach ist der NdS-Begriff neuerdings in Zusammenhang mit dem Rechtsgedanken in Adalbert Stifters Roman „Witiko" gebracht worden; dazu zuletzt Paul Heinrich Neuhaus, Stifters „Witiko" und die Frage nach dem Recht, in: JZ 1955, S. 104 ff, mit weiteren Nachweisen. Auch darauf soll hier nicht eingegangen werden.

[391] Vgl. insbes. Rommen, Die ewige Wiederkehr des Naturrechts, S. 155, 176, 177; Messner, Das Naturrecht, S. 39, 75, 265; Adolf Süsterhenn, Das Natur-

ausführlichsten hat sich vom Standpunkt dieser Tradition aus Herbert Schambeck mit dem NdS-Begriff befaßt[392]. Näher braucht darauf hier nicht eingegangen zu werden, da Bedeutung und Funktion der teleologischen NdS bereits im Rahmen des begriffsgeschichtlichen Kapitels dargestellt worden sind[393].

Der empirische und insbesondere der kausalgesetzliche Naturbegriff in Verbindung mit dem weiten Sachbegriff liegen vor allem den Untersuchungen Coings, Engischs, Weischedels und Beyers zugrunde[394]. Die

---

recht, in: Maihofer (Hrsg.), Naturrecht oder Rechtspositivismus?, S. 11ff (19); Henning, Der Maßstab des Rechts, S. 99ff; vgl. auch schon Otto Schilling, Christliche Sozial- und Rechtsphilosophie, München 1933, S. 52: „Das Naturrecht ist das aus der Natur der Sache und zumal aus der Natur des Menschen ... sich herleitende einleuchtende Recht". Vgl. ferner die allgemeinen Bemerkungen zum Begriff der teleologischen Natur eines Gegenstandes bei Nink, Ontologie, S. 16ff; Josef Funk, Das Primat des Naturrechts, Mödling bei Wien 1952, S. 89ff; Albert Auer, Der Mensch hat Recht, Graz-Wien-Köln 1956 S. 50ff. Teleologische Formulierungen klingen auch in den Definitionen der NdS bei Boehmer, Grundlagen, Bd. II, 1 S. 160f, und Hermann Weinkauff, Richtertum und Rechtsfindung in Deutschland, Tübingen 1952, S. 27, an. Kritisch zum teleologischen NdS-Begriff Fechner, Rechtsphilosophie, S. 149 bis 151, allerdings ohne nähere Analyse des Problems der Teleologie.

[392] NdS, S. 452ff. Schambecks Definition der Natur als „Inbegriff einer Ordnung kausal-gesetzlich bestimmter Notwendigkeiten" (457) ist insofern irreführend, als sich an anderen Stellen ergibt, daß der Abhandlung ein eindeutig teleologisch verstandener Naturbegriff zugrunde liegt; vgl. insbes. S.452, 453, 469ff. S. jetzt auch Schambeck, Begriff, S. 32ff, 141ff, insbes. S. 143.

[393] Vgl. oben §§ 3, 4, 5.

[394] Coing, Grundzüge, S. 118ff; Engisch, Idee, S. 115; ders., NdS, S. 91ff; Weischedel, Recht und Ethik, S. 6ff; Beyer, Staatsphilosophie, S. 147ff; Henkel, Rechtsphilosophie, S. 288ff. Henkel definiert die NdS als „Sammelbegriff aller das Recht determinierenden Faktoren" (S. 294) und bekommt daher, ähnlich wie Fechner, Rechtsphilosophie, S. 149ff, neben dem empirischen auch Aspekte des technisch-praktischen NdS-Begriffs in den Blick. Vgl. auch Tammelo, Nature of facts, S. 256ff (die [empirische] NdS als juristischer „Topos"). Den empirischen NdS-Begriff verwenden ferner Wolfgang Friedmann, Übergesetzliche Rechtsgrundsätze und die Lösung von Rechtsproblemen, in: Maihofer (Hrsg.), Naturrecht oder Rechtspositivismus?, S. 405ff (414, 415); Hans Ryffel, Das Problem des Naturrechts heute, in: Maihofer (Hrsg.) a. a. O., S. 494ff (513f); Rinck NdS, S. 522ff. Friedmann und Ryffel schließen sich in der Bestimmung des NdS-Begriffs im wesentlichen an die Untersuchungen Coings und Welzels, Rinck an diejenigen Stratenwerths an. Im empirischen Sinne definiert auch Wintrich, Methode, S. 238, die NdS als die „Eigenart der der gesetzlichen Regelung zugrunde liegenden tatsächlichen Lebensverhältnisse". Vgl. ferner E. Wolf, Das Problem des Naturrechts, S. 79ff, 82ff (mit historischem Rückblick auf den empirischen Naturrechtsgedanken). Dahm, Deutsches Recht, S. 31f, verknüpft mit dem Ausdruck NdS sowohl den empirischen wie den metaphysisch-teleologischen NdS-Begriff.

Funktion der so bestimmten NdS ist zusammenfassend am prägnantesten bei Engisch formuliert; sie besteht darin, „daß das Recht nichts Unmögliches begehren kann, daß aus den Zwecken des Rechts bestimmte Mittel folgen, daß die Triebe, Bedürfnisse und Interessen des Menschen Beachtung heischen, daß die überlieferten oder die zeitgenössischen Wertungen zu respektieren sind"[395]. Es handelt sich also um die Schrankenfunktion. Eine genauere Betrachtung des zitierten Satzes zeigt, daß sich die schrankensetzende Bedeutung der empirischen und der kausalgesetzlichen NdS in verschiedenen Stufen entfaltet, von denen vor allem zwei zu unterscheiden sind. Die erste besagt, daß der Normsetzer, sofern er auf die *Durchsetzbarkeit* seiner Regelung Wert legt, kein Verhalten befehlen darf, dessen Realisierung naturgesetzlich unmöglich ist (z. B. eine Herabsetzung der Schwangerschaftsperiode)[396], die zweite, daß der Gesetzgeber, sofern er die *Zweckmäßigkeit* seiner Regelung erstrebt, an die Gesetze der Mittel-Zweck-Relation gebunden ist[397]. Beide Stufen entheben den Gesetzgeber jedoch nicht der Notwendigkeit, Zwecke zu setzen und kollidierende Interessen zu bewerten[398].

Der gleiche Gedanke liegt der von Welzel begründeten Lehre von den sachlogischen Strukturen zugrunde[399]. Der Begriff der sachlogischen Strukturen[400] wird in der gegenwärtigen Diskussion überwiegend gleich-

---

395 Idee, S. 115.

396 Vgl. Maihofer, NdS, S. 158; Welzel, Naturrecht, S. 244.

397 Dazu insbes. Bobbio, NdS, S. 310ff.

398 Darauf weisen vor allem Coing, Grundzüge, S. 127, und Engisch, Idee, S. 109, hin.

399 Vgl. Welzel, Naturrecht, 1. Aufl. Göttingen 1951, S. 197, 198, 4. Aufl., S. 243ff, insbes. 244 N. 1; ders., Naturrecht und Rechtspositivismus, S. 290, 291; ders., Um die finale Handlungslehre, Recht und Staat, Heft 146, Tübingen 1949, S. 9ff.

400 Der Ausdruck „sachlogisch" (Sachlogik) ist eine Teilverdeutschung des Ausdrucks „ontologisch" (Ontologie). Im philosophischen Sprachgebrauch wird er nur vereinzelt verwandt. Er findet sich hier z. B. bei Martin Heidegger, Sein und Zeit, 7. Aufl. Tübingen 1953, S. 10f, zur Bezeichnung der von E. Husserl geforderten regionalen Phänomenologie oder Ontologie. So nennt Heidegger (a. a. O.) die transzendentale Logik Kants eine „apriorische Sachlogik des Seinsgebietes Natur". Das philosophische Wörterbuch von Heinrich Schmidt, fortgef. von Georgi Schischkoff, 16. Aufl. Stuttgart 1961, erwähnt innerhalb des Artikels Logik (S. 347) die „Sach- oder Gegenstandslogik (Rehmke, Meinong, Driesch)" als eine der verschiedenen Strömungen der gegenwärtigen Logik. In anderen philosophischen Nachschlagewerken wird der Ausdruck Sachlogik, soweit ersichtlich, nicht behandelt. Stratenwerths Definition der sachlogischen Strukturen entspricht der Definition der empirischen NdS, vgl. dazu oben § 7 N. 128 und den folgenden Text. Gegen die Identifizierung des NdS-Begriffs mit dem Begriff der sachlogischen Strukturen wendet sich Larenz, Wegweiser, S. 288f. Sein Einwand ist jedoch nur auf dem Boden der von ihm verwendeten Begriffe

bedeutend mit dem Begriff der empirischen NdS verwandt. Das kommt am deutlichsten in der Definition Stratenwerths zum Ausdruck: „Sachlogische Strukturen sind ... ontische Gegebenheiten, die sich unter einem bestimmten Gesichtspunkt als wesentlich herausheben“[401]. Welzel selbst betont, daß die sachlogischen Strukturen kein richtiges Recht aufweisen, sondern lediglich die gesetzgeberische Willkür einschränken[402]. Er bezeichnet die sachlogischen Strukturen als eine Gruppe von Grenzlinien, deren grenzziehende Funktion relativ sei: „d. h. sie binden den Gesetzgeber nur, wenn er eine Regelung bestimmter Art vornehmen will, und sie binden ihn nur logisch, d. h. wenn seine Regelung sachgemäß sein will. Ein Verstoß gegen sie hat nicht zur Folge, daß seine Regelung ungültig wird[403], wohl aber, daß er sein Ziel nicht erreicht, daß er eine lückenhafte, widerspruchsvolle, sachlich unzutreffende Regelung vorgenommen hat“[404].

Vom Begriff der sachlogischen Strukturen her faßt auch Ottmar Ballweg seine Lehre von der NdS[405]. Ballweg neigt jedoch dazu, die rechtsphilosophische Funktion der als empirische und kausalgesetzliche NdS bestimmten sachlogischen Strukturen überzubewerten. „Die sachlogische Struktur der Wirklichkeit“, formuliert er, „ist die Bedingung

---

berechtigt. Er definiert die sachlogischen Strukturen als „ontologische Kategorien, und zwar Kategorien im Sinne der Philosophie Nikolai Hartmanns“, während er die NdS teleologisch, und zwar im Sinne der Philosophie Hegels versteht; vgl. dazu ebenfalls den folgenden Text. Esser, Grundsatz und Norm, S. 56, spricht auch von Rechtslogik, „soweit sie nicht bloß axiomatische Ableitungstechnik ist, sondern die im Rechtsbegriff konservierte Sachlogik nachzeichnet“. Otto Brusiin bemerkt in seiner Besprechung des Esserschen Buches (ARSP Bd. 43, 1957, S. 460, 462): „Der Terminus ‚Sachlogik‘, der im Text wiederholt vorkommt, dürfte in einem klaren wissenschaftlichen Sprachgebrauch kaum zweckmäßig sein“. Kritisch zur Sachlogik als Lehrgehalt insbesondere Erik Wolf, Fragwürdigkeit und Notwendigkeit der Rechtswissenschaft, Freiburger Universitätsreden, N. F. Heft 15, Freiburg 1957, S. 32 N. 62; Engisch, Idee, S. 117ff; ders., NdS, S. 92ff. Würtenberger, JZ 1955 S. 3; ders., Die geistige Situation der deutschen Strafrechtswissenschaft, Karlsruhe 1957, S. 14ff; Ulrich Scheuner, Recht und Gerechtigkeit in der deutschen Rechtslehre der Gegenwart, in: Recht und Institution, herausg. von Hans Dombois, Witten 1956, S. 34ff, 35ff. S. jetzt auch Henkel, Rechtsphilosophie, S. 260ff.

[401] NdS, S. 17.

[402] Naturrecht, 1. Aufl. Göttingen 1951, S. 197.

[403] In gewissen Fällen kann die Regelung bei einem Verstoß gegen die kausalgesetzliche NdS allerdings auch ungültig werden. Das ergibt sich aus dem von Kelsen, Reine Rechtslehre, S. 10, 48, 91f, 215ff, herausgearbeiteten Zusammenhang von Geltung und Wirksamkeit der Rechtsnormen.

[404] Naturrecht und Rechtspositivismus, S. 290.

[405] NdS, insbes. S. 45ff. Die Seitenangaben im Text beziehen sich auf diese Schrift.

dafür, daß die Menschen ihre Wirklichkeit nicht als ein Chaos, sondern als Ordnung erleben. Sein ist bereits Ordnung" (47). Ballweg definiert daher: „Natur der Sache ist die objektiv feststellbare, sachlogische Strukturiertheit der Wirklichkeit, deren seinsmäßiger Ordnungscharakter das Recht maßgebend konstituiert" (67). Wie diese Konstitution zu denken sei, wird indessen nicht deutlich. Da Ballweg eine teleologische Rechtsmetaphysik ausdrücklich ablehnt (65, 66), kann der Satz „Sein ist bereits Ordnung" nur auf die sozialgesetzliche, d. h. seinsgesetzliche Ordnung der Wirklichkeit abzielen. Es scheint somit, daß in der Ballwegschen Lehre von der NdS die Begriffe Rechtsordnung und Sozialordnung vermengt und der logische Dualismus von Sein und Sollen nicht hinreichend berücksichtigt werden[406].

Der Begriff der sachlogischen Strukturen spielt aber nicht nur in der Rechtsphilosophie eine Rolle. Er ist auch in die Methodenlehre eingedrungen. Hier zeigt sich eine charakteristische Umdeutung des Begriffs. Die sachlogischen Strukturen werden zu institutionellen Strukturen[407]. Diese Umdeutung beruht auf folgendem Gedanken[408]. Sachlogische Struturen heben sich nur unter einem bestimmten Gesichtspunkt aus dem Sinnenmaterial heraus. Dieser Gesichtspunkt kann ein Zweckgesichtspunkt sein. Es kann insbesondere der Zweck einer sozialen oder rechtlichen Institution sein. Die Ermittlung der sachlogischen Strukturen, d. h. des Inbegriffs der Merkmale, die sich unter diesem Gesichtspunkt als wesentlich herausheben, geht dann über in eine zweckgeleitete Konstruktion des Instituts. Die „wesentlichen" Merkmale nehmen so die Gestalt technischer Normen an: wenn die Institution X den Zweck A erfüllen soll, dann muß sie durch die Normen N_1, N_2 ... Nx konstituiert sein. Institutionelle Strukturen unter diesem Aspekt sind also hypothetische Zweckmäßigkeitsnormen. Von hier aus erklärt sich, daß Stratenwerth im engen Anschluß an Radbruchs Lehre von der NdS den sachlogischen Strukturen auch eine lückenfüllende Funktion zubilligt[409].

Mit dem Begriff der institutionellen Strukturen ist der Übergang zu der zweiten Gruppe von Beiträgen vollzogen. Die hierhin gehörenden Autoren behandeln vorwiegend die methodologische Funktion des NdS-Begriffs. Sie arbeiten vor allem mit dem engen Sachbegriff, verstehen

---

406 Ballwegs Ausführungen in § 17 („Das Sollen"), S. 68/69, bleiben rechtstheoretisch unbefriedigend. Kritisch dazu auch Mayer-Maly in seiner Besprechung der Ballwegschen Abhandlung, JZ 1961, S. 134.

407 Vgl. Wieacker, Privatrechtsgeschichte, S. 251; Esser, Grundsatz und Norm, insbes. S. 158.

408 Vgl. zum folgenden Stratenwerth, NdS, S. 20ff.

409 NdS, S. 26. Ähnlich Wieacker, Gesetz und Richterkunst, S. 13f.

also die NdS in erster Linie oder ausschließlich als Natur von Institutionen. Auch innerhalb dieser Gruppe ist wiederum nach dem Naturbegriff zu differenzieren.

Einen eindeutigen teleologischen Naturbegriff verwendet hier nur Larenz[410]. Er versteht die NdS im Sinne der Hegelschen Metaphysik[411]. „Wer von der ‚Natur der Sache' spricht", formuliert Larenz, „meint, daß die Dinge, insbesondere die menschlichen Lebensverhältnisse, vor aller Normsetzung schon einen bestimmten Sinn und eine durch ihn geforderte Ordnung bis zu einem gewissen Grade in sich tragen, und daß es gelte, diese ihrer ‚Natur' und das heißt, ihrem objektiven Zweckgedanken (ihrem ‚telos') entsprechende Ordnung zu erkennen"[412] [413]. Und zwar handle es sich bei dieser Ordnung um „ein Sollen, das im Sinn des Seins angelegt, und das im Sein, mehr oder weniger, immer auch schon verwirklicht ist"[414]. Funktionell deutet Larenz die so verstandene NdS als „Wegweiser" der richterlichen Rechtsfindung[415]. In diesem Rahmen ergibt sich für ihn, „daß die ‚Natur der Sache' als Erkenntnisquelle für die Rechtswissenschaft und für die Rechtsprechung gerade in unserer Zeit eine große, fast möchte man sagen, sogar eine überragende Rolle spielt"[416].

Die Betrachtung derjenigen Beiträge, die sich um eine von metaphysischen Prämissen freie Bestimmung des Begriffs der Natur einer Institu-

---

410 Wegweiser, S. 281ff; Methodenlehre, S. 309ff, 349; Zur Beurteilung des Naturrechts, in: Maihofer (Hrsg.), Naturrecht oder Rechtspositivismus?, S. 27ff (31f). Vgl. aber auch Dahm, Deutsches Recht, S. 39 i. Verb. mit S. 31.

411 Dazu o. § 9

412 Methodenlehre, S. 309.

413 Larenz' Lehre von der NdS steht in enger Beziehung zu seiner Lehre vom konkret-allgemeinen Begriff. Vgl. Wegweiser, S. 288ff; Methodenlehre, S. 356ff; Zur Logik des konkret-allgemeinen Begriffs, in: Deutsche Rechtswiss., Vierteljahreszeitschrift d. Akad. f. dt. Recht, Bd. 5 (Hamburg 1940), S. 279ff. Beide Lehrstücke behandeln dasselbe Thema: den Begriff i. S. der Hegelschen Logik. Das Merkmal der „Konkretheit" des Begriffs ist nur im Zusammenhang mit dem metaphysisch-teleologischen Charakter der Hegelschen Begriffslehre zu verstehen. Hiervon losgelöst, d. h. unter rein formallogischem Aspekt, läuft die Vorstellung des konkret-allgemeinen Begriffs, wie Engisch, Idee, S. 174 N. 79 und S. 176 bemerkt, auf die Denkform des Typus hinaus. Vgl. dazu auch Larenz, Methodenlehre, S. 362: „Insgesamt kann man sagen, daß der Typus gleichsam das empirische Gegenstück zum konkret-allgemeinen Begriff darstellt. Sofern aber der konkret-allgemeine Begriff die Wirklichkeit gestaltet, müssen seine Momente in den Wirklichkeitstypen als Sinnkomponenten wiederkehren". Der letzte Satz dieses Zitats ist wiederum nur als metaphysische Aussage zu verstehen.

414 Wegweiser, S. 289.

415 Wegweiser, S. 280.

416 Wegweiser, S. 285.

tion bemühen, hat zunächst festzustellen, daß der Ausdruck Natur hier kaum noch zur Bezeichnung der sozialgesetzlichen, durch Sitte, Brauch, Herkommen usw. konstituierten Beschaffenheit der Institutionen verwandt wird[417]. Es besteht vielmehr die Tendenz, die NdS im technisch-praktischen Sinn, d. h. als finale und idealtypische Natur von Institutionen zu verstehen. Das gilt zunächst für diejenigen Autoren, die sich an den methodologischen Teil der Radbruchschen Lehre von der NdS anschließen[418]. Aber auch Esser und Bobbio, die den NdS-Begriff unabhängig von Radbruch einer selbständigen Analyse unterzogen haben, gelangen zu ähnlichen Definitionen. So definiert Esser die NdS als die „einer bestimmten Institution zugedachte Ordnungsaufgabe"[419], während Bobbio vorschlägt, „die zu vage Wendung von der „Natur der Sache durch jene von der ‚ökonomisch-sozialen' Funktion einer Institution zu ersetzen"[420].

Übereinstimmend stellen die vorgenannten Autoren die so verstandene NdS in den Dienst der Auslegung und Rechtsfindung. Im einzelnen wird diese Funktion jedoch verschieden gedeutet. Neben die Radbruchsche Deutung, derzufolge die technisch-praktische Natur von Institutionen im Grunde genommen nur ein Prinzip der extensiven teleologisch-institutionellen Gesetzesinterpretation ist[421], treten drei andere Lösungen. Die eine

---

[417] In diesem Sinne kann lediglich die Bemerkung Nipperdeys verstanden werden, die Bezugnahme auf die NdS bedeute, „daß auch die richterliche Rechtsfindung die soziale Wirklichkeit beachten, also von einer sozial vorgeformten Gesellschaftsordnung ausgehen muß ... und daß sie bei der Erforschung des zu beurteilenden Lebensverhältnisses den Sinn zugrunde zu legen hat, der ihm nach der gesellschaftlichen Wirklichkeit zukommt". Enneccerus-Nipperdey, § 58 III N. 41 S. 343.

[418] So etwa Adolf Schönke, Einführung in die Rechtswissenschaft, 6. Aufl., bearb. von Schrade, Karlsruhe 1955, S. 18f; Staudinger-Brändel, Komm.z. BGB, 11. Aufl. Berlin 1957, Einl. vor § 1, Rdziff. 48, 72, 81; Erich Küchenhoff, Bundeszuständigkeiten, S. 618, 619; ders., Kompetenzverteilung, S. 451ff. Ähnlich Wilhelm A. Scheuerle, Rechtsanwendung, Nürnberg und Düsseldorf 1952, S. 138f (in Anschluß an den institutionellen Aspekt der Coingschen Lehre von der NdS).

[419] Grundsatz und Norm, S. 101f.

[420] NdS, S. 321, vgl. auch S. 317: „Die Natur eines Objekts ist für den Juristen seine Eignung, als Mittel zur Erreichung gewisser Zwecke zu dienen; die Natur eines Subjekts ist seine Eignung, gewisse Taten zur Erreichung gewisser Zwecke zu vollbringen; und die Natur einer Institution ist nichts weiter als ihre ökonomisch-soziale Funktion". Barattas Aufsatz „La natura del fatto" enthält in der Hauptsache eine kritische Analyse der Beiträge Radbruchs und Maihofers; im positiven Teil seiner Untersuchungen gelangt Baratta im wesentlichen zu den gleichen Ergebnissen wie Bobbio.

[421] Vgl. oben § 17, ferner Bobbio, NdS, S. 315, 317.

hält an der positivistischen Rechtsquellendoktrin fest, betrachtet also lediglich Gesetz und Gewohnheitsrecht als Erkenntnisgründe für etwas als positives Recht, lockert aber die Bindung des Richters an diese Quellen. Sie gestattet dem Richter, falls das gesetzliche und das gewohnheitliche Recht lückenhaft sind und die Analogie als Mittel der Lückenfüllung versagt, auf transjuristische Normen zurückzugreifen, die dann aber nur den Einzelfall rechtskräftig zu entscheiden vermögen. Als Ausdrucksform solcher transjuristischen Normen wird die NdS benannt[422].

Die zweite Lösung geht einen Schritt weiter. Sie knüpft teils an die Lehre der historischen Schule vom Juristenrecht, teils an die angloamerikanische Rechtstheorie an und statuiert die Rechtsprechung als eigenständige Rechtsquelle neben Gesetz und Gewohnheitsrecht[423]. Die NdS erscheint hier als eine der Denkformen, „in denen sich die Transformierung präjuristischer Werturteile und Prinzipien in echte Rechtswertungen typischerweise vollzieht"[424]. Die durch sie ermittelten oder in ihr liegenden Normen werden also nach dieser Auffassung erst durch gleichförmige richterliche Anwendung zu positivem Recht[425 426].

Die dritte Lösung führt als subsidiäre Rechtsquelle neben Gesetz und Gewohnheitsrecht spezifisch qualifizierte Rechtsgrundsätze ein[427]. Die

---

[422] So etwa Enneccerus-Nipperdey, § 58, S. 336ff, § 59, S. 344ff; Wieacker, Gesetz und Richterkunst, S. 8ff, insbes. S. 25f. Dieselbe rechtstheoretische Einordnung der Lehre von der NdS vollzieht Larenz, Wegweiser, S. 280; Methodenlehre, S. 320.

[423] Coing, Grundzüge, S. 232ff; Esser, Grundsatz und Norm, S. 133ff, 291; Bobbio, NdS, S. 315.

[424] Esser, Grundsatz und Norm, S. 56.

[425] Vgl. Bobbio, NdS, S. 314, 315.

[426] Auch Wieacker hält mit Rücksicht auf das Phänomen der richterlichen Rechtsfortbildung praeter und contra legem einen Umbau der etatistischen Rechtsquellenlehre für unumgänglich, betont jedoch, „daß ein solcher Neubau einstweilen seine Grenze an dem Verhältnis findet, das im Gesetzesstaat zwischen der gesetzgebenden und der rechtsprechenden Gewalt besteht und welches das Grundgesetz erneut sanktioniert hat (Art. 20 GG). Die Verschiebung dieses Verhältnisses liegt weder in den Kräften der Theorie noch in denen der Justiz allein. Allein die Existenz des Problems ist dadurch nicht aus der Welt geschaft"; Gesetz und Richterkunst, S. 15, 16.

[427] Wolff, Rechtsgrundsätze, S. 37ff; Liver, Der Begriff der Rechtsquelle, S. 26ff. Unterschiede bestehen zwischen beiden Autoren jedoch in der Herleitung der Rechtsgrundsätze. Während sie für Wolff Konkretisierungen des auf der Grundlage der Fries-Nelsonschen Rechtsschule entwickelten obersten Rechtsprinzips sind (vgl. Wolff, Gerechtigkeit, S. 113), versteht Liver sie als „Prinzipien und Grundentscheidungen, die der Rechtsordnung eines Volkes immanent sind", also induktiv aus dieser gewonnen werden (a. a. O., S. 26). Demgemäß unterfallen bei Liver auch die verfassunggestaltenden Grundentscheidungen dem Begriff des Rechtsgrundsatzes.

NdS erscheint hier als Mittel der Konkretisierung der Rechtsgrundsätze, wobei allerdings überwiegend wieder der weite Sachbegriff und der empirische Naturbegriff zugrunde liegen[428] [429].

Der einzige, der die NdS in der gegenwärtigen Diskussion unmittelbar als Rechtsquelle bezeichnet, ist Werner Maihofer. Seine Lehre von der NdS nimmt sowohl begrifflich wie funktionell eine Sonderstellung ein und soll deshalb zum Abschluß der historischen Untersuchungen gesondert betrachtet werden.

§ 19

Die Lehre von der NdS bei Maihofer

Auch Maihofer geht in seiner Analyse des NdS-Begriffs von einem engen Sachbegriff aus[430]. Als „Sachen" betrachtet er ausschließlich „Lebenssachverhalte" wie Kauf, Tausch, Ehe, Diebstahl, Betrug usw. (157).

Zur Bestimmung des Naturbegriffs im NdS-Begriff knüpft Maihofer an die Pufendorffsche Unterscheidung zwischen entia physica und entia moralia an[431]. Dementsprechend unterscheidet er die Naturgesetzlichkeit der Lebenssachverhalte als Naturtatsachen (158) und die Sachgesetzlichkeit der Lebenssachverhalte als Kultursachverhalte (159). Mit der ersteren berührt er kurz die Schrankenfunktion der empirisch-kausalgesetzlichen NdS. Als eigentliches Thema der Lehre von der NdS erscheint ihm jedoch die „moralische Natur" der Lebenssachverhalte (159ff).

---

428 Wolff, Rechtsgrundsätze, S. 46; Liver, Der Begriff der Rechtsquelle, S. 27ff. Beide Autoren verstehen unter der NdS die empirische Beschaffenheit eines Regelungsobjekts.

429 Kritisch und ablehnend zur Lehre von der NdS haben sich in der gegenwärtigen Diskussion vor allen Hans Nawiasky, Allgemeine Rechtslehre, 2. Aufl. Einsiedeln-Zürich-Köln 1948, S. 145, 232f; Meier-Hayoz, Der Richter als Gesetzgeber, S. 112f, 263f; Wilhelm Sauer, Einf. in die Rechtsphilosophie, Berlin 1954, S. 22; Klenner-Schöneburg, Vom ewigen zum beweglichenNaturrecht, S. 6ff; Adolf Arndt, Rechtsdenken in unserer Zeit, Recht und Staat, Heft 180, Tübingen 1955, S. 27; Thomas Würtenberger, Das Naturrecht und die Philosophie der Gegenwart, in: JZ 1955, S. 2f; Kelsen, Reine Rechtslehre, S. 409, geäußert. Hinzu kommen die ablehnenden Stellungnahmen zur Lehre von den sachlogischen Strukturen, vgl. oben N. 400.

430 Die Seitenangaben im Text beziehen sich auf Maihofers NdS-Aufsatz. Vgl. zur Verwendung des NdS-Begriffs bei Maihofer auch dessen „Recht und Sein", S. 83ff, insbes. S. 111, 121, und neuerdings „Naturrecht als Existenzrecht", S. 21ff.

431 Dazu E. Wolf, Große Rechtsdenker, S. 341ff; Welzel, Naturrecht, S. 132ff.

Um diese in den Blick zu bekommen, erfaßt er die sozialen Lebenssachverhalte als Komplexe einander zugeordneter „Rollen“[432] oder „Alsseins“-Strukturen (d. h. des Seins „als“ Käufer, „als“ Arzt, „als“ Staatsbürger usw.). Die „sachgesetzliche Struktur dieser Gestalten und Rollen“ (162) entfaltet Maihofer in vier Stufen: als Seinsstruktur (Verweisung und Entsprechung), Sinnstruktur (Bewandtnis und Bedeutung), Wertstruktur (Erwartung und Interesse) und als Sollensstruktur (Fordrung und Pflicht). Die ersten drei Stufen beruhen auf der soziologischen Beobachtung, daß es in einer arbeitsteiligen Gesellschaft sozialtypische Verhaltensweisen gibt, die einander zugeordnet und aufeinander verwiesen sind, denen daher durchschnittstypische Erwartungen und Interessen entsprechen, und die ein System empirischer (utilitaristischer) Werte begründen (163ff).

Juristisch entscheidend ist der Übergang zur vierten Stufe, zur „Sollensstruktur der sozialen Lebensrollen und Lebenslagen“ (166ff). Die „‚Brücke‘ vom ‚Sein zum Sollen‘“ (166) schlägt Maihofer durch den Gesichtspunkt des „wahren“ Willens der „vernünftigen“ Person (169f). Er betrachtet nicht die durchschnittstypischen sozialen Verhaltensregeln als Rechtsregeln, sondern fordert eine Erarbeitung der Sollensregeln durch vernünftige Abwägung der in den sozialen Lebenssachverhalten kollidierenden Interessen: „Wir müssen uns zunächst jeweils in die Rolle oder Lage des Anderen versetzen und uns fragen, was wir als Solcher vom Anderen als Solchem erwarten und darum als berechtigt fordern würden ... Wir müssen uns so als Lehrer in die Rolle des Schülers, als Arzt in die Rolle des Patienten, als Käufer in die Rolle des Verkäufers und umgekehrt versetzen und fragen, was wir als Solcher von einem ‚vernünftigen‘ Lehrer, einem ‚vernünftigen‘ Arzt, einem ‚vernünftigen‘ Verkäufer ‚natürlicherweise‘ und darum ‚berechtigterweise‘ erwarten würden“ (167). Als Kriterium der Vernünftigkeit benennt Maihofer die goldene Regel[433] und Kants kategorischen Imperativ[434] (168, 169). Die Ableitung von Rechtsnormen aus der NdS wird ihm so zur „Deduktion aus der Sollens-

---

[432] Der Begriff der „Rolle“ ist neuerdings vor allem im soziologischen Schrifttum untersucht und mit dem Begriff der sozialen Institution in Verbindung gebracht worden; dazu unten § 21 S. 91.

[433] „Was du nicht willst, das man dir tu', das füg auch keinem andern zu“; vgl. Matth. 7, 12. Kritisch zur Möglichkeit, aus der goldenen Regel allgemeingültige materiale Normen zu gewinnen, Kelsen, Reine Rechtslehre, S. 367f.

[434] „Handle so, daß die Maxime deines Willens jederzeit als Prinzip einer allgemeinen Gesetzgebung gelten könne“; Kant, Kr. d. pr. V., § 7, A 54, W. IV, S. 140. Kritisch zur Möglichkeit, aus dem kategorischen Imperativ allgemeingültige materiale Normen zu gewinnen, Kelsen, Reine Rechtslehre, S. 368ff; Welzel, Naturrecht, S. 169ff.

struktur der sozialen Rollen und Lagen mittels der goldenen Regel und des kategorischen Imperativs" (168). Die „Natur" der Sache ist für Maihofer somit nicht die empirische Beschaffenheit, sondern die „Eigentlichkeit des Alsseins" (171).

Der so gedeuteten NdS mißt Maihofer sowohl rechtsphilosophisch wie rechtstheoretisch wichtige Funktionen bei. Rechtsphilosophisch erscheint sie ihm als „konkreter Maßstab materialer Gerechtigkeit" und als „konkretes Naturrecht" (172, 174). Rechtstheoretisch erfaßt er die NdS als eigenständige Rechtsquelle und die Rechtsfindung aus der NdS als konkretes Naturrechtsdenken (172, 173): „Mit dem grundsätzlichen Ja zur Frage der Ableitbarkeit des Sollens aus dem Sein wird die ‚Natur der Sache' zu einer neben dem Gesetz stehenden außergesetzlichen Rechtsquelle" (172)[435].

Eine nähere Betrachtung der Maihoferschen Lehre von der NdS zeigt, daß in ihr nur scheinbar eine Ableitung des Sollens aus dem Sein gelehrt wird. In Wahrheit leitet auch Maihofer das Sollen aus einer obersten Grundnorm ab[436]. Diese kann etwa dahin formuliert werden, daß man sich so verhalten soll, wie es der Vernunft entspricht. Ihre ersten Konkretisierungen sind die goldene Regel und Kants kategorischer Imperativ. Ihre weitere Konkretisierung geschieht mittels Bewertung und Abwägung der in den sozialen Institutionen kollidierenden Interessen[437]. Zur Ermittlung des objektiv wertvolleren Interesses dient dabei der Gesichtspunkt des „wahren" Willens der „vernünftigen" Person.

Nur auf der Grundlage eines dergestalt ermittelten Normensystems kann Maihofer von der „sollensgesetzlichen Struktur" der Lebenssachverhalte sprechen. Der Maihofersche NdS-Begriff stellt sich somit als eine neue Ausprägung des objektiv-praktischen NdS-Begriffs dar, wie er oben am Beispiel der Terminologie Kants aufgezeigt wurde[438]. Er dient als

---

[435] Die Geltung staatlicher Gesetze steht für Maihofer unter dem Vorbehalt ihrer inhaltlichen Übereinstimmung „mit dem im konkreten Rechtssachverhalt aus der ‚Natur der Sache' (der sozialen Rollen und Lagen) geforderten Sollen" (S. 172).

[436] Vgl. insbes. NdS, S. 168: „Eine solche Deduktion von Verhaltensgesetzen aus der Sollensstruktur der sozialen Rollen und Lagen mittels der goldenen Regel und des kategorischen Imperativs sichert diese Ableitungen des vom Bewußtsein geforderten Sollens (!) aus dem am Sein verwirklichten Sollen in zweifacher Hinsicht gegen die Gefahr bloßen subjektiven Meinens und Beliebens".

[437] Insofern berührt sich Maihofers Naturrechtskonzeption mit Hans J. Wolffs Lehre vom principium juris, vgl. Wolff, Gerechtigkeit, S. 107ff.

[438] Vgl. oben § 8 S. 28ff.

Denkform, in der bereits erarbeitete Normeninbegriffe gedacht werden, m. a. W.: er setzt ein präexistentes Normensystem voraus[439][440].

---

[439] So im Prinzip auch Baratta, Natura del Fatto, S. 216ff. Baratta weist insbesondere darauf hin, daß bei Maihofer das normative Prinzip außerhalb der „Sache", d. h. außerhalb der sozialen Lebenssachverhalte gesetzt sei; man könne daher fragen, ob Maihofer trotz seines ontologischen Ansatzes nicht ein viel echterer Neokantianer sei als Radbruch; Baratta, Natura del fatto, S. 216, 217. Kritisch zu Maihofers Lehre von der NdS auch Tammelo, Nature of facts, S. 244ff; Stone, Nature of things, S. 147ff.

[440] „Präexistent", d. h. hier: dem NdS-Begriff, nicht der Rechtsetzung als einem Akt menschlicher Selbstbestimmung vorausgehend. Vgl. zu Maihofers Naturrechtskonzeption jetzt auch dessen „Naturrecht als Existenzrecht", insbes. S. 37ff.

2. Teil
SYSTEMATISCHE UNTERSUCHUNGEN

Im ersten Teil der Abhandlung ist untersucht worden, in welchen Bedeutungen und Zusammenhängen der Ausdruck NdS und seine fremdsprachigen Entsprechungen tatsächlich verwandt wurden und werden. Als Aufgabe des zweiten Teils verbleibt die systematische Zusammenfassung, Ordnung und Erläuterung des historischen Materials sowie die Behandlung der Frage, ob es zweckmäßig sei, den Ausdruck NdS als juristischen Fachausdruck zu verwenden. Der zweite Teil gliedert sich wiederum in zwei Kapitel. Das erste enthält eine systematische Begriffsanalyse, das zweite eine systematische Analyse der Struktur der Argumentation aus der NdS. Ein abschließender Paragraph befaßt sich mit terminologischen Zweckmäßigkeitserwägungen.

3. Kapitel
Begriffsanalyse

§ 20
Die NdS i. w. S. und die NdS i. e. S.

Der NdS-Begriff enthält zwei Bestandteile, den Naturbegriff und den Sachbegriff. Der letztere ist auf den ersteren bezogen. Eine systematische Begriffsanalyse hat sich daher zuerst mit dem Sachbegriff zu befassen.

Der Sachbegriff im NdS-Begriff als allgemeiner Denkform hat formal die Bedeutung einer logischen Variablen, für die jeder Aussagegegenstand schlechthin eingesetzt werden kann. Erkenntnistheoretisch beruht er ebenso wie der Dingbegriff auf der Denkform der Beharrung oder der Substantialität[441]. Deren Urbild ist das anschauliche Sinnending, der körperliche Gegenstand[442]. Das Anwendungsgebiet der Substanzkategorie geht jedoch weit über den Bereich der körperlichen Gegenstände hinaus. Als Sache oder Ding im Sinne eines „Trägers" von Eigenschaften kann, wie insbesondere Hans Reininger gezeigt hat[443], praktisch alles

---

[441] Vgl. dazu etwa Kant, Kr. d. r. V., B 224ff, W. II, S. 220ff; Sigwart, Logik Bd. 2, § 72, S. 116ff, und insbes. Reininger, Metaphysik der Wirklichkeit, Bd. 1, S. 280ff, Bd. 2, S. 17ff.

[442] Reininger, Metaphysik der Wirklichkeit, Bd. 2, S. 18.

[443] Reininger, Metaphysik der Wirklichkeit, Bd. 1, S. 284, Bd. 2, S. 18.

bezeichnet werden, was überhaupt substantivierbar ist, d. h. was als grammatikalisches Subjekt einer Aussage auftreten kann. Als Subjekt einer Aussage können aber auch solche Ausdrücke auftreten, die ursprünglich verbaler, adjektivischer oder adverbialer Natur sind (z. B. Kauf, Tausch, Dienstbarkeit, Gefahr, Kraft usw.). Auf die philosophische Problematik des Substanzbegriffs, d. h. auf die Frage, wie das Verhältnis der Sache zu ihren Eigenschaften zu denken sei, soll hier nicht eingegangen werden. Sie ist z. T. im begriffsgeschichtlichen Kapitel angedeutet worden und kommt bei der Erörterung des Naturbegriffs noch einmal in den Blick.

Der NdS-Begriff als juristische Denkform unterscheidet sich vom NdS-Begriff als allgemeiner Denkform durch eine Einschränkung des Bereichs der für die Argumentation aus der NdS in Betracht kommenden Sachen. Das folgt daraus, daß die Jurisprudenz als Spezialwissenschaft es nur mit einem spezifischen Gegenstandsbereich zu tun hat. Dieser Gegenstandsbereich bedarf jedoch einer genaueren Betrachtung.

Vor allem ist zwischen dem Gegenstand des Rechts und dem Gegenstand der Rechtswissenschaft zu unterscheiden. Gegenstand des Rechts, genauer: Gegenstand der rechtlichen Regelung, ist das soziale Zusammenleben der Menschen. Dieses stellt den Stoff dar, den das Recht zu formen hat[444]. Radbruch hat die unter diesem Aspekt für die juristische, d. h. eigentlich: rechtspolitische, rechtssoziologische oder naturrechtliche, Argumentation aus der NdS in Betracht kommenden Gegenstände in die oben erwähnten drei Gruppen eingeteilt[445]: die Gruppe der Naturtatsachen, deren Beschaffenheit das Zusammenleben der Menschen beeinflußt, die Gruppe der sozialen Vorformen der Rechtsverhältnisse und die Gruppe des bestehenden Rechts, insofern dieses Gegenstand der Rechtsfortbildung ist. Dieser Einteilung ist nichts hinzuzufügen. Hervorzuheben ist nur, daß von hier aus eine präzise Abgrenzung zwischen dem NdS-Begriff als allgemeiner und als juristischer Denkform nicht möglich erscheint. Denn es ist kaum eine Naturtatsache oder ein soziales Phänomen denkbar, das nicht unter irgendeinem Gesichtspunkt rechtlich relevant werden könnte.

Wesentlich enger wird der Sachbereich, wenn man den Gegenstand der Rechtswissenschaft ins Auge faßt und diese im engeren Sinne als Wissenschaft vom positiven Recht, d. h. als Dogmatik und Rechtstheorie versteht. Gegenstand der so verstandenen Rechtswissenschaft sind aus-

---

[444] Zur Anwendung des Stoff-Form-Gedankens auf das Recht vgl. Radbruch, Rechtsidee und Rechtsstoff, S. 183ff; Rudolf Stammler, Die Lehre vom richtigen Recht, Berlin 1902, S. 216ff.

[445] Vgl. oben § 17.

schließlich geltende Rechtsnormen[446]. Diese scheinen somit als einzige „Sachen" für eine im strengen Sinne rechtswissenschaftliche Argumentation aus der NdS übrig zu bleiben. Damit steht bis zu einem gewissen Grade die im dogmengeschichtlichen Kapitel aufgewiesene Tendenz im Einklang, den Sachbegriff im NdS-Begriff auf rechtliche Institutionen einzuschränken. Denn rechtliche Institutionen sind, wie gleich näher zu zeigen ist, nichts als spezifische Inbegriffe von Rechtsnormen. Definiert man mit Jhering die Tätigkeit der „höheren" Jurisprudenz als Erfassung der einzelnen Rechtsnormen in Institutsbegriffen[447], so erscheinen in der Tat die rechtlichen Institutionen als der eigentliche Gegenstand der Rechtswissenschaft.

In der Eingrenzung des Sachbegriffs auf Institutionen liegt der wichtigste Ansatzpunkt für eine rechtswissenschaftliche Technisierung des Ausdrucks NdS. Der NdS-Begriff tritt damit in den Dienst des institutionellen Denkens. Es erscheint deshalb zweckmäßig, die angedeutete Abstufung im Sachbegriff auch terminologisch kenntlich zu machen und dementsprechend zwischen der NdS im weiteren Sinne (i. w. S.) und im engeren Sinne (i. e. S.) zu unterscheiden. Nach dem bisher Gesagten wäre die NdS i. w. S. dadurch definiert, daß in ihr als Sachen alle rechtlich relevanten Gegenstände (einschließlich der sozialen Vorformen der Rechtsverhältnisse und der rechtlichen Institutionen) auftreten können, während die NdS i. e. S. ausschließlich die Natur rechtlicher Institutionen meint[448].

Indessen bedarf der Begriff der NdS i. e. S. noch einer Korrektur. Denn seine Berechtigung beruht ausschließlich auf der tatsächlichen Verwendung des NdS-Begriffs als institutioneller Denkform. Das institutionelle Rechtsdenken behandelt aber die Institutionen nicht nur als rechtliche, sondern auch als soziale Phänomene. Es zielt, wie Coing formuliert, auf eine „Einheit von Leben und Recht"[449]. Ähnlich heißt

---

[446] Kelsen, Reine Rechtslehre, S. 72.

[447] Geist, Bd. I, S. 36ff; Bd. II, 2, S. 341ff.

[448] Anders terminologisiert Schambeck, NdS, S. 457f, 465; Begriff, S. 38ff. Er bezeichnet als NdS im engeren Sinne die Natur tatsächlicher Gegebenheiten ausschließlich des Menschen, als NdS im weiteren Sinne die Natur tatsächlicher Gegebenheiten einschließlich des Menschen. Die im Text vorgeschlagene Unterscheidung weicht hiervon ab, um den institutionellen Aspekt des NdS-Begriffs besonders hervorzuheben.

[449] Savignys rechtspolitische und methodische Anschauung in ihrer Bedeutung für die gegenwärtige deutsche Rechtswissenschaft, Z. des Bernischen Juristenvereins, Bd. 91 (Bern 1955), S. 239ff, 337; vgl. auch Karl Larenz, Lehrbuch des Schuldrechts, Bd. 1, 3. Aufl. München und Berlin 1958, Vorwort zur 1. Aufl., S. Vf.

es bei Forsthoff, die institutionelle Methode bedeute eine „Eröffnung des Rechts gegenüber der Wirklichkeit als der Realität der gegebenen Zustände, zu welcher ein Denken, welches sich am Gebilde orientiert, zwangsläufig gedrängt wird, weil auch das Gebilde nicht nur eine Verdichtung bestimmter geistiger Gehalte des Rechts, sondern ebensosehr auch ein Stück Wirklichkeit ist"[450].

Gegenstand des institutionellen Denkens sind also nicht nur rechtliche, sondern auch soziale Institutionen. Hieran anknüpfend ist der Begriff der NdS i. e. S. dadurch zu definieren, daß in ihm als Sachen soziale und rechtliche Institutionen dienen. Damit ist die Gruppe der sozialen Vorformen der Rechtsverhältnisse in den engeren Sachbegriff aufgenommen.

Mit dem so verstandenen Begriff der NdS i. e. S. eröffnet sich allerdings die Gefahr des Methodensynkretismus, d. h. die Gefahr einer unzulässigen Vermengung soziologischer und juristischer Begriffe. Dieser Gefahr kann nur durch eine klare Unterscheidung zwischen dem soziologischen und dem juristischen Begriff der Institution begegnet werden.

§ 21

Der juristische und der soziologische Begriff der Institution

Über den Begriff der Institution herrscht bislang weder im juristischen noch im soziologischen Schrifttum Einigkeit[451]. Eine erschöpfende Behandlung des damit angesprochenen Problemkreises ist im Rahmen der vorliegenden Abhandlung nicht möglich. Die folgenden Ausführungen

---

[450] Lehrbuch des Verwaltungsrechts, Bd. 1, § 9, S. 152.

[451] Im zivilistischen Schrifttum werden die Ausdrücke Institution und Rechtsinstitut weithin synonym verwandt, vgl. Esser, Grundsatz und Norm, S. 321. Das gilt teilweise auch für das öffentlich-rechtliche Schrifttum, Beispiele hierfür bei Klein, Institutionelle Garantien, S. 98ff. Nur zum Teil hat sich in letzterem der von C. Schmitt, Aufsätze, S. 149, vorgeschlagene Sprachgebrauch durchgesetzt, Institutionen als spezifisch öffentlichrechtliche Einrichtungen zu verstehen. Vgl. dazu weiter unten im Text. Eine monographische Behandlung des juristischen Institutionsbegriffs liegt im deutschsprachigen Schrifttum noch nicht vor. Der von C. Schmitt, Aufsätze, S. 172, angekündigte Aufsatz Forsthoffs ist bislang nicht erschienen. Zu Haurious Institutionenbegriff s. ebenfalls unten im Text. Die Auseinandersetzung mit dem Begriff der Institution im soziologischen, insbes. im jüngeren amerikanischen Schrifttum ist kaum übersehbar. Vgl. im einzelnen die Angaben bei Leopold v. Wiese, Art. Institution, in: Handwörterbuch der Sozialwissenschaften (HDSW), herausg. von Beckerath, Bd. 5, Stuttgart-Tübingen-Göttingen, 1956, S. 297ff; Gustav René König, Art. Institution, in: Fischer-Lexikon, Bd. 10 (Soziologie), Frankfurt/M. 1958, S. 134ff. Eine Reihe soziologischer Definitionen wird im folgenden Text angegeben; vgl. insbes. unten N 452. S. zum Begriff der Institution neuerdings auch Henkel, Rechtsphilosophie, S. 260ff.

wollen nur als Arbeitshypothese verstanden sein und dienen ausschließlich der Klärung des Sachbegriffs im Begriff der NdS i. e. S.

Weitgehende Einigkeit besteht im juristischen wie im soziologischen Schrifttum darüber, daß Institutionen spezifische Normeninbegriffe sind[452]. Umstritten ist das spezifizierende Kriterium. Sowohl dieser Streit

[452] Das gilt zunächst für den Begriff des Rechtsinstituts. Vgl. Enneccerus-Nipperdey, § 71 II, S. 428: „Als Rechtsinstitute bezeichnet man den Inbegriff der auf die Rechtsverhältnisse einer bestimmten Art bezüglichen Rechtsvorschriften". Sachlich übereinstimmend hiermit Heinrich Lehmann, Allgemeiner Teil des Bürgerlichen Gesetzbuches, 14. Aufl. Berlin 1963, § 10 II 3, S. 70. Ferner: Eichhorn, Einleitung, S. 118: „Zu einem Institut werden hier alle Rechtsbestimmungen gerechnet, welche von denselben leitenden Prinzipien abhängen". Fr. J. Stahl, Die Philosophie des Rechts, Bd. II, 1, 4. Aufl. Heidelberg 1870, S. 293: Rechtsinstitute sind „Komplexe von Thatsachen und thatsächlichen Beziehungen und ihren rechtlichen Normen, die sämmtlich durch die Einheit der ihnen innewohnenden Bestimmung (telos) ein unauflösliches Ganzes bilden". Stammler, Theorie der Rechtswissenschaft, S. 203: „Der Inbegriff der für verschiedene Rechtssätze gemeinsamen und in ihnen bleibend enthaltenen Rechtsverhältnisse heißt eine Rechtseinrichtung oder ein Rechtsinstitut". C. Schmitt, Aufsätze, S. 215, spricht von „Rechtsinstituten im Sinne von typischen, traditionell feststehenden Normenkomplexen". Schmitts und Elluls Definitionen des Institutionenbegriffs s. im Text. Vgl. auch die instruktiven Ausführungen zum Begriff der Institution des Berufsbeamtentums in dem Beschluß des BVerfG v. 19. 2. 1957, JZ 1957, S. 250 (254, 255). — Aus dem soziologischen Schrifttum seien folgende Definitionen angeführt: Leopold v. Wiese, System der allgemeinen Soziologie, 2. Aufl. München und Leipzig 1933, S. 331: „Unter einer Institution verstehe ich einen Komplex von zwischenmenschlichen Beziehungsformen, die für längere Dauer bestimmt sind und den Zweck haben, den Zusammenhang von Menschen und Menschengruppen in einem Gebilde im Interesse der Festigung des Gebildes aufrechtzuerhalten". Morris Ginsberg, Sociology, London-New York-Toronto 1934, S. 42: Institutions „may be described as regocnized and established usages governing the relations between individuals or groups". George A. Lundberg, Foundations of Sociology, New York 1939, S. 182: „Institutions are the most stable, uniform, formal, and general of the group behavior patterns. They are frequently merely the formal arganization of mores". E. A. Ross, New-Age Sociology, New York 1940, S. 436: „Social institutions are sets of organized human relationships established or sanctioned by the common will". R. M. MacIver und Charles H. Page, Society, New York 1947, S. 15: institutions are „established forms of procedure". Don Martindale und E. D. Monachesi, Elements of Sociology, New York 1951, S. 384: „Social institutions are those relations (which to the agent appear as principles or rules of action), which may be found to hold within or between social groups and which are basic to the social actions which accour". E. K. Francis, Soziologisches Denken, München 1957, S. 43, versteht unter einer Institution „jede dauerhafte Ordnung ..., nach welcher Handlungen innerhalb eines gegebenen Sozialgebildes aktiviert zu werden pflegen", und ergänzt: „Unter institutionalisiertem Verhalten versteht man das kulturellen Formen entsprechende und sich dauernd wieder-

als auch der schwankende Sprachgebrauch deuten darauf hin, daß der Ausdruck Institution einen (offenen) Typusbegriff, d. h. einen Begriff mit fließenden Grenzen bezeichnet[453].

Im Rahmen der vorliegenden Abhandlung soll von folgender Definition ausgegangen werden: Institutionen sind vorgegebene Normeninbegriffe zur Regelung sozialtypischer (= durchschnittstypischer) Interessenkonstellationen. Dieser Satz beschreibt vermöge einer Zweideutigkeit des Ausdrucks Norm sowohl den juristischen als auch den soziologischen Institutionenbegriff. Löst man die Zweideutigkeit auf, so ergeben sich zwei Definitionen: *rechtliche Institutionen* (oder Rechtsinstitute) sind vorgegebene Inbegriffe von Rechtsnormen zur Regelung sozialtypischer Interessenkonstellationen; *soziale Institutionen* sind vorgegebene Inbegriffe von Sozialnormen zur Regelung sozialtypischer Interessenkonstellationen.

Sozialnormen sind sozial geltende Normen, d. h. empirische Verhaltensregelmäßigkeiten (statistische Normen), die gesellschaftlich durch die mehr oder weniger intensive Mißbilligung abweichenden Verhaltens sanktioniert sind[454]. Dadurch, daß verschiedene Arten und Grade der Mißbilligung beobachtbar sind, erweist sich der Begriff der sozialen Geltung als Typusbegriff. Dieser Charakter teilt sich dem Begriff der Sozialnorm und dadurch dem Begriff der sozialen Institution mit. Soziale Institutionen können daher durch verschiedenartige Verhaltensregelmäßigkeiten (Gewohnheit, Brauch, Sitte, Konvention, Usance usw.) konstituiert sein[455].

Rechtsnormen sind rechtlich geltende Normen. Die rechtliche Geltung beruht auf der Ableitbarkeit einer Einzelnorm aus einem obersten normativen Geltungsgrund, einer Grundnorm[456]. Rechtsnormen drücken

---

holende Verhalten von in Gruppen zusammengefaßten Menschen". Weitere soziologische Definitionen von Green und Parsons folgen im Text. Vgl. zum soziologischen Begriff der Institution auch Hans Freyer, Theorie des gegenwärtigen Zeitalters, S. 51—53, 59, 97, 99, 157.

[453] Zur logischen Struktur des Typusbegriffs vgl. Hans J. Wolff, Typen im Recht, S. 198ff; Larenz, Methodenlehre, S. 343ff.

[454] Vgl. dazu etwa Max Weber, Wirtschaft und Gesellschaft, S. 15ff; Radbruch, Rechtsphilosophie, S. 142ff; Max Ernst Mayer, Rechtsnormen und Kulturnormen, S. 17; Rechtsphilosophie, S. 38. Mayer verwendet statt des Ausdrucks Sozialnorm den Ausdruck „Kulturnorm". Im Text wird die erstere Bezeichnung vorgezogen, um einerseits den mehrdeutigen Ausdruck „Kultur" zu vermeiden und andererseits das Merkmal der sozialen Geltung hervorzuheben.

[455] Die Terminologie ist im einzelnen streitig. Vgl. Max Weber und Radbruch a. a. O.

[456] Vgl. Kelsen, Reine Rechtslehre, S. 7ff.

also ein Sollen, Sozialnormen ein Sein aus[457]. Inhaltlich überschneiden sich beide Normenkomplexe, da zum Begriff der rechtlichen Geltung außer der Ableitbarkeit aus der Grundnorm ein gewisses Minimum an sozialer Wirksamkeit gehört[458]. Soweit Rechtsnormen tatsächlich befolgt werden, sind sie zugleich Sozialnormen. In soziologischer Betrachtungsweise unterscheiden sie sich von anderen Sozialnormen lediglich durch ihre spezifisch staatliche Sanktion, durch die „Existenz eines Erzwingungsstabes"[459].

Der inhaltlichen Überschneidung beider Normenarten entspricht die Tatsache, daß es weitgehend die gleichen Phänomene sind, die von den Juristen und den Soziologen, wenngleich unter verschiedenem Aspekt, als Institutionen bezeichnet werden. Es gibt aber auch reine Brauchtumsinstitutionen, die rechtlich irrelevant sind und denen keine rechtlichen Institutionen korrespondieren[460]. Daher definiert Arnold W. Green die soziale Institution als „organization of several folkways and mores (and most often, but not necessarily, laws) into a unit which serves a number of social functions"[461]. Andererseits muß wegen des erwähnten Effiziensminimums für jede rechtliche Institution ein soziales Korrelat aufweisbar sein, gleichgültig, ob es noch oder auch Gegenstand gesellschaftswissenschaftlicher Begriffsbildung ist. Soweit im folgenden von „dem" Institutionenbegriff gesprochen wird, ist damit der Oberbegriff gemeint, der sowohl den juristischen wie den soziologischen Institutionenbegriff umfaßt.

Ein Normen*inbegriff* ist eine zusammengehörige Summe von Normen. Hinsichtlich der Anzahl der Normen, die den Inbegriff bilden, sind wiederum verschiedene Abstufungen möglich. Auch insoweit kommt dem Institutionenbegriff die logische Natur eines Typusbegriffs zu. Daraus folgt, daß die einzelne, einen Interessenkonflikt selbständig regelnde Norm einen Grenzfall des Institutionenbegriffs darstellt[462]. Den Grenzfall nach der anderen Seite bildet (für den juristischen Institutionenbegriff) der Staat oder eine überstaatliche Rechtsordnung als Inbegriff aller Rechtsnormen, deren Geltung auf eine einheitliche Grundnorm zurückgeführt werden kann[463] und die die Gesamtheit der rechtlich

---

[457] Vgl. zu dieser Zweideutigkeit des Ausdrucks Norm auch M. E. Mayer, Rechtsphilosophie, S. 38.

[458] Kelsen, Reine Rechtslehre, S. 10, 48, 91f, 215ff.

[459] Max Weber, Wirtschaft und Gesellschaft, S. 18.

[460] Einzelne Beispiele s. bei Freyer, Theorie des gegenwärtigen Zeitalters, S. 51 ff.

[461] Sociology, New York-Toronto-London 1952, S. 79.

[462] So unterfällt für Hauriou, Précis, S. 75f, auch die einzelne „règle de droit coutumière" dem Institutionenbegriff.

[463] Zur Grundnorm als Einheitskonstituante vgl. Kelsen, Reine Rechtslehre, S. 196, 209.

relevanten Interessenkollisionen innerhalb eines bestimmten räumlichen und zeitlichen Bereichs zu regeln beanspruchen. Die folgende Betrachtung geht nicht von den Grenzfällen, sondern von den zwischen ihnen liegenden „typischen“ Institutionen aus.

Die Zusammengehörigkeit des Normeninbegriffs wird, wenn man vom Grenzfall des Staates absieht, wo die Grundnorm als Einheitskonstituante fungieren kann, durch seine Bezogenheit auf eine sozialtypische (= durchschnittstypische) Interessenkonstellation gestiftet. Von der Konstanz solcher Konstellationen hängt der historische Bestand einer Institution ab[464]. Die Bewertung der dabei im einzelnen auftretenden, teils kollidierenden, teils konvergierenden Interessen richtet sich nach den Vorstellungen, die der Gesetzgeber, der Richter oder die Sozialpartner von den Zwecken und Ordnungsaufgaben des menschlichen Zusammenlebens haben. Daraus erklären sich die zweckbestimmten Definitionen des Institutionenbegriffs. Für den soziologischen Institutionenbegriff sei hier an die bereits zitierte Definition Greens erinnert. Im Bereich der Rechtswissenschaft definiert Jacques Ellul: „Unter einer ‚Institution‘ versteht man in der Regel ein organisches Gefüge von rechtlichen Vorschriften, das auf ein einheitliches Ziel ausgerichtet ist, ein beständiges und vom menschlichen Willen unabhängiges Ganzes bildet und sich dem Menschen unter bestimmten Verhältnissen verpflichtend auferlegt“[465].

Die Definition Elluls bringt auch das Merkmal der Vorgegebenheit des Normeninbegriffs zum Ausdruck[466]. Streng genommen ist dieses ein aus dem Begriff der (allgemeinen) Norm folgendes und insofern konsekutives Merkmal, das nichts anderes als die Tatsache der Normunterworfenheit hervorhebt. Trotzdem erscheint es zweckmäßig, dieses Merkmal in der Definition des Institutionenbegriffs ausdrücklich zu nennen. Denn es schließt den einzelnen, von zwei Personen geschlossenen Vertrag, der aus einer Summe individueller Normen besteht und dessen Inhalt vom Willen der Einzelpersonen abhängt, vom Begriff der Institution aus. Ein wesentliches Merkmal der Institution ist dagegen, daß sie der einzelmenschlichen Willkür entzogen und unverfügbar ist. Aber auch dieses Merkmal enthält eine Reihe von Abstufungen. Zunächst ist jeder Mensch schon durch seine Geburt bestimmten Institutionen eingeordnet, z. B. der Familie, der Gemeinde, dem Staat. Andere Institutionen stehen als

---

[464] Vgl. aber auch das Phänomen des Zweckwandels von Institutionen; dazu Georg Jellinek, Allg. Staatslehre, 3. Aufl. (6. Neudruck) Darmstadt 1959, S. 43ff; Esser, Grundsatz und Norm, S. 147, 264, 324ff.

[465] Die theologische Begründung des Rechts, dt. Ausgabe, München 1948, S. 56f.

[466] Dazu insbes. Dombois, Institutionen, S. 55ff.

hypothetisch zwingende Ordnungsformen bereit, deren man sich bedienen muß, wenn man bestimmte Interessen befriedigen will (Ehe, Kirche, Interessenverbände, sachenrechtliche Institute). „Es steht mir frei", formuliert Hans Dombois, „zu heiraten oder in eine Handelsgesellschaft einzutreten. Aber die damit typisch, d. h. institutionell verknüpften Verbindlichkeiten vermag ich nicht abzuwälzen oder auszuschließen"[467]. Wieder andere Institutionen sind dispositiv bereitstehende Normenkomplexe, die man zwar weitgehend modifizieren kann, deren Normen der Einzelne bei fehlender abweichender Vereinbarung jedoch willensunabhängig (bzw. vermöge der Fiktion eines präsumtiven Parteiwillens) unterworfen ist[468].

Bedient man sich vorgegebener Ordnungsformen oder tritt man in sie ein, so übernimmt man eine soziale oder rechtliche Rolle bzw. einen Status. Auf den Zusammenhang des Statusbegriffs mit dem Institutionenbegriff, den schon die sprachliche Verwandtschaft andeutet (instituere = in einen Status versetzen), hat im rechtstheologischen Bereich insbesondere Hans Dombois aufmerksam gemacht[469]. Im soziologischen Schrifttum hat vor allem Talcott Parsons diesen Aspekt herausgearbeitet[470]. Er definiert: „An institution will be said to be a complex of institutionalized role integrates (N. 9: or status-relationships) which is of strategic structural significance in the social system in question"[471].

Hinzuweisen ist noch darauf, daß auch Organisationen (Vereine, Gesellschaften, Körperschaften, Anstalten, Stiftungen) der vorgeschlagenen Definition des Institutionenbegriffs unterfallen. Alle Organisationen können unter faktischem und unter normativem Aspekt definiert werden. Faktisch sind sie, wie Hans J. Wolff formuliert, „der Inbegriff der in wechselseitigen sozialen Beziehungen zueinander stehenden Menschen, insofern diese zur Wahrnehmung gewisser gemeinsamer Angelegenheiten zu einer durch funktionsteilige Organe (Wirkglieder) handelnden Einheit verbunden sind", normativ: „das System der diese Beziehungen regelnden Rechtssätze"[472]. Dieser normative Aspekt recht-

---

[467] Institutionen, S. 57.

[468] Vgl. Dombois, Institutionen, S. 56: „Nicht die Summe der rechtsgeschäftlichen Willensinhalte, sondern die Typizität des Aktes bestimmt den Erfolg". Vgl. dazu auch Reinhold Schmids Lehre von der NdS, oben § 12, S. 47.

[469] Dombois, Institutionen, S. 55ff. Vgl. auch Maihofers Begriffe der „Rolle" und des „Alsseins". Recht und Sein, S. 101ff, 114ff; s. o. § 19, S. 80.

[470] The social System, London 1952, S. 36ff.

[471] a. a. O., S. 39. Vgl. dort auch vorher (ebenfalls S. 39): „The institutionalization of a set of role-exspectations and of the corresponding sanctions is clearly a matter of degree".

[472] Verwaltungsrecht, Bd. II, § 71 I a, S. 2. Vgl. dort auch zur Mehrstufig-

fertigt die Einbeziehungen der Organisationen in den Institutionenbegriff[473]. Im Hinblick auf die Verschiedenheit der einfachen Institutionen (wie Kauf, Tausch, Enteignung usw.) und der Organisationen kann man mit Hariou zwischen dinglichen und korporativen Institutionen unterscheiden[474]. Das spezifizierende Merkmal des eine korporative Institution konstituierenden Normenkomplexes besteht darin, daß er im engeren Sinne organisatorische Normen enthält, d. h. Normen, die die Berufung und Zuständigkeit von Organen regeln[475] [476].

Maurice Hauriou, der Begründer der französischen Institutionentheorie, erblickt das Wesen der Institutionen in einer „idée objektive transformée en une œuvre sociale par un fondateur"[477]. Eine nähere Auseinandersetzung mit dieser Theorie ist im Rahmen der vorliegenden Abhandlung weder erforderlich noch möglich. Zur Erklärung des Ver-

---

keit des Begriffs der Organisation. Im Text wird der Ausdruck Organisation im weitesten Sinne verwandt.

[473] Vgl. Kelsen, Reine Rechtslehre, S. 154: „Die Gemeinschaft besteht in der das Verhalten einer Mehrzahl von Individuen regelnden normativen Ordnung".

[474] La Théorie de l'institution, S. 10.

[475] Vgl. Hans J. Wolff, Verwaltungsrecht, Bd. II, § 71 Ib, S. 2. Hariou erblickt das unterscheidende Merkmal in der Personifizierbarkeit einer Institution, vgl. La Théorie de l'institution, S. 10ff.

[476] Im Gegensatz zum juristischen und zum überwiegenden älteren soziologischen Begriffsgebrauch bemüht sich das neuere soziologische Schrifttum im allgemeinen um eine scharfe begriffliche Trennung von Institution und Assoziation. Vgl. Leopold v. Wiese, Art. Institution, in: HDSW (oben Note 451) Bd. 5, S. 297ff; Gustav René König, Art. Institution, in: Fischer-Lexikon, Bd. 10 (oben N. 451), S. 135, 136. Als unterscheidendes Kriterium wird vor allem das Merkmal der Mitgliedschaft hervorgehoben: „We belong to associations, but not to institutions", MacIver-Page (oben Note 452), S. 16. Trotz dieses Unterschiedes dürften aber keine Bedenken dagegen bestehen, auch Assoziationen unter normativem Aspekt als Institutionen, freilich als eine besondere Art derselben, zu bezeichnen. So auch E. A. Ross, a. a. O. (oben Note 452), S. 436ff, und L. v. Wiese, System (oben Note 452), S. 330ff.

[477] Précis, S. 76; vgl. dort auch S. 75, wo als Institution „tout élément de la société dont la durée ne depend pas de la volonté subjective d'individus déterminés" bezeichnet wird. Ferner La Théorie de l'institution, S. 10: „une institution est une idée d'œuvre ou d'entreprise qui se réalise et dure juridiquement dans un milieu social; pour la réalisation de cette idée, un pouvoir s'organise qui lui procure des organes; d'autre part, entre les membres du groupe social intéressé à la réalisation de l'idée, il se produit des manifestations de communion dirigées par les organes du pouvoir et réglées par des procédures". Zur Darstellung des Hauriouschen Lehre von der Institution vgl. Victor Leontowitsch, Die Theorie der Institution bei Maurice Hauriou, ARSP Bd. 29 (1935/36), S. 363ff, Bd. 30 (1936/37), S. 202ff; Hans J. Wolff, Organschaft, Bd. I, S. 253—255, 259—261 (kritisch).

hältnisses der vorstehenden Ausführungen zur Haurióuschen Definition des Institutionenbegriffs sei nur darauf hingewiesen, daß — abgesehen von der Vieldeutigkeit und philosophischen Belastung des Ausdrucks „Idee" — das Problem dieser Definition in der Unbestimmtheit des Begriffs „œuvre sociale" liegt. Die hier vorgeschlagene Definition versucht, den Institutionenbegriff nicht von der Idee, sondern eben von dem „sozialen Werk" her zu erfassen und dieses als spezifischen Normeninbegriff zu präzisieren.

Einer Rechtfertigung bedarf schließlich noch die Abweichung von dem von Carl Schmitt angeregten Sprachgebrauch. Danach sollen nur „formierte und organisierte und daher umgrenzbare und unterscheidbare Einrichtungen öffentlich-rechtlichen Charakters" Institutionen heißen, während privatrechtlichen Institutionen der Ausdruck Rechtsinstitut vorbehalten bleibt[478]. Ein solcher Sprachgebrauch ist eine Frage der Zweckmäßigkeit. Diese ist zu verneinen. Denn die Bedeutsamkeit des Institutionenbegriffs für die Jurisprudenz liegt darin, daß er den Grundbegriff des institutionellen Rechtsdenkens bzw. der institutionellen Methode darstellt. Die institutionelle Methode ist jedoch nicht auf das öffentliche Recht beschränkt, sondern in allen Rechtsgebieten anwendbar. Sie argumentiert ebenso aus dem Wesen privatrechtlicher wie öffentlichrechtlicher Normeninbegriffe. Daher hat sich auch die von Carl Schmitt vorgeschlagene Terminologie gerade bei den Vertretern des institutionellen Rechtsdenkens nicht durchzusetzen vermocht. So kennzeichnet Forsthoff die institutionelle Methode als ein „Denken in Rechtsinstituten" und fügt hinzu: „für die Gebilde in der Sphäre des öffentlichen Rechts ist der Ausdruck Institution zur Vorherrschaft gekommen, ohne daß damit eine sachliche Verschiedenheit bezeichnet werden soll"[479] [480].

Damit ist der Sachbegriff im engeren NdS-Begriff für die Zwecke dieser Abhandlung hinreichend umschrieben. Im folgenden gilt es, die aus den verschiedenen Bedeutungen des Ausdrucks „Natur" sich ergebenden Differenzierungen im NdS-Begriff darzustellen. Bei dieser Darstellung soll wiederum vom NdS-Begriff als allgemeiner Denkform ausgegangen werden. Um terminologische Schwerfälligkeiten zu vermeiden, werden die den NdS-Begriff als juristische Denkform betreffenden Zusätze i. w. S.

---

[478] Aufsätze, S. 159, 215.

[479] Lehrbuch des Verwaltungsrechts, Bd. I, § 9, S. 152.

[480] Neuerdings hat Welzel, Naturrecht, S. 244 N. 12, vorgeschlagen, den Begriff der Institution auf solche Sozialeinheiten zu begrenzen, denen existentielle Unentbehrlichkeit und unbedingter Verpflichtungscharakter wesentlich sind. Auch gegen diese Sprachregelung sind jedoch die im obigen Text ausgeführten Bedenken zu erheben.

und i. e. S. nur dort angewandt, wo es zur besonderen Verdeutlichung erforderlich erscheint. Wenn also einfach von der NdS die Rede ist, so sind damit die NdS als allgemeine Denkform oder die NdS i. w. S. gemeint. Im übrigen hat man sich zu vergegenwärtigen, daß die NdS i. w. S. nichts als den rechtlich relevanten Aspekt der NdS als allgemeiner Denkform darstellt.

§ 22

Die logische und die reale NdS

Der Naturbegriff im NdS-Begriff darf nicht isoliert, sondern nur in seiner Verknüpfung mit dem Sachbegriff betrachtet werden. Daraus ergibt sich, daß das Wort „Natur" hier nicht im materialen Sinne (als spezifische Summe von Dingen), sondern im formalen Sinne (als spezifische Beschaffenheit eines Dinges) verstanden sein will.

Der Ausdruck „Beschaffenheit" überhaupt bezeichnet den Inbegriff aller Merkmale, die einem Gegenstand zukommen. Eine spezifische Beschaffenheit ist daher ein spezifischer Inbegriff von Merkmalen (im Grenzfall ein Merkmal) eines Gegenstandes. Die Frage nach der Natur oder der natürlichen Beschaffenheit einer Sache bestimmt sich somit als Frage nach dem spezifizierenden Kriterium, durch das „natürliche" von „nichtnatürlichen" Merkmalen geschieden werden.

Der Sprachgebrauch des täglichen Lebens versteht unter natürlichen Merkmalen solche, die einem Gegenstand normalerweise oder regelmäßig zukommen[481]. Regelmäßige Merkmale sind ihrer Definition nach zugleich beharrliche Merkmale. Daraus erklärt sich die im allgemeinen wie im wissenschaftlichen Sprachgebrauch durchgängig zu beobachtende Synonymität der Ausdrücke „Natur" und „Wesen" einer Sache[482]. Denn der Ausdruck „Wesen" meint seinem Wortsinn nach eben das Beharrliche, Dauernde, Währende im Gegensatz zum Flüchtigen, Vorübergehenden, Wechselnden (Wesen im verbalen Sinne von anwesen-sein, entsprechend essentia von esse)[483].

Das Wesen einer Sache kann auch definiert werden als Inbegriff der notwendigen oder konstitutiven Merkmale der Sache, d. h. der Merkmale,

---

[481] Zur wissenschaftlichen Problematik dieses Kriteriums vgl. die Bemerkungen Humes oben § 7, S. 23f.

[482] Kants modale Unterscheidung zwischen der Natur und dem Wesen einer Sache (s. o. § 8 Note 153) hat sich, soweit ersichtlich, nicht durchgesetzt.

[483] Rudolf Stammler, Die Lehre vom richtigen Recht, Berlin 1902, S. 95, definiert: „Das Wesen eines Gegenstandes ist aber — nach guter alter Formel — die Einheit der bleibenden Bestimmungen". Zur Erläuterung dieser Formel vgl. auch Carl Stumpf, Erkenntnislehre, Bd. 1, Leipzig 1939, S. 15ff.

ohne die die Sache aufhört zu sein, was sie ist[484]. Damit ist aber die Frage, welche Merkmale wesentlich oder notwendig oder konstitutiv sind, nur formal beantwortet. Inhaltlich ist das Problem auf den Sachbegriff verschoben. Denn um zu wissen, welche Merkmale eine Sache konstituieren, muß die „Sache“, um deren Wesen es sich handelt, bereits bekannt sein.

Es zeigt sich hier der schon im begriffsgeschichtlichen Kapitel aufgewiesene Sachverhalt, daß die Frage nach der Natur oder dem Wesen eines Gegenstandes nicht abgelöst von der menschlichen Erkenntnisfähigkeit beantwortet werden kann. Darin liegt der Grund für die Abhängigkeit des NdS-Begriffs von erkenntnistheoretischen und methodologischen Standpunkten und Prämissen.

Setzt man jedoch den Erkenntnisprozeß als abgeschlossen voraus, so ist unabhängig von allen erkenntnistheoretischen Prämissen eine allgemeine, obgleich formale und relative (nämlich vom jeweiligen Stand der Begriffsbildung abhängige) Bestimmung der NdS möglich: ihre Erfassung als logische NdS, d. h. als Begriff oder genauer: als Inhalt des Begriffs einer Sache. Die logische NdS ist identisch mit dem logischen Wesen[485]. Sie bezeichnet den Inbegriff der Merkmale, die den Begriff einer Sache bilden (analytische Merkmale)[486]. Sie steht formal im Gegensatz zur realen NdS oder zum realen Wesen als der „wirklichen“ Beschaffenheit des (bewußtseinstranszendenten) Gegenstandes, mit dem sie allerdings, sofern der Begriff nicht aus methodologischen oder praktischen Gründen absichtlich unter Abweichung von der Wirklichkeit gebildet ist, inhaltlich übereinzustimmen beansprucht.

Die Bestimmung der NdS als logische NdS erklärt, warum der Argumentation aus der NdS vielfach der Charakter einer Selbstverständlichkeit anhaftet. Der Grund hierfür liegt darin, daß die auf die logische NdS gestützten Urteile analytisch, definitorisch und daher tautologisch sind[487]. Sagt man etwa, es liege in der NdS, daß zwei Parallelen sich nicht

---

[484] Vgl. Kant, Logik, Einl. Abschn. VIII, A 89, W. III, S. 488; Sigwart, Logik, Bd. 1, S. 264; Lotze, Logik, § 124, S. 151; Gustav Siewerth, Definition und Intuition, in: Studium generale, Bd. 9 (1956), S. 581.

[485] Zur Problematik des logischen Wesens vgl. insbes. Benno Erdmann, Logik, Bd. 1, 2. Aufl. Halle 1907, § 165, S. 196, S. 187f.

[486] Kant, Logik, Einl. Abschn. VIII, A 86, W. III, S. 486.

[487] Die Ausdrücke definitorisch und tautologisch werden im logischen Positivismus der Gegenwart synonym verwandt; vgl. Schlick, Gibt es ein materiales Apriori?, in: Aufsätze, S. 25 u. öfter; Ludwig Wittgenstein, Tractatus logico-philosophicus, 6. 1, 6. 11, Schriften, S. 67. Etwas enger ist der Begriff der Tautologie bei Kant gefaßt, vgl. Logik, §§ 37, 39, W. III, S. 542, 544. Danach liegt eine Tautologie nur dann vor, wenn die Identität der Begriffe in analytischen Urteilen eine ausdrückliche ist (z. B.: Der Mensch ist ein Mensch).

schneiden können, so ist das selbstverständlich, denn Parallelen sind dadurch definiert, Geraden zu sein, die einander nicht schneiden.

Der logische NdS-Begriff gibt auch den Erklärungsgrund für die Bedeutung des Ausdrucks „Doppelnatur“[488]. Man spricht einem Gegenstand eine Doppelnatur zu, wenn sein Begriff an zwei verschiedenen Stellen in ein bestehendes pyramidisches Begriffssystem eingeordnet werden kann. Das gilt im Bereich der Rechtswissenschaft etwa für die Zwangshypothek, deren Eintragung sowohl eine Maßnahme der freiwilligen Gerichtsbarkeit als auch eine Maßnahme der Zwangsvollstreckung ist[489].

Auf die logische NdS zielen die Einwendungen, die Engisch und Scheuner gegen die Lehre von den sachlogischen Strukturen erhoben haben[490]. Ihr Grundgedanke besteht darin, daß es sich bei den sachlogischen um begriffliche Strukturen handle. Stratenwerth hat demgegenüber geltend gemacht, daß die sachlogischen Strukturen als Sachstrukturen, d. h. als reale NdS verstanden sein wollen[491]. Diese Kontroverse führt bereits auf das Problem der inhaltlichen Entsprechung von logischer und realer NdS und damit auf die Theorie der Begriffsbildung überhaupt. Vorweg kann jedoch festgestellt werden, daß der Argumentation aus der NdS (oder aus den sachlogischen Strukturen) häufig ein Schwanken zwischen der logischen und der realen Sphäre eigentümlich ist. Denn jede sprachliche Argumentation geht unvermeidlich von bestehenden Begriffen aus. Manche auf die NdS gestützten Urteile sind falsch, weil der Urteilende zwar meint, etwas über die Sache selbst auszusagen, während er in Wahrheit nur einen falschen, d. h. unrichtig oder unzweckmäßig gebildeten Begriff von ihr hat. Sagt man etwa, es liege im Wesen des Naturrechts, daß es zeitlosen Gültigkeitsanspruch erhebe[492], so fragt sich, ob der dieser Aussage zugrunde liegende NdS-Begriff in Anbetracht der heutigen Bemühungen um die Erarbeitung eines „beweglichen“ Naturrechts[493] noch angemessen definiert ist.

In der Regel zielt die Argumentation aus der NdS jedoch nicht auf den Begriff, sondern auf die Sache selbst, d. h. auf die reale NdS. Im

---

488 Vgl. dazu die Glosse „Doppelnaturen“ von Marloh in: JZ 1955, S. 761.

489 Vgl. Baumbach-Lauterbach, Komm. z. ZPO, 23. Aufl. München und Berlin 1954, § 867 Anm. 1.

490 Engisch, Idee, S. 120; Scheuner, Recht und Gerechtigkeit in der deutschen Rechtslehre der Gegenwart, in: Recht und Institution, hrsg. v. Dombois, Witten 1956, S. 36, 45.

491 NdS, S. 10; Stratenwerth verwendet hier allerdings auch den Begriff des „idealen Seins“. Zu dessen Problematik vgl. oben § 16, S. 64ff.

492 So z. B. Ernst Forsthoff, Recht und Sprache, Halle 1940, S. 15.

493 Arthur Kaufmann, Naturrecht und Geschichtlichkeit, Tübingen 1957 (Recht und Staat, Heft 197), S. 8ff; Klenner-Schöneburg, Vom ewigen zum beweglichen Naturrecht, S. 3ff.

Verhältnis der logischen zur realen NdS liegt die erkenntnistheoretische Problematik des NdS-Begriffs. Um die aus ihr folgende Vieldeutigkeit des Ausdrucks NdS systematisch in den Blick zu bekommen, hat man sich dem Vorgang der Begriffsbildung zuzuwenden. Ziel aller Begriffsbildung ist Erkenntnis. Ziel aller Erkenntnis ist erstens die Ermittlung und begriffliche Formulierung dessen, was ist (theoretische Erkenntnis), zweitens die Ermittlung und begriffliche Formulierung dessen, was sein soll (praktische Erkenntnis)[494]. Dementsprechend kann zwischen theoretischen und praktischen NdS-Begriffen unterschieden werden. Die ersteren meinen die Seinsbeschaffenheit, die letzteren die Sollbeschaffenheit eines Gegenstandes.

Der Unterschied zwischen Seins- und Sollbeschaffenheit ist ein Unterschied der Modalität[495]. Logisch kann jede Seinsbeschaffenheit zugleich als gesollt, d. h. als Inhalt einer Sollbeschaffenheit gedacht werden. Daher sind die theoretischen und die praktischen NdS-Begriffe zum Teil inhaltlich identisch. Ob eine Seinsbeschaffenheit jedoch tatsächlich gesollt ist, läßt sich nicht durch theoretische, sondern allein durch praktische Erkenntnis ermitteln[496].

Innerhalb der theoretischen NdS-Begriffe ist wiederum zwischen empirisch-theoretischen und metaphysisch-theoretischen zu unterscheiden. In den empirisch-theoretischen NdS-Begriffen meint der Ausdruck „Natur" einen Inbegriff von Merkmalen (im Grenzfall ein Merkmal), die einem Gegenstand durch synthetische Urteile a posteriori zugeordnet sind. In den metaphysisch-theoretischen NdS-Begriffen bezeichnet das Wort „Natur" einen Inbegriff von Merkmalen (im Grenzfall ein Merkmal), die einem Gegenstand durch synthetische Urteile a priori zugeordnet sind.

Innerhalb der praktischen NdS-Begriffe ist zwischen technisch-praktischen und objektiv-praktischen zu unterscheiden. Im technisch-praktischen NdS-Begriff meint der Ausdruck „Natur" einen Inbegriff von Merkmalen (im Grenzfall ein Merkmal), die einem Gegenstand unter

---

[494] Vgl. Kant, Kr. d. r. V., B 868, W. II, S. 701; Kr. d. U., Einl. B XIff, W. V, S. 242ff.

[495] Vgl. Kelsen, Reine Rechtslehre, S. 6; N. Hartmann, Ethik, S. 215ff.

[496] In modaler Hinsicht können neben die Seins- (= Ist-) und die Sollbeschaffenheit noch die Kann- und die Mußbeschaffenheit eines Gegenstandes gestellt werden. Die letztere ist lediglich ein Spezialfall der Istbeschaffenheit. Denn was notwendig ist, ist stets auch wirklich. Die Kannbeschaffenheit ist eine logische Voraussetzung für die Denkform der Sollbeschaffenheit. Denn Inhalt eines Sollens kann nur sein, was überhaupt möglich ist. Die Vorstellung der Kannbeschaffenheit kommt deshalb im Rahmen der praktischen NdS-Begriffe in den Blick.

dem Gesichtspunkt der Mittel-Zweck-Relation, d. h. durch technische oder „unechte“ Sollenssätze[497] zugeordnet sind. In den objektiv-praktischen NdS-Begriffen bezeichnet das Wort „Natur“ einen Inbegriff von Merkmalen (im Grenzfall ein Merkmal), die einem Gegenstand durch objektive oder „echte“ Sollenssätze zugeordnet sind.

Das vorstehend umrissene System der NdS-Begriffe ist im folgenden näher zu erläutern[498].

§ 23

Die empirisch-theoretischen NdS-Begriffe

Die empirisch-theoretischen NdS-Begriffe (im folgenden einfach empirische NdS-Begriffe genannt) sind ausschließlich auf der Grundlage des erkenntnistheoretischen Empirismus gebildet. Zu ihrer Definition bedarf es nicht der Heranziehung apriorischer Prämissen.

Hervorstechendes Kennzeichen der empirischen NdS-Begriffe ist ihre erkenntnistheoretisch bedingte Relativität. Sie folgt, wie im begriffsgeschichtlichen Kapitel gezeigt[499], aus der Relativität des empirischen Sach- (Ding-, Gegenstands-) Begriffs, die wiederum eine Konsequenz der empirischen Auflösung des metaphysischen Substanz- und Wesensbegriffs ist. Die Definitionen des empirischen Sach- und des allgemeinen empirischen NdS-Begriffs lauten daher gleich. Beide können als Inbegriff von Merkmalen (im Grenzfall ein Merkmal) umschrieben werden, die sich aus dem Sinnenmaterial unter einem subjektiv bestimmten Gesichtspunkt als wichtig herausheben[500].

Hauptstabilisierungsfaktor der empirischen NdS ist die empirische Begriffsbildung. Durch sie wird die empirische NdS zur logischen NdS verfestigt. Dabei meint die logische NdS hier das logische Wesen empirischer Begriffe[501]. Die einzelnen Arten der empirischen NdS-Begriffe entsprechen den verschiedenen Methoden der empirischen Begriffsbildung.

Die allgemeine Methode der empirischen Begriffsbildung ist die empirisch-vergleichende Abstraktion[502]. In ihr werden wesentliche von unwe-

---

[497] Vgl. zum Begriff der technischen oder unechten Norm Ross, Theorie der Rechtsquellen, S. 11, 271; s. auch oben § 8 Note 172.

[498] Nur teilweise berührt sich dieses System mit Maihofers (auf anderer Grundlage erarbeiteten) Unterscheidung zwischen der Seins-, Sinn-, Wert- und Sollensstruktur von Lebenssachverhalten; vgl. dazu oben § 19 S. 80.

[499] Vgl. oben § 7.

[500] Vgl. Stratenwerth, NdS, S. 17.

[501] Dieses teilt die Relativität des empirischen NdS-Begriffs, vgl. Rickert, Zur Lehre von der Definition, S. 28ff.

[502] Vgl. zu deren Verfahren ausführlich E. Husserl, Logische Untersuchungen, Bd. II, 1, 4. Aufl. Halle 1928, S. 137ff; vgl. auch Wolff, Begriff und Kriterium der Wahrheit, S. 591.

sentlichen Vorstellungsinhalten (Merkmalen) geschieden und die letzteren zum Begriff zusammengefaßt[503]. Welche Merkmale wesentlich und welche unwesentlich sind, hängt von den Auswahlprinzipien oder Gesichtspunkten ab, die dem Abstraktionsverfahren zugrunde liegen[504]. Mit Rickert kann zwischen generalisierenden und individualisierenden Auswahlprinzipien unterschieden werden. Die ersteren leiten die naturwissenschaftliche (nomothetische), die letzteren die kulturwissenschaftliche (idiographische) Begriffsbildung[505].

Die naturwissenschaftliche Begriffsbildung geht auf die Ermittlung und begriffliche Formulierung empirischer Regelmäßigkeiten in der Koexistenz und Sukzession von Merkmalen (Kausalgesetze als Koexistenz- und Sukzessionsgesetze)[506]. Sie kann daher auch kausalwissenschaftliche Begriffsbildung genannt werden[507]. Ihr entspricht der k a u s a l g e s e t z l i c h e NdS-Begriff. Der Ausdruck „Natur“ bezeichnet hier einen Inbegriff von Merkmalen (im Grenzfall ein Merkmal), die einem Gegenstand durch Kausalgesetze zugeordnet sind[508]. Die Grenze zwischen Koexistenz- und Sukzessionsgesetzen ist fließend[509]. Sagt man z. B., es liege in der NdS, daß sich Zuckerstücke in Wasser auflösen, so kann der Folgesatz sowohl als Koexistenzgesetz (alle Zuckerstücke lösen sich im Wasser auf) wie auch als Sukzessionsgesetz (immer wenn ein Zuckerstück in Wasser getaucht wird, löst es sich auf) formuliert werden[510].

Die kausalwissenschaftliche Begriffsbildung ist nicht auf den Bereich der Naturwissenschaften im strengen Sinne beschränkt. Sie wird auch in den empirischen Sozialwissenschaften angewandt. Eine sozialwissenschaftliche Argumentation aus der kausalgesetzlichen NdS i. e. S. liegt

---

[503] Der Begriff kann nicht nur als Merkmalskomplex, sondern, da die Merkmale in Urteilen zum Begriff als Denkinhalt zusammengefaßt werden, auch als „Komplex ruhend gedachter Urteile“ verstanden werden; so Rickert, Zur Lehre von der Definition, S. 51. Reininger, Metaphysik der Wirklichkeit, Bd. I, S. 169, definiert, daß „Begriffe um ein Zeichen gruppierte, nach einer bestimmten Richtung des Interesses hin ausgewählte Aussagen sind, die ihren verdichteten Niederschlag in der Definition gefunden haben“. Vgl. dazu auch Jherings „Präzipitierung der Rechtssätze zu Rechtsbegriffen“, Geist, Bd. I, S. 39.

[504] Rickert, Kulturwissenschaft und Naturwissenschaft, S. 35.

[505] Kulturwissenschaft und Naturwissenschaft, S. 82ff. Die Ausdrücke nomothetisch und idiographisch stammen von Wilhelm Windelband, Geschichte und Naturwissenschaft, in: Präludien, Bd. I, 6. Aufl. Tübingen 1919, S. 136ff, 145.

[506] Vgl. Pap, Analytische Erkenntnistheorie, S. 128f.

[507] Vgl. die Gegenüberstellung von Kausalwissenschaften und Normwissenschaften und Normwissenschaften bei Kelsen, Reine Rechtslehre, S. 78f.

[508] S. o. § 6 S. 19f u. § 7, S. 23.

[509] Pap, Analytische Erkenntnistheorie, S. 128ff.

[510] Vgl. Pap a. a. O., S. 129.

z. B. vor, wenn mit dem historischen Materialismus die Natur des Staates in seinem „Klassencharakter" erblickt wird[511].

In den empirischen Sozialwissenschaften tritt jedoch an die Stelle der Ermittlung strenger Kausalgesetze (immer wenn a, dann b) vielfach die Erforschung statistischer Gesetze (häufig wenn a, dann b)[512]. Als begriffliches Hilfsmittel zur Erfassung statistischer Gesetzmäßigkeiten dient die Denkform des Durchschnittstypus (auch Häufigkeitstypus oder empirischer Typus genannt)[513]. Dementsprechend kann dem kausalgesetzlichen der durchschnittstypische (statistische) NdS-Begriff an die Seite gestellt werden. Auch er beruht auf nomothetischer Begriffsbildung[514]. Der Ausdruck „Natur" bezeichnet hier einen Inbegriff von Merkmalen, die einem Gegenstand durch statistische Gesetze zugeordnet sind. Um die durchschnittstypische NdS i. e. S. handelt es sich etwa, wenn aus der „Natur des kaufmännischen Geschäftsverkehrs" argumentiert und dabei an die Handelssitte oder Usance gedacht wird[515].

Im Gegensatz zur nomothetischen steht die idiographische Begriffsbildung. Das Auswahlprinzip, nach dem hier zwischen wesentlichen und unwesentlichen Merkmalen unterschieden wird, ist eine Wertbeziehung[516]. Die empirisch-idiographische NdS kann daher definiert werden als ein Inbegriff von Merkmalen (im Grenzfall ein Merkmal), die sich aus dem Sinnenmaterial unter einem Wertgesichtspunkt als wichtig (wesentlich) herausheben. Rickert hat die idiographische oder wertbeziehende

---

[511] Beyer, Staatsphilosophie, S. 149; vgl. auch Grundlagen der marxistischen Philosophie, herausg. von einem Autorenkollektiv, Moskau 1959, dt. Ausgabe, 3. Aufl. Berlin 1961, S. 334: „Zum Beispiel ist das Wesen der parlamentarischen Republik in den kapitalistischen Ländern die Diktatur der Bourgeoisie, die den Charakter der politischen Macht in der bürgerlichen Gesellschaft bestimmt. ... Die Erscheinungsformen der Diktatur der Bourgeoisie verändern sich, aber das Wesen der Staatsmacht in der kapitalistischen Gesellschaft, nämlich die Diktatur der Bourgeoisie, bleibt unverändert". Vgl. dort auch (S. 216ff) ausführlich zum Verhältnis von Wesen und Gesetz.

[512] Zum Verhältnis von Kausalgesetzen zu statistischen Gesetzen vgl. Pap, Analytische Erkenntnistheorie, S. 128; Schlick, Gesetz und Wahrscheinlichkeit, in: Aufsätze, S. 324ff.

[513] Vgl. zum Typusbegriff überhaupt die zusammenfassenden Darstellungen von Wolff, Typen im Recht, S. 195ff; Engisch, Idee, S. 237ff; Larenz, Methodenlehre, S. 333ff.

[514] Die typologische Begriffsbildung rechnet Rickert zum Grenzbereich des relativ Historischen, vgl. Die Grenzen der naturwissenschaftlichen Begriffsbildung, S. 321ff, 430, 466/67. Unter logischem Aspekt steht die typologische im Gegensatz zur klassifikatorischen Begriffsbildung; vgl. dazu Wolff, Typen im Recht, S. 196f.

[515] Vgl. Coing, Grundzüge, S. 120.

[516] Rickert, Kulturwissenschaft und Naturwissenschaft, S. 84f.

Begriffsbildung gelegentlich auch als teleologische bezeichnet[517], und insbesondere unter diesem Namen ist sie in der Rechtswissenschaft aufgegriffen worden[518]. Das Adjektiv „teleologisch" verschleiert jedoch, abgesehen von seiner metaphysischen Belastung[519], den Unterschied zwischen abstraktiver (empirischer) und konstruktiver (z. B. idealtypischer) Begriffsbildung. Die erstere will zu Begriffen gelangen, deren Definitionen jederzeit durch empirische Sätze verifiziert werden können, die letztere weicht bewußt von der empirischen Wirklichkeit ab.

In der Rechtswissenschaft spielt die empirisch-idiographische Begriffsbildung insbesondere bei der „teleologischen" Auslegung deskriptiver Tatbestandsbegriffe (wie Wohnraum, Betrieb, Fabrik, Arbeit, Leibesfrucht, Mensch usw.) eine Rolle. Diese Begriffe sind keine „echten" Rechtsbegriffe, d. h. Begriffe von Rechten, Rechtsverhältnissen und Rechtsinstituten, sondern „rechtlich relevante" Begriffe[520]. Mit ihnen greift der Gesetzgeber außerjuristische Begriffe auf. Als rechtlich relevante Begriffe werden sie jedoch im juristischen Auslegungsverfahren in der Regel einem zweckbedingten Umformungsprozeß unterworfen. „Der Begriff ‚Leibesfrucht'", formuliert Radbruch, „lehnt sich zwar an den biologischen Begriff dieses Namens an, fällt aber nicht mit ihm zusammen. Das Recht grenzt ihn gegenüber dem Begriff des geborenen Menschen nicht nach streng biologischen Gesichtspunkten, sondern nach Rechtsbedürfnissen ab, betrachtet das menschliche Wesen als Leibesfrucht solange, als zu seinem Schutz die Abtreibungsstrafe genügt, als Mensch dann, wenn der verstärkte Schutz gegen Tötung erforderlich wird. Und der Begriff ‚Reblaus', mag er auch für Zoologie und Rechtswissenschaft den gleichen Umfang haben, ist für sie beide doch dem Inhalte, den Merkmalen nach verschieden bestimmt: für die Rechtswissenschaft ist die für die Zoologie ganz unwesentliche Eigenschaft der Reblaus als Weinbergschädling das wesensbestimmende Merkmal. Naturalistische Begriffe erleiden also, wenn die Rechtswissenschaft sie übernimmt, eine teleologische Umformung"[521]. Auf diese teleologische oder idiographische

---

517 Die Grenzen der naturwissenschaftlichen Begriffsbildung, S. 336ff; vgl. aber auch einschränkend Rickert, Naturwissenschaft und Kulturwissenschaft, S. 91.

518 Vgl. insbes. Erich Schwinge, Teleologische Begriffsbildung im Strafrecht, Bonner rechtsw. Abh., Heft 14, Bonn 1930, S. 7ff; Radbruch, Rechtsphilosophie, S. 219ff.

519 Ihretwegen hat Rickert den Ausdruck „teleologisch" zur Kennzeichnung der wertbeziehenden Begriffsbildung später abgelehnt; vgl. Naturwissenschaft und Kulturwissenschaft, S. 91.

520 Vgl. Radbruch, Rechtsphilosophie, S. 219; Vorschule, S. 10.

521 Rechtsphilosophie, S. 219f.

Umformung zielt Radbruch, wenn er die „Natur“ einer Sache als deren juristischen Sinn definiert[522]. Doch hindert ihn, wie im dogmengeschichtlichen Kapitel angedeutet[523], die Mehrdeutigkeit der Ausdrücke „Sinn“ und „teleologische Begriffsbildung“ an einer klaren Unterscheidung zwischen der empirisch-idiographischen und der technisch-praktischen NdS. Die Merkmale, die die empirisch-idiographische NdS konstituieren, sind sämtlich empirische Merkmale, d. h. sie sind der gemeinten „Sache“ durch synthetische Urteile a posteriori zugeordnet (z. B.: die Reblaus ist ein Weinbergschädling). Die Merkmale, die die technisch-praktische NdS konstituieren, sind dagegen der gemeinten Sache durch technische Normen zugeordnet (wenn der Gegenstand X den Zweck A erfüllen soll, muß er aus den Merkmalen P_1, P_2 ... P_x zusammengesetzt werden). Die idiographische oder wertbeziehende Begriffsbildung, solange sie empirische Begriffsbildung ist, bedeutet also lediglich, daß aus dem Gesamtbestand der empirischen Merkmale eines Gegenstandes unter einem Zweck-(Wert-) Gesichtspunkt ein bestimmter Merkmalsausschnitt herausgegriffen und zum Gegenstand der Begriffsbildung gemacht wird.

Die vorstehenden Bemerkungen zur empirischen NdS beziehen sich ausschließlich auf den Bereich der Naturtatsachen und der sozialen Institutionen. Auf die Struktur rechtlicher Institutionen ist die Denkform der empirischen NdS streng genommen nicht anwendbar. Denn rechtliche Institutionen bestehen aus Rechtsnormen. Rechtsnormen drücken aber ein Sollen aus und sind deshalb nicht Gegenstand theoretischer, sondern praktischer Erkenntnis. Allerdings sind die Willensakte, durch die sie gesetzt werden, empirisch feststellbar. Um diese Akte aber als normative Akte zu erkennen, bedarf es einer normativen Deutung, d. h. der Ermittlung oder der hypothetischen Annahme einer übergeordneten Sollensnorm, die ihnen den Charakter objektiven Gesolltseins verleiht[524]. Der Begriff der rechtlichen Natur rechtlicher Institutionen gehört daher zu den objektiv-praktischen NdS-Begriffen[525].

§ 24
Die metaphysisch-theoretischen NdS-Begriffe

Die metaphysisch-theoretischen NdS-Begriffe (im folgenden einfach metaphysische NdS-Begriffe genannt)[526] beruhen auf den Prämissen des

[522] NdS, S. 13.
[523] Vgl. oben § 17, S. 69ff.
[524] Vgl. Kelsen, Reine Rechtslehre, S. 3ff.
[525] S. u. § 26.
[526] Der Zusatz „theoretisch“ muß allerdings später wieder aufgenommen werden, da es auch metaphysisch-praktische NdS-Begriffe gibt; vgl. unten § 26, S. 113f.

erkenntnistheoretischen Apriorismus. Sie können daher auch apriorische NdS-Begriffe genannt werden. Die Berechtigung, sie metaphysische NdS-Begriffe zu nennen, beruht darauf, daß die Bejahung der Möglichkeit synthetischer Urteile a priori das Kennzeichen der Metaphysik ist[527]. Die Möglichkeit solcher Urteile ist bis heute umstritten[528]. Sie kann durch verschiedene Prämissen begründet werden. Insbesondere ist zwischen realistischen und idealistischen Prämissen zu unterscheiden[529]. Rechtsphilosophisch wichtiger als die unter diesem Aspekt sich ergebenden Differenzierungen im NdS-Begriff ist jedoch die sich damit überschneidende Unterscheidung zwischen nichtteleologischen und teleologischen Fassungen der metyphysischen NdS.

Die nichtteleologisch bestimmte metaphysische NdS setzt sich inhaltlich aus abstrakten Merkmalen der empirischen NdS zusammen und unterscheidet sich von dieser lediglich dadurch, daß diese Merkmale als „reale", d. h. den Dingen „an sich" zukommende, oder als „transzendentale", d. h. durch ein „Bewußtsein überhaupt" konstituierte und den Dingen (als Erscheinungen) notwendig zukommende Merkmale gedacht werden[530]. Juristisch ist die so gefaßte NdS irrelevant. In Betracht käme sie nur für die Schrankenfunktion. Für diese macht es aber keinen Unterschied, ob bestimmte abstrakte Eigenschaften (wie z. B. die Ausdehnung) mit den Dingen real oder transzendental oder nur empirisch verknüpft gedacht werden[531].

Die teleologisch bestimmte metaphysische NdS meint die den Sinnendingen als transzendente Vollform oder als immanentes Entwicklungsprinzip (Entelechie) zugrunde liegende Zielbestimmung. Die so gefaßte NdS, als deren historisch wichtigste Grundtypen die platonische Idee, die aristotelische Wesensform und der Hegelsche Begriff benannt wur-

---

527 Vgl. Wolfgang Stegmüller, Metaphysik, Wissenschaft, Skepsis, Frankfurt/M. und Wien 1954, S. 17ff.

528 Vgl. Stegmüller, Hauptströmungen, S. 346ff.

529 Diese Unterscheidung konnte bei der Behandlung der empirischen NdS-Begriffe außer Betracht bleiben, da der Empirismus, sofern er nicht die Frage nach der Existenz einer bewußtseinstranszendenten Außenwelt überhaupt als sinnlos erachtet, jedenfalls deren Erkennbarkeit verneint. Für die inhaltliche Bestimmung der empirischen NdS ist es daher gleichgültig, ob die Erscheinungen durch unerkennbare Dinge an sich oder durch das einzelne Subjekt oder durch ein überempirisches Subjekt bewirkt gedacht werden. Vgl. zum Problem der Realität der Außenwelt vom Standpunkt der analytischen Philosophie oder des logischen Positivismus Schlick, Positivismus und Realismus, in: Aufsätze, S. 84ff; Rudolf Carnap, Scheinprobleme in der Philosophie, abgedr. in: Der logische Aufbau der Welt, 2. Aufl. Hamburg 1961, Anhang S. 34ff.

530 S. o. §§ 6 und 8.

531 Vgl. insbes. § 8 S. 28.

den[532], beruht auf der Prämisse, daß es eine für den Menschen erkennbare sinnvoll-werthaft-finale Seinsordnung gebe[533]. Wegen der herausragenden Bedeutung, die den teleologischen NdS-Begriffen noch heute zukommt, bedarf diese Prämisse einer näheren Entfaltung.

Sie führt, wie in der Gegenwart insbesondere N. Hartmann gezeigt hat, unvermeidlich zur Annahme einer übermenschlichen, sinnstiftenden Weltvernunft. „Der philosophische Gottesbegriff", formuliert Hartmann, „ist ... von Anfang an durch und durch reine Teleologie: aufgebaut auf der Grundanschauung, daß eine einheitliche, vernünftige, vorschauend bestimmende Macht in der Welt waltet und alles in ihr, den Menschen mit eingeschlossen, auf ein sinnvolles Ziel hinlenkt. Alles andere tritt gegen diese Zentralidee zurück. Es ist dafür relativ gleichgültig, ob die Gottheit in der Einzahl oder in der Vielzahl gedacht ist, ob sie schrankenlos oder durch einen mächtigen Gegenspieler ... gehemmt waltet, ob sie bloß Weltbaumeister, Erhalter und Lenker oder auch Weltschöpfer, ob sie Geber aller Gesetze des Seienden oder nur Geber von Geboten für den Menschen, Walter des Rechts und der Sitten ist"[534].

Das empirische Fundament der teleologischen Metaphysik ist die Zweckmäßigkeit in der materialen Natur. Neben der bloß äußeren, zufälligen Zweckmäßigkeit („der Zuträglichkeit gewisser Naturdinge als Mittel für andere Geschöpfe"[535]) drängt sich insbesondere im Bereich der organischen Wesen eine Fülle zweckmäßig aufeinander abgestimmter Erscheinungen auf (innere Zweckmäßigkeit)[536], die den Schluß auf bewußte und absichtliche außermenschliche Zwecksetzungen nahelegen. Indessen ist dieser Schluß nicht zwingend. Das Phänomen der Zweckmäßigkeit rechtfertigt nicht ohne weiteres die Annahme von Zwecktätigkeit[537]. Denn die empirisch beobachtbare Zweckmäßigkeit organischer Wesen läßt auch eine nichtteleologische Erklärung zu. Eine solche Erklärung bietet das Selektionsprinzip, wonach das Zweckmäßige deshalb im Übergewicht vorhanden ist, weil sich das Unzweckmäßige als nicht lebensfähig erweist[538].

---

[532] S. o. §§ 3, 4, 5, 9. [533] Vgl. Nink, Ontologie, S. 302ff.

[534] Teleologisches Denken, S. 36; vgl. auch Ethik, S. 202f; Philosophie der Natur, S. 630f; ferner Kant, Kr. d. r. V., B 717ff, W. II, S. 596ff; Kr. d. U., B 305f, 335ff, 400ff, W. V, S. 495, 514ff, 560ff. Zur Teleologie bei Aristoteles vgl. Wieland, Die aristotelische Physik, S. 254ff.

[535] Kant, Kr. d. U., B 267ff, 280, W. V, S. 469ff, 478.

[536] Kant, Kr. d. U., B 284ff, W. V, S. 480ff.

[537] Hartmann, Der Aufbau der realen Welt, S. 560; Kant, Kr. d. U., B 400ff, W. V, S. 560ff.

[538] N. Hartmann, Philosophie der Natur, S. 622ff; Teleologisches Denken, S. 94ff, 97; Kant, Kr. d. U., B 317, W. V, S. 502; vgl. auch oben § 4, S. 13.

Obwohl somit die Grundannahme der Teleologie empirisch nicht bewiesen werden kann, sind die teleologische Metaphysik und die auf ihr beruhende Argumentation aus der teleologischen NdS bis heute nicht überwunden[539]. Das hat, abgesehen von ihrer Verwurzelung im theologischen Denken, nach den Untersuchungen Hartmanns insbesondere zwei Gründe. Der eine liegt in den mannigfaltigen Motiven, die zu einer teleologischen Weltdeutung drängen und von denen an erster Stelle das metaphysische Bedürfnis nach Einheit und Sinn der Welt zu nennen ist[540]. Der zweite Grund besteht in der Tatsache, daß die Teleologie zwar nicht beweisbar, aber auch nicht widerlegbar ist. Denn es ist einem Geschehensablauf grundsätzlich „von außen" nicht anzusehen, ob er (nur) kausal, oder (auch) final determiniert ist: „Nicht bestreiten läßt sich eben, daß alle Ursachen für ihre Wirkungen als ‚zweckmäßig' betrachtet werden können. Wie könnte es auch anders sein. Sie bringen ja eben diese ihre Wirkungen hervor"[541].

Der ganze Problemkreis der Teleologie gehört somit in den Bereich des philosophischen Glaubens[542]. Damit ist die „wissenschaftliche" Verwendbarkeit der teleologischen NdS-Begriffe jedenfalls dann in Frage gestellt, wenn man unter Wissenschaft den Inbegriff aller Sätze versteht, die, in der Formulierung Arnold Brechts, „intersubjektiv transmissibel"[543], anders ausgedrückt, die prinzipiell empirisch verifizierbar, konfirmierbar, prüfbar oder bestätigungsfähig sind[544].

---

[539] Vgl. oben § 18. Zur Anwendung der Teleologie auf den Bereich der Institutionen vgl. insbes. Theodor Geppert, Teleologie der menschlichen Gemeinschaft, Schriften des Inst. f. christl. Sozialwiss. a. d. Westf. Wilhelms-Univ.Münster, herausg. v. J. Höffner, Bd. 1, Münster 1955, insbes. S. 10ff.

[540] N. Hartmann, Teleologisches Denken, S. 57, 107ff und überhaupt S. 12ff; vgl. auch Kant, Kr. d. r. V., B 595ff, W. II, S. 512ff.

[541] N. Hartmann, Teleologisches Denken, S. 75.

[542] Vgl. Engisch, Die Idee der Konkretisierung, S. 101; s. auch Fechner, Rechtsphilosophie, S. 150f.

[543] Politische Theorie, S. 136, 219, 336. Vgl. überhaupt Brechts Untersuchungen zur wissenschaftlichen Methode a. a. O., S. 29ff. Das Grundprinzip dieser Methode besteht nach Brecht darin, „daß sich die Wissenschaft auf Beobachtungen verlassen muß", d. h. daß in der Wissenschaft nur eine solche Wahrheit zählt, „die empirisch feststellbar ist" (a. a. O., S. 125, 58).

[544] Wendet man das vom logischen Positivismus oder der analytischen Philosophie entwickelte empiristische Sinnkriterium an, so sind alle Sätze, in denen der Ausdruck NdS in teleologischer Bedeutung vorkommt, weder wahr noch falsch, sondern semantisch sinnlos. Sinnvoll sind nach dieser Auffassung nur solche Sätze, die prinzipiell empirisch verifizierbar (bzw. konfirmierbar, bestätigungsfähig usw.) sind. Eine der frühesten Formulierungen des empiristischen Sinnkriteriums findet sich bei Schlick, Positivismus und Realismus, in: Aufsätze, S. 91: „eine Aussage hat nur dann einen angebbaren Sinn, wenn es

§ 25

Der technisch-praktische NdS-Begriff

Die technisch-praktische NdS meint die Beschaffenheit, die ein Gegenstand haben muß, wenn er als Mittel zur Erreichung eines Zweckes geeignet sein soll[545]. Der Ausdruck „Natur“ bezeichnet hier also die zweckadäquate Beschaffenheit einer Sache. Insofern kann die technisch-praktische NdS inhaltlich mit der teleologischen NdS übereinstimmen. Sie unterscheidet sich von dieser jedoch dadurch, daß sie keine Wirklichkeitserkenntnis zu enthalten beansprucht, sondern ein aus heuristischen Gründen konstruktiv-methodologisch gebildetes Denkprodukt darstellt.

Technische Normen oder, wie Kant formuliert, „Imperative der Geschicklichkeit“[546], drücken kein echtes, sondern ein „unechtes“ Sollen[547], besser: ein bedingtes Müssen aus. Daher kann die technisch-praktische NdS nur im uneigentlichen Sinn als „Sollbeschaffenheit“ bezeichnet werden. Streng genommen handelt es sich um eine bedingte Mußbeschaffenheit. Im Hinblick auf ihre methodologische Funktion bestehen aber keine Bedenken, sie technische Sollbeschaffenheit zu nennen, um damit ihren praktischen Charakter hervorzuheben.

Der technisch-praktische NdS-Begriff ist in allen Gegenstandsbereichen anwendbar, in denen es überhaupt Zweckzusammenhänge gibt. Bei jedem Gegenstand, der einem oder mehreren Zwecken dient, kann zwischen seiner (empirischen) Seinsbeschaffenheit und seiner technischen Sollbeschaffenheit unterschieden werden. So besteht z. B. die technische Sollbeschaffenheit einer Brücke in dem Inbegriff der (im Konstruktionsplan angegebenen) Merkmale, die die Brücke nach den Regeln der Brückenbaukunst aufweisen muß, um eine vorgegebene Tragfähigkeit zu erreichen. Die Seinsbeschaffenheit der fertiggestellten Brücke kann von diesem Ideal mehr oder weniger abweichen. Juristisch ist die technisch-praktische NdS insbesondere als NdS i. e. S., d. h. als zweckadäquate Beschaffenheit einer sozialen oder rechtlichen Institution von Belang[548].

---

einen prüfbaren Unterschied macht, ob sie wahr oder falsch ist“. Vgl. zur weiteren Entwicklung und Präzisierung des Sinnkriteriums Stegmüller, Hauptströmungen, S. 382ff, 410, 456. Kritisch Pap, Analytische Erkenntnistheorie, S. 1—26; Brecht, Politische Theorie, S. 212ff; Wolfgang Stegmüller, Metaphysik, Wissenschaft, Skepsis, Frankfurt/M. und Wien 1954, S. 48ff. Vgl. zum Ganzen auch Wolff, Begriff und Kriterium der Wahrheit, S. 591ff, 596ff.

[545] S. o. § 6 S. 21.

[546] Grundlegung zur Metaphysik der Sitten, BA 41, W. IV, S. 44; vgl. oben § 8 Note 172.

[547] Ross, Theorie der Rechtsquellen, S. 11, 71.

[548] Vgl. dazu unten § 29, S. 120.

Der Begriff der zweckadäquaten Beschaffenheit ist verwandt, aber nicht identisch mit der von Max Weber entwickelten Denkform des Idealtypus[549]. Diese Denkform ist in ihrer ursprünglichen Konzeption untrennbar mit der Wertphilosophie des südwestdeutschen Neukantianismus verknüpft. Gegenstand der idealtypischen Begriffsbildung sind danach ausschließlich Sinngebilde, d. h. kulturelle Phänomene (wie Urchristentum, mittelalterliche Stadtwirtschaft, Feudalismus, Kapitalismus usw.), in denen ein „Sinn" zum Ausdruck kommt[550]. Ziel der idealtypischen Begriffsbildung ist, diesen Sinn in seiner Vollkommenheit darzustellen, alle sinnstörenden Elemente, die dem Sinngebilde als empirischem Phänomen anhaften, auszuscheiden und so zu einem Denkinhalt von optimaler „Stilreinheit" und „Sinnadäquanz" zu gelangen[551]. Dabei meint der Ausdruck Sinn den in der Wirklichkeit erscheinenden Wert[552]. Jeder in der Wirklichkeit erscheinende Wert kann aber zugleich als Zweck verstanden werden, dem das Sinngebilde dient[553]. Sinnadäquanz ist insofern stets auch Zweckadäquanz. Darauf beruht die Verwandtschaft des Idealtypus mit dem neutraleren und weiteren Begriff der zweckadäquaten Beschaffenheit. Funktionell dient die idealtypische Begriffsbildung bei Max Weber primär zur Vergleichung kultureller Phänomene[554]. Daher geht es in ihr nicht ausschließlich um Mittel-Zweck-Erwägungen, sondern zusätzlich um die Gewinnung einer möglichst großen Merkmalsfülle und Anschaulichkeit[555]. Grundsätzlich bestehen aber keine Bedenken, den Ausdruck Idealtypus im Bereich der Rechtswissenschaft so zu verwenden, daß er einfach den Begriff der zweckadäquaten Beschaffenheit bezeichnet[556].

---

[549] Max Weber, Objektivität, S. 191ff; vgl. zum Begriff des Idealtypus ferner die oben § 23 Note 513 angegebene Literatur.

[550] Vgl. insbes. Georg Weippert, Die idealtypische Sinn- und Wesenserfassung und die Denkgebilde der formalen Logik, Zeitschr. f. d. ges. Staatswiss., Bd. 100 (1940), S. 257ff.

[551] Weippert a. a. O., S. 257f; vgl. zum Verfahren der Gewinnung von Idealtypen auch Max Weber, Objektivität, S. 191ff.

[552] Vgl. Weippert a. a. O., S. 266; Radbruch, NdS, S. 33; ders., Rechtsphilosophie, S. 308f.

[553] Vgl. die ausführliche Analyse des Sinnbegriffs bei Reinhard Lauth, Die Frage nach dem Sinn des Daseins, München 1953, §§ 8ff, S. 32ff. Lauth unterscheidet 16 verschiedene Bedeutungen des Ausdrucks Sinn. Die drei wichtigsten Stufen in der Entfaltung des Sinnbegriffs sind: 1. Sinn = Zweck; 2. Sinn = werthafter Zweck; 3. Sinn = Entelechie.

[554] Objektivität, S. 205.

[555] Vgl. insbes. Alexander Rüstow, Der Idealtypus oder die Gestalt als Norm, Studium generale, 6. Jg. (1953), S. 54ff.

[556] In diesem Sinne dürfte der Begriff des Idealtypus bei Radbruch, NdS, S. 14, 32ff, zu verstehen sein.

Terminologisch ist noch hervorzuheben, daß in der Jurisprudenz vielfach nicht die zweckadäquate Beschaffenheit, d. h. das Ergebnis der Mittel-Zweck-Konstruktion (das „Wesen des konstruierten Instituts“[557]), sondern der am Beginn der Konstruktion stehende Zweckgedanke selbst als „Natur“ der Sache bezeichnet wird. Die erstere Bedeutung kann idealtypische NdS, die letztere finale NdS genannt werden[558]. Die Argumentation aus der ersteren muß lauten „es liegt in der NdS“, die Argumentation aus der letzteren „es folgt aus der NdS“. Beide führen jedoch zu demselben Ergebnis. Häufig wird daher der Unterschied zwischen ihnen auch durch die Formel vom „Zweck und Wesen“ eines Instituts verdeckt[559].

§ 26

Die objektiv-praktischen NdS-Begriffe

Die objektiv-praktische NdS meint die Beschaffenheit, die ein Gegenstand nach einer objektiven Gesetzgebung haben soll. Eine objektive Gesetzgebung ist ein System von Sollensnormen, deren Geltung auf einem obersten normativen Geltungsgrund, einer Grundnorm, beruht. Sollensnormen in diesem Sinne sind im Gegensatz zu statistischen und technischen Normen „echte“ oder objektiv-praktische Normen[560]. Im folgenden wird der Ausdruck Norm, sofern ihm nicht die Adjektive statistisch oder technisch beigefügt sind, im Sinne von echter Sollensnorm verwandt.

Aus der Definition der objektiv-praktischen NdS folgt, daß in ihr als „Sache“ nicht jeder Gegenstand schlechthin, sondern nur solche Gegenstände auftreten können, die Objekt einer Sollgesetzgebung sind. Von einer Sollgesetzgebung kann sinnvoll nur in bezug auf menschliches Verhalten gesprochen werden[561]. Als „Sachen“ im objektiv-praktischen NdS-Begriff kommen daher unmittelbar nur der Mensch, mittelbar aber auch die durch menschliches Verhalten geformten, das menschliche Zusammenleben regelnden sozialen und rechtlichen Institutionen in Betracht.

Indessen ist folgendes zu beachten. Der Unterschied zwischen Seins- und Sollbeschaffenheit ist, wie bemerkt, ein Unterschied der Modalität. Das zeigt sich am deutlichsten am Begriff der teleologischen Natur

---

557 Radbruch, NdS, S. 34.

558 Vgl. oben § 17 S. 70.

559 Vgl. die oben § 11, S. 41 und § 14 N. 312 genannten Fundstellen.

560 Vgl. oben § 8 N. 172.

561 Es sei denn, man vertritt eine animistische Weltauffassung, wonach nicht nur der Mensch, sondern alle Dinge eine Seele haben und Objekte einer göttlichen Weltgesetzgebung sind; vgl. dazu Kelsen, Reine Rechtslehre, S. 86ff.

des Menschen. Dieser ist, wie der Begriff der teleologischen NdS i. w. S. überhaupt[562], zugleich ein theoretischer und ein praktischer Begriff. Ein praktischer Begriff ist er insofern, als er den Inhalt dessen angibt, was der Mensch sein soll. Doch liegt der (von einer transzendenten Autorität ausgehend zu denkende) normative Obersatz, wonach man sich so verhalten soll, wie es der teleologischen NdS entspricht[563], außerhalb des Begriffs der letzteren. Der Begriff der teleologischen Natur des Menschen ist also nur dem Inhalt, nicht der Form nach ein objektiv-praktischer Begriff.

Anders verhält es sich mit dem Begriff der objektiv-praktischen NdS i. e. S. Institutionen, die in ihm allein als Sachen in Betracht kommen, sind ihrer Definition nach Normeninbegriffe. Wo aber der Sachbegriff im NdS-Begriff ein Normeninbegriff ist, da kann auch der Naturbegriff als (spezifischer) Normeninbegriff (im Grenzfall als eine Norm) gedacht werden. Die objektiv-praktische NdS i. e. S., d. h. die Vorstellung der Sollbeschaffenheit einer Institution, ist also nicht nur dem Inhalt, sondern auch der Form nach ein objektiv-praktischer, aus Normen bestehender Begriff. Nur diese — aus der Eigenart des Institutionenbegriffs folgende — Besonderheit rechtfertigt überhaupt die Behandlung der objektiv-praktischen NdS als einer selbständigen Gestaltung des NdS-Begriffs. Der Begriff der objektiv-praktischen NdS ist daher im strengen Sinne nur als NdS i. e. S. gerechtfertigt. Nur in diesem Sinne soll er im folgenden untersucht werden.

Zunächst ist ein mehrfaches Schichtungsverhältnis zu unterscheiden. Die Seinsbeschaffenheit einer sozialen Institution besteht aus einem spezifischen Inbegriff statistischer Normen. Die Sollbeschaffenheit einer sozialen Institution stellt sich in positivistischer Betrachtungsweise als die Struktur dar, die der Institution durch staatliche Gesetze und (oder) qualifizierte Gewohnheit verliehen ist. Der Inbegriff gesetzlicher und (oder) gewohnheitsrechtlicher Normen, die sich auf eine soziale Institution beziehen, kann aber selbst wieder als Institution, und zwar als rechtliche Institution aufgefaßt werden. Daraus ergibt sich die Vorstellung einer positivrechtlichen Seinsbeschaffenheit einer rechtlichen Institution. In bezug auf sie ist wiederum eine naturrechtliche Sollbeschaffenheit denkbar. Diese ist durch den Inbegriff der naturrechtlichen Normen konstituiert, die sich auf die rechtliche (und damit zugleich auf die jener korrespondierende soziale) Institution beziehen. Vom Standpunkt der teleologischen Metaphysik aus erscheint endlich auch diese naturrecht-

[562] Vgl. oben § 3, S. 10 und § 9, S. 34.

[563] Vgl. oben § 3, S. 11. Zur Grundnorm des Naturrechts vgl. auch Kelsen, Reine Rechtslehre, S. 227 („man soll den Befehlen der Natur gehorchen“).

liche Sollbeschaffenheit wiederum als eine (metaphysische) Seinsbeschaffenheit, d. h. als Idee oder Wesensform der Institution.

Es muß somit vor allem zwischen der positivrechtlichen und der naturrechtlichen Sollbeschaffenheit sozialer und rechtlicher Institutionen unterschieden werden. Die erstere soll im folgenden arbeitshalber voluntare NdS i. e. S., die letztere ideale NdS i. e. S. genannt werden. Diese Terminologie ist zweckmäßig, weil die Ausdrücke positivrechtlich und naturrechtlich mehrdeutig sind[564].

Das unterscheidende Kriterium besteht in der Stellungnahme zur Frage der Existenz und Erkennbarkeit eines den Menschen unbedingt verpflichtenden Normensystems. Verneint man sie, so können als geltende Rechtsnormen nur solche Verhaltensanweisungen betrachtet werden, die durch einen tatsächlichen Gewaltinhaber oder durch qualifizierte Gewohnheit in einem bestimmten zeitlichen und örtlichen Bereich in bestimmter Form gesetzt und bis zu einem gewissen Grade sozial wirksam sind[565]. Die Qualität objektiven („echten") Gesolltseins vermögen diese Normen, wie insbesondere Kelsen gezeigt hat, nur durch die hypothetische Annahme einer Grundnorm zu erlangen, derzufolge man sich so verhalten soll, wie es der Gewaltinhaber oder die qualifizierte Gewohnheit vorschreiben[566]. Das ist der Standpunkt des juristischen Positivismus. Unter Bezugnahme auf eine bestehende Verfassung kann die Grundnorm des juristischen Positivismus mit Kelsen auch dahin formuliert werden, daß man sich so verhalten soll, wie es einer tatsächlich gesetzten, im großen und ganzen wirksamen Verfassung und daher den gemäß dieser Verfassung gesetzten, im großen und ganzen wirksamen Normen entspricht[567]. Diese Grundnorm hat die Funktion eines methodologischen Apriori[568]. Sie wird aus normerkenntnistheoretischen Gründen hypothetisch vorausgesetzt, d. h.: *wenn* ein System durch menschliche Willensakte (oder qualifizierte Gewohnheit) erzeugter Normen als objektiv gesollt gedacht werden soll, *dann* muß die Geltung einer Grundnorm des

---

[564] Zur Problematik des Positivitätsbegriffs vgl. Messner, Das Naturrecht, S. 352ff; Coing, Grundzüge, S. 162ff; zur Mehrdeutigkeit des Ausdrucks „überpositives Recht" vgl. auch Wolff, Verwaltungsrecht, Bd. 1, § 24 Ib und c, S. 93/4; zur Vieldeutigkeit des Ausdrucks „Naturrecht" vgl. E. Wolf, Das Problem des Naturrechts, durchgehend.

[565] Zum Merkmal des Effiziensminimums vgl. Kelsen, Reine Rechtslehre, S. 10, 48, 91f, 215ff.

[566] Vgl. Kelsen, Reine Rechtslehre, S. 196ff; zur Grundnorm des Gewohnheitsrecht a. a. O., insbes. S. 223, 229, 230ff.

[567] Kelsen, Reine Rechtslehre, S. 221.

[568] Zum Begriff des methodologischen oder funktionalen Apriori vgl. Pap, Analytische Erkenntnistheorie, S. 138.

angegebenen Inhalts vorausgesetzt werden[569]. Die so verstandene hypothetische Grundnorm gibt also nur den Geltungsgrund, nicht auch den Geltungsinhalt des durch sie als gesollt gedachten Normensystems an. Der Geltungsinhalt wird durch willentliche Normsetzungsakte[570] der von ihr zur Normerzeugung ermächtigten Instanzen bestimmt. Im Hinblick darauf kann die hypothetische Grundnorm des juristischen Positivismus als *voluntare* Grundnorm bezeichnet werden. Die voluntare NdS i. e. S. meint also die Beschaffenheit, die eine Institution gemäß einem auf einer voluntaren Grundnorm beruhenden Normensystem haben soll.

Es handelt sich hier um die positivistisch verstandene Rechtsnatur sozialer und rechtlicher Institutionen. Mit dem Ausdruck „Rechtsnatur" verbindet sich indessen eine Reihe von Problemen, die sich aus dem Verhältnis von Norm und Begriff ergeben[571]. Versteht man unter Rechtsnatur die rechtliche Struktur, die einer Institution durch Gesetz oder Gewohnheitsrecht verliehen ist, so ist dieser Begriff identisch mit dem Begriff der voluntaren NdS i. e. S. Der Ausdruck Rechtsnatur bezeichnet jedoch auch den rechtlichen Begriff, unter den eine soziale oder rechtliche Institution oder ein individuelles Lebensverhältnis zu subsumieren ist. In diesem Sinne verhält sich die Rechtsnatur zur voluntaren NdS i. e. S. wie die logische zur realen NdS, d. h. wie ein Begriff zu seinem gegenständlichen Korrelat. Wie im Bereich der theoretischen Erkenntnis so ist aber auch in der praktischen Erkenntnis davon auszugehen, daß die richtig gefaßte logische NdS inhaltlich mit der realen NdS identisch, d. h. hier: eine bewußtseinsimmanente „Wiederspiegelung" oder Entsprechung eines vorgegebenen Normeninbegriffs sein will. Juristische Institutionsbegriffe können daher als „Gebotsbegriffe" (Heck)[572] oder Komplexe „ruhend gedachter" Rechtsnormen verstanden werden[573].

Gegenstand juristischer Begriffsbildung sind jedoch nicht nur Normen oder Normeninbegriffe als Ganzes, sondern auch einzelne Normenbestandteile (Tatbestand, Kopula, Rechtsfolge). Das gilt insbesondere für die

---

569 Vgl. Kelsen, Reine Rechtslehre, S. 203, 205.

570 Zu diesen soll hier auch die von einem Rechtswillen getragene, in tatsächlicher Übung sich äußernde gewohnheitliche Normsetzung gerechnet werden.

571 Vgl. dazu oben § 13 S. 48 f.

572 Begriffsbildung, S. 54.

573 In Analogie zu Rickert, Zur Lehre von der Definition, S. 51; vgl. oben § 23 N. 503. Vgl. auch Esser, Grundsatz und Norm, S. 305: „dem Wissenden ist jeder Rechtsbegriff synonym mit der Gesamtheit der Wertungen, welche die Jurisprudenz in ihm verdichtet hat". Vgl. ferner Jherings „Präzipitierung der Rechtssätze zu Rechtsbegriffen", Geist Bd. I S. 39.

rechtswissenschaftlichen System- und Ordnungsbegriffe[574]. Auch deren Inhalt wird gelegentlich als „Rechtsnatur" eines sozialen oder rechtlichen Phänomens bezeichnet. So geht es z. B. bei der Frage nach der Rechtsnatur des Architektenvertrages darum, ob diese Vertragsart nach dem sozialtypischen Inhalt der vereinbarten Leistungen (Erstellung des Bauplanes, Bauleitung) unter den Tatbestandsbegriff des Dienst- oder des Werkvertrags im Sinne der Systematik des BGB zu subsumieren sei[575]. Die so verstandene Rechtsnatur[576] ist für sich betrachtet nichts Normatives, sondern eine Anwendungsform der empirisch-idiographischen NdS i. w. S. Sie kann jedoch im Zusammenhang mit dem Subsumtionsverfahren normative Bedeutung erlangen. Darauf soll weiter unten bei der Analyse der praktischen Argumentation aus der NdS eingegangen werden[577].

Im Gegensatz zur voluntaren NdS i. e. S. steht die ideale NdS i. e. S. Sie setzt die Existenz und Erkennbarkeit eines den Menschen unbedingt verpflichtenden Normensystems voraus. Gibt es ein solches Normensystem, so muß auch die an seiner Spitze stehende und seine Einheit konstituierende Grundnorm absolute Geltung beanspruchen[578]. Diese Grundnorm kann im Gegensatz zur voluntaren *ideale* oder *absolute* Grundnorm genannt werden[579]. Über ihren Inhalt herrscht Streit. Je nachdem, worin der Erkenntnisgrund des auf ihr beruhenden Normensystems erblickt wird, besagt sie, daß man sich so verhalten soll, wie es der (teleologischen) Natur oder der Vernunft oder einem absoluten Wertsystem oder einem obersten Rechtszweck entspricht[580]. Die ideale

---

[574] Vgl. Heck, Begriffsbildung, S. 61ff; zur Unterscheidung von Institutions-, System- und technischen Hilfsbegriffen vgl. auch Esser, Grundsatz und Norm, S. 323f.

[575] Vgl. Ernst Barnikel, Zur Rechtsnatur des Architektenvertrages, in: NJW 1959, S. 2048f; s. a. BGH v. 26. 11. 1959, NJW 1960, S. 431.

[576] Sie sollte besser als „Rechtscharakter" einer Einrichtung bezeichnet werden.

[577] S. u. § 29 S. 121.

[578] Vgl. Kelsen, Reine Rechtslehre, S. 198, 223ff.

[579] Wolff, Organschaft, Bd. I, S. 366 N. 2, 373ff und 426, unterscheidet zwischen der *positiven Urnorm* als systematisch oberster Norm eines positiven Rechtssystems, der *hypothetischen Ursprungsnorm* als oberster Delegationsnorm einer Staatsorganisation, von der das staatliche Normensystem abgeleitet zu denken ist, und der *absoluten Grundnorm* als der die rechtliche Verbindlichkeit begründenden überpositiven Norm, von der das staatliche Rechtssystem abgeleitet werden soll. Die im Text gewählte Bezeichnung der absoluten Grundnorm als idealer Grundnorm knüpft an die von Welzel, Naturrecht, S. 11 und durchgehend, herausgearbeitete Unterscheidung zwischen rechtsphilosophischem Idealismus und Voluntarismus (Existentialismus) an.

[580] Wolff, Gerechtigkeit, S. 113, formuliert die ideale Grundnorm als das

Grundnorm gibt also nicht nur den Geltungsgrund, sondern, in abstrakter Form, auch den Geltungsinhalt der auf ihr beruhenden Einzelnormen an[581]. Dementsprechend kann die ideale NdS i. e. S. definiert werden als die Beschaffenheit, die eine soziale oder rechtliche Institution nach einem auf der idealen Grundnorm beruhenden Normensystem haben soll.

Daraus folgt, daß die inhaltliche Ausfüllung der idealen NdS i. e. S. von der jeweiligen Naturrechtskonzeption abhängt, die ihr zugrunde liegt. Im allgemeinen gilt: soviel Naturrechtssysteme, soviel Fassungen der idealen NdS i. e. S. Der Begriff der idealen NdS i. e. S. ist also gewissermaßen ein Gefäß, das der Ausfüllung durch ein ausgearbeitetes Naturrechtssystem bedarf. Im historischen Teil ist dies am Beispiel der NdS-Begriffe bei Kant, Brütt und Maihofer verdeutlicht worden[582]. Aber auch die mehr oder weniger unbestimmt bleibenden Fassungen der NdS im späten Naturrecht, in der spekulativen Schule der Germanistik sowie im naturrechtlichen Zweig der Freirechtsbewegung gehören hierher[583]. In der Rechtsprechung begegnet die ideale NdS i. e. S. insbesondere in Gestalt der Argumentation aus dem „sittlichen Wesen der Ehe“[584]. Diese Argumentation bleibt solange inhaltsleer und nichtssagend, als nicht angegeben wird, auf welches Normensystem sie Bezug nimmt.

Der Begriff der idealen NdS i. e. S. ist ein metaphysisch-praktischer Begriff. Das ergibt sich daraus, daß seine Definition den Begriff der idealen oder absoluten Grundnorm enthält. Denn dieser Begriff bezeich-

---

Gebot, „auf die Verfolgung eigener Interessen insoweit zu verzichten, als dadurch die Befriedigung objektiv wertvollerer Interessen anderer Menschen vereitelt wird“. Zur Grundnorm des Naturrechts vgl. auch Kelsen, Reine Rechtslehre, S. 227.

581 Unter ihrem Inhalt läßt sich der Inhalt der aus ihr abgeleiteten Normen als das Besondere unter das Allgemeine subsumieren; vgl. Kelsen, Reine Rechtslehre, S. 198.

582 Vgl. oben § 8 S. 29f, § 15 N. 336 und § 19 S. 81f.

583 Vgl. oben § 10 S. 35ff und § 15 S. 57ff.

584 Vgl. z. B. RGZ 87, 56 (62); BGH v. 18. 12. 1957, JZ 1958, S. 505; vgl. auch §§ 43, 44, 48 EheG. Ein typisches Beispiel für die Argumentation aus der idealen NdS i. e. S. bietet Adolf Süsterhenn, Das Naturrecht, in: Maihofer (Hrsg.), Naturrecht oder Rechtspositivismus?, S. 19: „Auch z. B. die aus dem Wesen der Ehe entspringenden Rechte und Pflichten, wie die Pflicht der Ehegatten zu wechselseitiger Treue, Hingabe und Fürsorge, das Erziehungsrecht und die Erziehungspflicht der Eltern gegenüber ihren Kindern, die Pflicht zur Erfüllung von Verträgen im rechtsgeschäftlichen Verkehr, die Verpflichtung der Gesellschaftsglieder zur Förderung des Gesellschaftszweckes, alle diese und ähnliche Rechte ergeben sich samt den korrespondierenden Pflichten nicht erst aus positiven staatlichen Anordnungen, sondern aus der ‚Natur der Sache‘, d. h. aus der immanenten Ordnung und Gesetzlichkeit dieser menschlichen Lebensverhältnisse selbst“.

net einen synthetisch-praktischen Satz a priori[585], d. h. einen Satz, dessen Geltung weder nur hypothetisch angenommen noch durch Erfahrung begründbar ist, der aber gleichwohl eine echte praktische Erkenntnis zu geben beansprucht. Auf die damit verbundene Problematik ist hier nicht einzugehen. Sie betrifft das Naturrechtsproblem überhaupt. Für die Zwecke der vorliegenden Abhandlung genügt die Feststellung, daß der Begriff der idealen NdS i. e. S. auf einer metaphysischen Prämisse beruht. Gegen seine „wissenschaftliche" Verwendbarkeit bestehen daher dieselben Bedenken, die bereits bei der Behandlung des teleologischen NdS-Begriffs als metaphysisch-theoretischen Begriffs angedeutet wurden[586].

4. Kapitel
Analyse der Struktur der Argumentation aus der NdS

§ 27
Vorbemerkungen

Mit der vorstehenden Zusammenstellung und Analyse der verschiedenen NdS-Begriffe ist die erste der eingangs gestellten Fragen beantwortet. Es verbleibt die Frage, ob es zweckmäßig sei, eine der Bedeutungen, die sich tatsächlich mit dem Ausdruck NdS verbunden haben, dergestalt mit ihm zu verknüpfen, daß er als eindeutig definierter Fachausdruck in der Juristensprache Verwendung finden kann.

Bei der Behandlung dieser Frage ist zu unterscheiden zwischen der *Leistungsfähigkeit* der einzelnen NdS-Begriffe als Denkinhalte und der

[585] Vgl. Kant, Grundlegung zur Metyphysik der Sitten, BA 50, W. IV, S. 50; Wolff, Gerechtigkeit, S. 113.

[586] S. o. § 24 N. 544. Auch der konsequente Empirismus kennt ein unbedingt verpflichtendes Sollen, jedoch lediglich als empirisches Phänomen (subjektives Sollenserlebnis), nicht dagegen als objektiv begründbares (intersubjektiv transmissibles) System von Sollenssätzen. Vgl. Wittgenstein, Tractatus logicophilosophicus, 6.41, Schriften, S. 80: „Darum kann es auch keine Sätze der Ethik geben. Sätze können nichts Höheres ausdrücken". Der Grund hierfür liegt letztlich darin, daß ein unbedingt verpflichtendes Sollen im objektiven, intersubjektiv transmissiblen Sinne nur durch die Annahme einer transzendenten Autorität (Gott) begründet, die Existenz einer solchen aber wissenschaftlich nicht bewiesen werden kann. Vgl. Marcel Reding, Metaphysik der sittlichen Werte, Düsseldorf 1949, S. 269ff. Zur Problematik der Begründung eines objektiven Sollens bei Kant vgl. Kelsen, Reine Rechtslehre, S. 415, 416, 422, 423 N. 93. Kelsen weist nach, daß auch in Kants Begriff der unmittelbar gesetzgebenden praktischen Vernunft ein Rest des intellectus divinus enthalten ist. Zur Problematik der Begründung eines objektiven Sollens in der materialen Wertethik (Scheler, Hartmann) vgl. Reding a. a. O., S. 270ff.

terminologischen *Zweckmäßigkeit*, diese Denkinhalte mit dem Ausdruck NdS zu verbinden. Die Frage der Leistungsfähigkeit kann nur im Zusammenhang mit einer systematischen Funktionsanalyse beantwortet werden. Eine solche Analyse würde jedoch den Rahmen der vorliegenden Abhandlung sprengen. Denn die mit ihr verbundene Problematik erstreckt sich, wie im historischen Teil deutlich geworden ist, über nahezu alle Bereiche der Rechtsphilosophie, der Rechtstheorie und der juristischen Methodenlehre. Das sei noch einmal im Überblick gezeigt.

Die Funktion der empirischen NdS-Begriffe besteht darin, die faktische Beschaffenheit eines Regelungsobjekts und damit die seinsgesetzlichen Schranken aufzuweisen, an die sowohl der Normsetzer als auch der Normanwender gebunden sind. Es handelt sich hier um das Problem des Verhältnisses von Recht und empirischer (kausalgesetzlicher) Wirklichkeit überhaupt.

Die Funktion der teleologischen NdS-Begriffe besteht darin, metaphysische Wertstrukturen im Regelungsobjekt und damit das ontologische Fundament für ein naturrechtliches Normensystem aufzuweisen. Das damit angesprochene Problem ist das Naturrechtsproblem überhaupt.

Die Funktion des technisch-praktischen NdS-Begriffs besteht darin, die konstruktiv-methodologisch ermittelte zweckadäquate Beschaffenheit eines Regelungsobjekts aufzuweisen. Mit dieser Denkform kann im Bereich der Rechtspolitik wie im Bereich der Auslegungs- und Lückenfüllungsdoktrin gearbeitet werden. Die mit ihr verbundene Problematik berührt das Verhältnis technischer Normen zu objektiven Sollensnormen sowie die Beziehungen zwischen Gerechtigkeit, Zweckmäßigkeit und Rechtssicherheit überhaupt.

Die Funktion der objektiv-praktischen NdS-Begriffe besteht darin, die normative, sei es „positiv-rechtliche", sei es „naturrechtliche" Struktur einer Institution aufzuweisen. Das Problem der Leistungsfähigkeit dieser Denkform fällt zusammen mit dem Problem der Leistungsfähigkeit des institutionellen Denkens überhaupt.

Schon dieser Überblick zeigt, daß die Frage, ob und inwiefern die NdS als Quelle des Naturrechts oder als Quelle des positiven Rechts oder als Mittel der Auslegung und Rechtsfindung bezeichnet werden könne, nicht einheitlich zu beantworten ist. Ihre Beantwortung würde insbesondere eine nähere Auseinandersetzung mit den Begriffen des Rechts, der Rechtsquelle und der Gesetzeslücke voraussetzen.

Eine beiläufige Stellungnahme ist an dieser Stelle nur zu einer Teilfrage möglich. Es handelt sich um die Frage, ob die NdS in irgendeiner ihrer Bedeutungen als Rechtsquelle im rechtstheoretischen Sinne, d. h.

als Erkenntnisgrund für etwas als positives Recht[587], bezeichnet werden kann. Diese Frage ist zu verneinen[588]. In Betracht hierfür käme nur die objektiv-praktische NdS i. e. S. Diese setzt aber sowohl als voluntare wie als ideale NdS i. e. S. ein präexistentes Normensystem voraus. Beide sind nichts als Denkinhalte, in denen Normen, die aus anderen Rechtsquellen erkannt oder abgeleitet sind, als funktional zusammengehörig gedacht werden[589 590].

Eine nähere Funktionsanalyse ist im Rahmen der vorliegenden Abhandlung weder möglich noch erforderlich; denn die Frage, ob es zweckmäßig sei, den Ausdruck NdS als juristischen Fachausdruck zu verwenden, kann auch unabhängig von dem Problem der Leistungsfähigkeit der einzelnen NdS-Begriffe als Denkinhalte beantwortet werden. Immerhin erscheint es sachdienlich, der Behandlung der terminologischen Zweckmäßigkeitsfrage noch eine kurze Analyse der Struktur der Argumentation aus der NdS voranzuschicken. Auch in ihr werden die den verschiedenen

---

587 Zum Begriff der Rechtsquelle im rechtstheoretischen Sinn vgl. Ross, Theorie der Rechtsquellen, S. 292; Wolff, Rechtsgrundsätze, S. 34; ders., Verwaltungsrecht, Bd. 1, § 24 I, S. 93.

588 Vgl. schon Gutzwiller, NdS, S. 297: „Daß die ‚Natur der Sache' als rechtsschöpferisches Prinzip praeter legem ausgespielt hat, das darf heute ... als gesichertes Ergebnis angesehen werden".

589 Das gilt auch für Maihofers Lehre von der NdS; vgl. oben § 19 a. E.

590 Eine zweckmäßigere Umgestaltung der etatistischen Rechtsquellendoktrin bietet die von Wolff, Rechtsgrundsätze, S. 33ff, und Verwaltungsrecht, Bd. 1, § 25, S. 97ff, entwickelte Lehre von den Rechtsgrundsätzen und den verfassunggestaltenden Grundentscheidungen als Rechtsquellen. Gegenüber der Lehre vom Richterrecht als dritter Rechtsquelle neben Gesetz und Gewohnheitsrecht ist sie, abgesehen von deren Widerspruch zum Gewaltenteilungsprinzip (dazu Wieacker, Gesetz und Richterkunst, S. 15, 16, vgl. oben § 18 N. 426), insbesondere auch deshalb vorzuziehen, weil diese wohl das Phänomen der richterlichen Rechtsfortbildung praeter und contra legem, nicht aber das Phänomen der Pervertierung des Rechts in totalitären Staaten rechtstheoretisch zu bewältigen vermag. Denn nicht nur der Gesetzgeber, sondern auch der Richterstand kann, wie die historische Erfahrung gelehrt hat, einer solchen Pervertierung Vorschub leisten. Eine nähere Behandlung dieser Problematik liegt indessen außerhalb des Themas der vorliegenden Abhandlung. Hingewiesen sei noch darauf, daß Esser, Grundsatz und Norm, S. 86, in seiner Auseinandersetzung mit der Wolffschen Lehre von den Rechtsgrundsätzen insofern einem Mißverständnis unterliegt, als er meint, der von Wolff herausgestellte limitierende Charakter des Rechtsprinzips gestatte diesem lediglich die Ableitung von Rechtsgrundsätzen elementarster Art. Der limitierende Charakter des Rechtsprinzips besagt nur, daß dieses die Verfolgung bestimmter Interessen nicht positiv gebietet, sondern einschränkt. Er steht somit der Ableitung konkreter Rechtsgrundsätze und Normen, d. h. der Anwendung des Rechtsprinzips auf konkrete Interessenkollisionen, nicht im Wege. Vgl. Wolff, Gerechtigkeit, S. 114; zur Formulierung des Rechtsprinzips siehe auch oben § 26 N. 580.

NdS-Begriffen zugeordneten Funktionen in den Blick kommen. Vor allem aber sollen in ihr der Zusammenhang zwischen der Argumentation aus der NdS im allgemeinen und im juristischen Sprachgebrauch sowie der Argumentationswert der Bezugnahme auf die NdS erläutert werden. Zugleich dient die Strukturanalyse zur Abrundung und Ergänzung der Begriffsanalyse.

§ 28

Zur Struktur der theoretischen Argumentation aus der NdS

Ein typisches Beispiel für die Verwendung des Ausdrucks NdS im allgemeinen Sprachgebrauch bietet der Satz: „Es liegt in der Natur der Sache, daß Kriegsdienst erhöhte Gefährdung mit sich bringt“[591]. Die Strukturformel des Satzes lautet: es liegt in der NdS, daß einem Gegenstand X das Prädikat P zukommt, oder kürzer: es liegt in der NdS, daß X P ist. In allen Sätzen, denen diese Formel zugrunde liegt, bezeichnet das Symbol S, d. h. der Ausdruck „Sache“ in der Wortverbindung NdS, eine Variable, für die der jeweilige Aussagegegenstand X, d. h. das Satzsubjekt des Folgesatzes eingesetzt werden kann. Im genannten Beispiel: es liegt in der Natur des Kriegsdienstes, daß er erhöhte Gefährdung mit sich bringt. Die Strukturformel kann daher auch so formuliert werden: es liegt in der NdS, daß S P ist. Auf diese Formel lassen sich alle Sätze bringen, in denen der Ausdruck NdS zur Begründung einer Seinsaussage dient (theoretische Argumentation aus der NdS).

Der Sachbegriff im NdS-Begriff und der Subjektsbegriff im Folgesatz sind allerdings nicht immer von vornherein identisch. Es gibt Sätze, in denen der erstere ein Oberbegriff des letzteren ist. So in dem Beispiel: „Der Justizminister ist der politische Exponent einer Partei, und es liegt in der Natur der Sache, daß er in allen Staaten bestrebt ist, seine Vertrauensleute auf leitende Posten zu bringen“[592]. Satzsubjekt im Folgesatz ist hier der Justizminister, Sache im NdS-Begriff das Exponent-einer-Partei-Sein des Justizministers. In jedem Falle läßt sich aber die theoretische Argumentation aus der NdS so formulieren, daß Sach- und Subjektsbegriff identisch werden. Im angeführten Beispiel: es liegt in der NdS, daß die politischen Exponenten einer Partei bestrebt sind, ihre Vertrauensleute auf leitende Posten zu bringen.

Durch eine solche Umformung wird in vielen Fällen der Sinn der Bezugnahme auf die NdS überhaupt erst ersichtlich nachprüfbar. Das sei noch an einem weiteren Satz gezeigt. Heinrich Rickert formuliert, die

---

[591] Das Beispiel ist der Tagespresse entnommen.

[592] Motivenbericht zum Entwurf eines österreichischen Richtergesetzes, zit. nach Furtner, in: DRiZ 1958, S. 128.

Methodenlehre habe festzustellen, „daß die Definitionen in den empirischen Wissenschaften der Natur der Sache nach wahrscheinlich immer nur vorläufige sind, weil jedes empirische Material sie umzustoßen vermag“[593]. Das Wort „Sache“ meint hier entweder die empirischen Wissenschaften überhaupt oder speziell die Definitionen der empirischen Wissenschaften, der Ausdruck „Natur“ bezeichnet eine spezifische Beschaffenheit beider Gegenstände, nämlich ihre Abhängigkeit vom jeweiligen Erfahrungsmaterial. Der Satz kann daher auch so formuliert werden: es liegt in der Abhängigkeit der empirischen Wissenschaften vom gegebenen Erfahrungsmaterial, daß ihre Definitionen wahrscheinlich immer nur vorläufige sind.

Anders als die Bezugnahme auf die bildhafte Formel „es liegt auf der Hand“ ist also die theoretische Argumentation aus der NdS stets sachbezogen und durch Zerlegung des NdS-Begriffs in seine Bestandteile in einen präziseren Satz übersetzbar. Vielfach überwiegt allerdings auch bei der letzteren der Schlagwortcharakter ihre Sachbezogenheit. Ein Beispiel hierfür bietet der folgende, einem Reichsgerichtsurteil entnommene Satz: „Es liegt in der Natur der Sache, daß der Lagermeister eine Aufgabe ... nicht ständig betätigen konnte, sondern dies regelmäßig nur innerhalb seiner Dienststunden tat“[594]. Der Hinweis auf die NdS erklärt sich hier aus dem Bedürfnis, eine Aussage zu begründen, die keiner Begründung bedarf. Immerhin ist auch in diesem Falle eine Präzisierung möglich. Der Ausdruck „Sache“ bezeichnet die Tätigkeit des Lagermeisters, der Ausdruck „Natur“ den regelmäßigen Rhythmus (die durchschnittstypische Beschaffenheit) dieser Tätigkeit.

Bezieht sich die theoretische Argumentation aus der NdS auf die logische NdS, so enthält der Folgesatz ein analytisches Urteil; bezieht sie sich auf die empirische NdS, so enthält er ein synthetisches Urteil a posteriori; bezieht sie sich auf die metaphysisch-theoretische NdS, so enthält er ein synthetisches Urteil a priori. Das ergibt sich aus den im Rahmen der Begriffsanalyse entwickelten Definitionen und braucht hier nicht näher ausgeführt zu werden. Der Argumentationswert der Bezugnahme auf die NdS ist in allen drei Fällen gering. Im ersten Fall besagt sie, daß das im Folgesatz enthaltene Urteil aus einem bestehenden Begriff abgeleitet ist. Im zweiten und dritten Fall besagt sie, daß das im Folgesatz enthaltene Urteil mit der (empirischen oder metaphysischen) Beschaffenheit des Aussageobjekts übereinstimmt. Die Übereinstimmung von Aussage und Aussageobjekt macht aber das Wesen der Satzwahrheit

[593] Zur Lehre von der Definition, S. 75.
[594] RGZ 101, 348 (350).

aus[595]. Die Formel „es liegt in der (realen) NdS, daß S P ist“, bedeutet daher nichts anderes als der Satz: es ist wahr, daß S P ist.

Die theoretische Argumentation aus der NdS findet sich sowohl im allgemeinen wie im juristischen Sprachgebrauch. Ein Beispiel für ihre Verwendung im letzteren bot bereits der oben wiedergegebene Satz des Reichsgerichts. Derartige Beispiele lassen sich beliebig vermehren[596]. Fast durchweg handelt es sich dabei um Argumentationen aus der empirischen oder aus der logischen NdS, die funktionell im Dienst der Schrankenaufweisung oder der Begründung von Selbstverständlichkeiten stehen.

Die Bezugnahme auf die teleologische NdS begegnet überwiegend im naturrechtlichen Schrifttum und dient hier meist zur Begründung eines normativen Satzes. Sie soll daher im Zusammenhang mit der praktischen Argumentation aus der NdS betrachtet werden.

§ 29

Zur Struktur der praktischen Argumentation aus der NdS

Die Strukturformel der praktischen Argumentation aus der NdS kann nicht lauten: es liegt in der NdS, daß S P *ist*. In ihr wird vielmehr durch die Bezugnahme auf die NdS ein Sollenssatz begründet. Darum handelt es sich z. B., wenn die Rede ist von „Forderungen, die dem Wesen des Menschen entspringen“[597], von „Rechten, welche es aus der Natur des Menschen abzuleiten gilt“[598], oder wenn aus dem „Wesen der Ehe“ die Rechtspflicht des Ehemannes zur Verhinderung der Unzucht seiner Ehefrau[599], aus dem „Wesen des Bundesstaates“ die Rechtspflicht des Bundes und der Länder zu bundesfreundlichem Verhalten[600], aus der „Natur der Abwesenheitspflegschaft“ die Rechtspflicht des Abwesenheitspfle-

---

[595] Vgl. Wolff, Begriff und Kriterium der Wahrheit, S. 589; Martin Heidegger, Vom Wesen der Wahrheit, 3. Aufl. Frankfurt/M. 1954, S. 6ff.

[596] Vgl. etwa noch OLG Hamburg v. 29. 10. 1956, JZ 1957, S. 122: „Es ergibt sich aus der Natur der Sache, daß der Gesetzgeber nicht alle Einzelheiten regeln, sondern nur allgemeine Richtlinien aufstellen konnte“. Staudinger-Kober, Komm. z. BGB, 7. und 8. Aufl. München und Berlin 1912, § 640 Anm. 4: „Gegenstand der Abnahmepflicht kann der Natur der Sache nach nur dasjenige Werk sein, welches überhaupt abnehmbar ist“. Vgl. ferner die Verwendung des Ausdrucks NdS in RGZ 29, 288 (291); 53, 98 (100); BGHZ 15, 268 (276); BGH v. 13. 6. 1956, JZ 1957, S. 57; v. 5. 5. 1959, JZ 1959, S. 441 (442); BVerfG v. 11. 6. 1958, NJW 1958, S. 1035 (1036). Eine Fülle weiterer Beispiele aus der älteren Rechtsprechung gibt Gutzwiller, NdS, S. 282ff.

[597] Schambeck, NdS, S. 471.

[598] Schambeck a. a. O.

[599] RGSt 58, 226 (227).

[600] BVerfGE 8, 122 (138).

gers zur Erkundung über den Verbleib des Abwesenden gefolgert wird[601], oder wenn es heißt: „Die Verpflichtung des Lehrherrn zu strikter religiöser Duldsamkeit gegenüber den ihm anvertrauten Lehrlingen ... ist auch ohne ausdrückliche Bestimmung in der HO (scil. Handwerksordnung) als ... selbstverständlich und der Natur der Sache nach dem Lehrverhältnis immanent anzusehen“[602].

Durchweg wird hier entweder aus der Natur und dem Wesen des Menschen oder aus der Natur und dem Wesen einer Institution argumentiert. Die den Argumentationen zugrunde liegenden Strukturformeln lauten: es liegt in (folgt aus) der Natur des Menschen, daß er zu einem Verhalten V verpflichtet ist, oder: es liegt in (folgt aus) der Natur einer Institution X, daß die X unterworfenen Rechtssubjekte zu einem Verhalten V verpflichtet sind. Beide Formeln lassen sich auf die allgemeine Satzform zurückführen: es liegt in der NdS, daß V sein soll.

Liegt dieser Satzform der technisch-praktische NdS-Begriff zugrunde, so drückt der Folgesatz ein unechtes Sollen (bedingtes Müssen) aus. Die Strukturformel ist dann präziser so zu formulieren: es liegt in (folgt aus) der NdS, daß dem Gegenstand S, wenn er dem Zweck A dienen soll, die Merkmale P_1, P_2 ... P_x verliehen werden müssen. Ein Beispiel hierfür bietet der Satz: „Die auch heute häufig erhobene Forderung nach der Persönlichkeitswahl ist so im Grunde genommen eine Forderung, die sich institutionell aus dem Wesen des repräsentativen Parlamentarismus ergibt“[603]. Das heißt: der repräsentative Parlamentarismus, dessen Zweck die Gesetzgebung durch ein Parlament der Besten ist, wird dann optimal zweckadäquat verwirklicht, wenn die Auslese der Parlamentarier durch Persönlichkeitswahl erfolgt. Es handelt sich hier nicht um eine im engeren Sinne rechtswissenschaftliche, sondern um eine rechtspolitische, mit reinen Zweckmäßigkeitserwägungen arbeitende Argumentation aus der NdS.

Problematischer ist die objektiv-praktische Argumentation aus der NdS. Ihr kann sowohl ein theoretischer wie ein praktischer NdS-Begriff zugrunde liegen. Beruht sie auf einem theoretischen NdS-Begriff, so drückt die Argumentation in Wahrheit einen Syllogismus aus, dessen normativer Obersatz, weil als selbstverständlich vorausgesetzt, verschwiegen wird.

An erster Stelle sind hier die naturrechtlichen Argumentationen aus der teleologischen Natur des Menschen zu nennen. Ihnen liegt der

[601] BGH v. 11. 1. 1956, in: Der Betrieb 1956, S. 891, Nr. 38.

[602] OVG Rhld.-Pfalz v. 16. 10. 1956, JZ 1957, S. 216 (217).

[603] Gerhard Leibholz, Parteienstaat und Repräsentative Demokratie, in: DVBl 1951, S. 1 (2).

Syllogismus zugrunde: das Gute soll sein; das Gute ist das der teleologischen NdS Entsprechende; das der teleologischen NdS Entsprechende soll sein. Nur in diesem Sinne kann von „Forderungen, die dem Wesen des Menschen entspringen“, oder von „Rechten, welche es aus der Natur des Menschen abzuleiten gilt“[604], die Rede sein. Treffend bemerkt Arnold Brecht hierzu: „Ohne die göttliche Prämisse“, d. h. ohne den von einer transzendenten Autorität ausgehend gedachten normativen Obersatz, „ist es mit der Natur der Dinge wie mit dem Bart des Mannes: wir beobachten, daß er von Natur wächst, daraus folgt aber nicht, daß wir ihn wachsen lassen sollten“[605].

Der praktischen Argumentation aus der NdS kann aber auch ein empirischer NdS-Begriff zugrunde liegen. Sie bringt dann einen Analogieschluß in Verbindung mit einem Subsumtionsschluß zum Ausdruck. Ein Beispiel hierfür bietet der Satz: „es ergibt sich schon aus der Natur der Sache, daß bezüglich der Auslieferungsprovision dieselben Grundsätze entscheidend sind wie bezüglich der gewöhnlichen Provision“[606]. Das heißt: für die gewöhnliche Provision gelten die Normen N_1, N_2 ... N_x; die Auslieferungsprovision unterfällt ihrer tatbestandlichen, empirisch-idiographischen Beschaffenheit nach dem Tatbestandsbegriff der gewöhnlichen Provision; also gelten für sie die Normen N_1, N_2 ... N_x. Der Untersatz dieses Analogieschlusses beruht wiederum auf dem Subsumtionsschluß: der Tatbestandsbegriff der gewöhnlichen Provision ist durch die Merkmale P_1, P_2 ... P_x konstituiert; zur tatbestandlichen, empirisch-idiographischen Beschaffenheit der Auslieferungsprovision gehören die Merkmale P_1, P_2 ... P_x; also unterfällt die Auslieferungsprovision dem Begriff der gewöhnlichen Provision. Es handelt sich hier um jenes Denkverfahren, das sich insbesondere in der Begriffsjurisprudenz mit der Lehre von der NdS verbunden hat[607] [608].

Eine wiederum andere Struktur weist die Argumentation aus der objektiv-praktischen NdS i. e. S. auf. Um sie zu verstehen, hat man zweckmäßig mit Kelsen zwischen Normen als solchen und Normen

---

[604] Schambeck, NdS, S. 471.
[605] Politische Theorie, S. 173.
[606] RGZ 17, 31 (32).
[607] Vgl. oben § 13.
[608] Dasselbe Prinzip findet in den Lehren von der Rechtswegzuständigkeit und der Gesetzgebungszuständigkeit kraft NdS oder kraft Sachzusammenhanges Anwendung. Zur ersteren vgl. BVerwG v. 9. 5. 1956, JZ 1957, S. 121; BVerwG v. 19. 2. 1957, JZ 1958, S. 625 (627); OVG Münster v. 18. 12. 1957, JZ 1958, S. 755, 756; zur letzteren vgl. insbes. Küchenhoff, Bundeszuständigkeiten, S. 585, 617, 619; ders., Kompetenzverteilung, S. 425ff, 451ff.

beschreibenden Sollsätzen (praktischen Urteilen) zu unterscheiden[609]. Normen als solche drücken keine Erkenntnis, sondern einen Willen aus[610]. Sie können weder wahr noch falsch, sondern nur gültig oder ungültig sein. Die Sätze der Rechtswissenschaft hingegen, die die Rechtsnormen beschreiben, die Sätze der Ethik, die die Moralnormen beschreiben, die Sätze der Moraltheologie, die die göttlichen Gebote beschreiben, enthalten eine Erkenntnis und können daher wahr oder falsch und folglich auch analytisch oder synthetisch sein. Gleichwohl sind es inhaltlich und formal Sollsätze, da sie auf die Erkenntnis und begriffliche Formulierung eines Sollens gehen. Nur hat die Kopula „soll“ in ihnen keinen *vor*schreibenden, sondern einen *be*schreibenden Sinn[611].

Hiervon ausgehend ergibt sich für die Argumentation aus der objektiv-praktischen NdS i. e. S. zunächst das gleiche Schema wie für die Argumentation aus der theoretischen NdS. Versteht man die objektiv-praktische NdS i. e. S. als logische NdS, d. h. als Gebotsbegriff einer Institution, so enthält der Satz „es liegt in der NdS, daß V sein soll“, eine analytische Begriffsentwicklung. Dabei wird eine als Begriffsmerkmal eines Institutsbegriffs gedachte Norm im Folgesatz in der Form eines praktischen Urteils ausgedrückt. Sagt man etwa, es liege in der Natur der Ehe, daß die Ehegatten einander zur ehelichen Lebensgemeinschaft verpflichtet sind, und denkt man dabei an den Begriff der Ehe, so macht man eine analytische und daher tautologische Aussage, wobei allerdings offen bleibt, auf der Grundlage welchen Normensystems der angezogene Begriff der Ehe gebildet ist.

Bezeichnet das Wort „Natur“ dagegen den Normeninbegriff selbst, d. h. das gegenständliche Korrelat des Institutsbegriffs, so enthält der Folgesatz ein synthetisch-praktisches, erkenntniserweiterndes Urteil.

---

[609] Vgl. Kelsen, Reine Rechtslehre, S. 73ff. Zum Unterschied von Rechtsnorm und Rechtssatz vgl. auch Wolff, Verwaltungsrecht, Bd. 1, § 24 II b 1, S. 95. Ein Unterschied besteht zwischen der Terminologie Wolffs und Kelsens insofern, als ersterer unter Rechtssatz den sprachlichen Ausdruck einer Norm, letzterer den sprachlichen Ausdruck eines eine Norm beschreibenden Sollsatzes (praktischen Urteils) versteht. Die Denkform des praktischen Urteils ergibt sich aus der Kelsenschen Unterscheidung des vorschreibenden und des beschreibenden Sollens. Dazu weiter unten im Text.

[610] Das gilt auch für die aus der idealen Grundnorm abgeleiteten Normen. Sie beruhen entweder auf einem göttlichen Willen oder auf der selbstgesetzgebenden praktischen Vernunft, die als solche die Funktion eines Willens hat; dazu Kelsen, Reine Rechtslehre, S. 419ff. Etwas anderes scheint nur von dem Sollensbegriff der materialen Wertethik zu gelten, zu dessen Problematik vgl. aber Marcel Reding, Metaphysik der sittlichen Werte, Düsseldorf 1949, S. 270ff.

[611] Kelsen, Reine Rechtslehre, S. 77, 81 N. **, 83, 92.

Meint der Ausdruck NdS die voluntare NdS i. e. S. (z. B. die gesetzliche Struktur der Ehe), so beschreibt der Folgesatz eine positiv-rechtliche Norm, meint er die ideale NdS i. e. S. (z. B. die naturrechtliche Struktur oder das „sittliche Wesen" der Ehe[612]), so beschreibt der Folgesatz eine naturrechtliche Norm. In beiden Fällen besagt die Bezugnahme auf die NdS auch hier nichts anderes als die Übereinstimmung von Aussage und Aussageobjekt, d. h. die Wahrheit des Folgesatzes. Die objektiv-praktisch verstandene Formel „es liegt in der NdS, daß V sein soll", wäre also präziser so zu formulieren: zur (positivrechtlichen oder naturrechtlichen) Struktur einer Institution X gehört eine Norm N, wonach für die X unterworfenen Rechtssubjekte das Verhalten V geboten ist.

Es zeigt sich hier erneut der bereits mehrfach aufgewiesene Sachverhalt, daß der Begriff der objektiv-praktischen NdS i. e. S. und damit auch die Argumentation aus ihr ein (dem Begriff und der Argumentation) präexistentes Normensystem voraussetzen. Allerdings braucht die im Folgesatz beschriebene Norm nicht schon vorher sprachlich formuliert zu sein. Vielfach wird sie vielmehr erst durch Konkretisierung eines abstrakten normativen Obersatzes ermittelt. Die Argumentation aus der NdS steht dann im Dienst der Auslegung und Lückenfüllung[613].

Ein Beispiel hierfür bietet der Satz: „aus dem Wesen der Ehe und der Stellung des Ehemannes in der ehelichen Gemeinschaft, wie dies in den Vorschriften BGB §§ 1353, 1354 zum Ausdruck kommt, folgt die Rechtspflicht des Ehemannes, die Unzucht seiner Ehefrau zu verhindern"[614]. Eine derartige Rechtspflicht des Ehemannes ist im BGB nicht ausdrücklich statuiert. Sie läßt sich aber interpretativ aus den vom Reichsgericht angezogenen Paragraphen ableiten; denn diese besagen, daß die Ehegatten einander zur ehelichen Lebensgemeinschaft verpflichtet sind (§ 1353) und daß dem Manne die Entscheidung in allen das gemeinschaftliche eheliche Leben betreffenden Angelegenheiten zusteht (§ 1354 alte Fassung). Der Argumentation liegt somit folgender Gedanke zugrunde: zur gesetzlichen Natur der Ehe gehört eine Norm, die das Verhalten V gebietet; die Anwendung dieser Norm auf eine konkrete Interessenkollision ergibt, daß das Verhalten V_1 geboten ist; ergo: es liegt in (bzw. folgt aus) der gesetzlichen Natur der Ehe, daß das Verhalten V_1 geboten ist. Allgemeiner ausgedrückt: es liegt in der voluntaren oder idealen NdS i. e. S., daß V sein soll; V impliziert V_1; ergo: es liegt in

---

[612] Vgl. als Beispiel den oben § 26 S. 113 N. 584 zitierten Satz Süsterhenns.

[613] Auf die Frage, ob und inwiefern die durch Lückenfüllung gewonnenen Normen als „präexistent" bezeichnet werden können, soll hier nicht eingegangen werden; dazu etwa Larenz, Methodenlehre, S. 300ff.

[614] RGSt 58, 226, (227).

(folgt aus) der voluntaren oder idealen NdS i. e. S., daß V_1 sein soll. Auf dieser Formel beruhen alle Sätze, in denen aus der Natur oder dem Wesen einer Institution eine nicht bereits ausdrücklich formulierte Rechtspflicht abgeleitet wird[615].

Das sei noch an einem weiteren Beispiel gezeigt. Das Bundesverfassungsgericht schreibt, es habe die Pflicht des Bundes und der Länder zu bundesfreundlichem Verhalten „aus dem Wesen des Bundesstaates entwickelt“[616]. Eine genauere Betrachtung zeigt, daß es sich bei dieser Entwicklung in Wahrheit um die Konkretisierung einer durch das „bundesstaatliche Prinzip“ begründeten Pflicht handelt[617]. Das bundesstaatliche Prinzip, wie es insbesondere in Art. 20 I GG zum Ausdruck kommt, ist eine verfassunggestaltende Grundentscheidung, die den Bundesstaat als Institution konstituiert. Als verfassunggestaltende Grundentscheidung ist es zugleich eine Rechtsquelle im rechtstheoretischen Sinne[618]. Ihm entspricht die generelle verfassungsrechtliche Pflicht des Bundes und der Länder, sich zu einer gliedstaatlichen Ordnung zusammenzufügen. Nur eine Konkretisierung dieser Pflicht ist die Pflicht zu bundesfreundlichem Verhalten. Von der letzteren kann daher gesagt werden, daß sie konsekutiv aus dem (normativen) Wesen des Bundesstaates folgt.

Eines Hinweises bedarf schließlich noch, daß die technisch-praktische und die objektiv-praktische Argumentation aus der NdS i. e. S. eine Verbindung eingehen können. Diese Möglichkeit ergibt sich daraus, daß der Zweck einer Institution in einer Norm oder in einem normativen Prinzip[619] formuliert werden kann. So besteht etwa der Zweck des Konkurses in der gleichmäßigen Befriedigung aller vermögensrechtlichen Gläubiger eines Schuldners durch eine Vollstreckung in dessen gesamtes Vermögen[620]. Dieser Zweck leitet zugleich als Prinzip der par conditio creditorum die gesamte normative Einzelausgestaltung des Konkursverfahrens[621]. Von allen zweckadäquat konstruierten konkursrechtlichen Einzelnormen kann es daher heißen, sie seien aus der „Natur der Sache“,

---

615 Im Unterschied zu der oben erwähnten praktischen Argumentation aus der theoretischen NdS, in der der NdS-Begriff erst im Untersatz des Syllogismus auftaucht, ist er hier bereits im Obersatz des Syllogismus enthalten.

616 BVerfGE 8, 122 (138).

617 Vgl. BVerfGE 1, 117 (131); 1, 299 (315); 6, 310 (361).

618 Vgl. Wolff, Rechtsgrundsätze, S. 47ff, und Verwaltungsrecht, Bd. 1, § 25 II, S. 100ff

619 Zum Verhältnis von Norm und Prinzip vgl. Esser, Grundsatz und Norm, S. 49ff.

620 Friedrich Lent, Zwangsvollstreckung und Konkurs, 5. Aufl. München und Berlin 1954, §38 I, S. 105.

621 Vgl. Esser, Grundsatz und Norm, S. 104.

d. h. hier: aus dem normativ formulierten Zweck des Konkursverfahrens abgeleitet[622].

Damit ist die Struktur der Argumentation aus der NdS für die Zwecke der vorliegenden Abhandlung hinreichend verdeutlicht. Festzuhalten ist, daß in keinem Fall die „Ableitung" eines Sollens aus einem Sein vorliegt[623].

§ 30

Terminologische Schlußbetrachtung

Die vorstehenden historischen und systematischen Untersuchungen erlauben nunmehr eine abschließende Stellungnahme zu der Frage, ob es zweckmäßig sei, eine der Bedeutungen, die sich tatsächlich mit dem Ausdruck NdS verbunden haben, im Wege einer spezialwissenschaftlichen Sprachregelung dergestalt mit ihm zu verknüpfen, daß er als juristischer Fachausdruck (terminus technicus) verwandt werden kann. Es kann nach dem Gesagten kaum zweifelhaft sein, daß diese Frage verneint werden muß. Im einzelnen ist folgendes zu erwägen.

Nicht alle Denkinhalte, die sich mit dem Ausdruck NdS tatsächlich verbunden haben, sind untereinander wissenschaftlich gleichberechtigt. Insbesondere ist zwischen metaphysischen und nichtmetaphysischen NdS-Begriffen zu unterscheiden. Die ersteren, d. h. die Begriffe der teleo-

---

[622] Weitere Beispiele dieser Art siehe bei Esser, Grundsatz und Norm, S. 70f, 79, 88f, 104ff, 158.

[623] Eine solche Ableitung ist nicht nur, wie Hellmer, Art. Rechtsphilosophie, in: Fischer-Lexikon, Bd. 12 (Recht), Frankfurt/M. 1959, S. 256, meint, ein „sehr gewagtes Verfahren", sondern ein denkgesetzlich unmögliches Verfahren. Das folgt aus der Eigenart des syllogistischen Schlußverfahrens. Will man in ihm als Schlußsatz einen Sollenssatz gewinnen, so muß auch der Obersatz ein Sollenssatz sein, denn der erstere ist stets nur eine Konkretisierung des letzteren und teilt dessen logische Form; vgl. Schlick, Erkenntnislehre, S. 102; Stegmüller, Hauptströmungen, S. 506; Wolff, Gerechtigkeit, S. 110ff. Daher sagt Kelsen mit Recht: „Der Gegensatz von Sein und Sollen ist ein formallogischer, und insolange man sich in den Grenzen formal-logischer Betrachtung hält, führt kein Weg von dem einen zum andern, stehen beide Welten durch eine unüberbrückbare Kluft getrennt einander gegenüber"; Hauptprobleme, S. 8. Diejenigen, die dennoch eine Ableitbarkeit des Sollens aus dem Sein behaupten, meinen in der Regel die Erkennbarkeit des Guten aus dem Sein, wobei sie die sollensbegründende Grundnorm, daß das Gute sein soll, stillschweigend voraussetzen. Sie bestreiten also nicht den formallogischen Dualismus von Sein und Sollen, sondern den ontologischen Dualismus von Sein und Gut. Vgl. etwa Pieper, Die Wirklichkeit und das Gute, S. 11ff, insbes. S. 61. — Zu unterscheiden vom syllogistischen Ableitungsverfahren ist die analytische Begriffsdeduktion. Bei ihr handelt es sich nicht eigentlich um eine „Ableitung", sondern um eine Begriffsentfaltung. Durch sie können Sollenssätze nur begründet werden, wenn sie vorher als Merkmale in den Begriff (als „Gebotsbegriff") aufgenommen worden sind.

logischen NdS i. w. S. und der idealen NdS i. e. S., dürften für eine rechtswissenschaftliche Technisierung schon deshalb nicht in Betracht kommen, weil die in ihnen enthaltenen philosophischen Prämissen bis heute umstritten und nach dem gegenwärtigen Stand der Forschung auch prinzipiell nicht wissenschaftlich verifizierbar (prüfbar, konfirmierbar, bestätigungsfähig) sind[624]. Damit ist nicht gesagt, die rechtsphilosophische Diskussion dieser Denkinhalte sei kognitiv sinnlos[625]. Wohl aber erscheint es zweckmäßig, im Rahmen dieser Diskussion die vieldeutige Wortverbindung NdS zu vermeiden und stattdessen von der metaphysischen Zielbestimmung oder der naturrechtlichen[626] Struktur einer Institution zu sprechen.

Es verbleiben die nichtmetaphysischen NdS-Begriffe. Von ihnen scheidet zunächst der Begriff der voluntaren NdS i. e. S. aus. Denn er ist dogmengeschichtlich am wenigsten nachhaltig mit dem Terminus NdS verknüpft. Außerdem entfernt er sich am meisten von der Bedeutung, die dem Ausdruck NdS im allgemeinen Sprachgebrauch zukommt[627]. Eine Abweichung des fachwissenschaftlichen vom allgemeinen Sprachgebrauch erscheint aber nur dann zweckmäßig, wenn kein anderer Ausdruck zur Verfügung steht, der den gemeinten Denkinhalt adäquater benennt. Ein solcher Ausdruck steht aber zur Verfügung. So kann die voluntare NdS i. e. S. präziser als rechtliche (gesetzliche, gewohnheitsrechtliche, rechtssystematische) Struktur einer Institution bezeichnet werden[628].

Die Fragestellung konzentriert sich also auf die empirische NdS i. w. S. und die technisch-praktische NdS i. e. S.[629]. Beide Begriffe sind historisch etwa gleich stark mit dem Ausdruck NdS verbunden. Im Bereich der

---

624 S. o. § 24 N. 543 und 544, § 26 N. 586

625 Das würde voraussetzen, daß das empiristische Sinnkriterium wissenschaftlich zwingend wäre. Das ist aber nicht der Fall. Vgl. dazu Pap, Analytische Erkenntnistheorie, S. 1ff.

626 Man hat hier freilich die Vieldeutigkeit des Ausdrucks „naturrechtlich" in Kauf zu nehmen. Immerhin ist die Funktion des Begriffs Naturrecht eindeutig; vgl. E. Wolf, Das Problem des Naturrechts, S. 155ff; Welzel, Naturrecht, S. 237.

627 Im allgemeinen Sprachgebrauch dient der Ausdruck NdS vorwiegend als Schlagwort zur Begründung von Selbstverständlichkeiten. Durchstößt man diesen Schlagwortcharakter, so trifft man in der Regel auf den Begriff der empirischen NdS i. w. S. ; vgl. dazu die oben in § 28 angeführten Beispiele.

628 Zur terminologischen Unzweckmäßigkeit der Verwendung des Ausdrucks „Rechtsnatur" vgl. auch Hans J. Wolff, in: JZ 1953, S. 552ff. (Besprechung eines BGH-Urteils). Sofern dieser Terminus nicht die normative Struktur, sondern den systematischen, an Tatbestand, Kopula oder Rechtsfolge anknüpfenden Ordnungsbegriff einer Institution meint, sollte er besser durch den Ausdruck „Rechtscharakter" ersetzt werden. Vgl. oben § 26 N. 576.

629 Die technisch-praktische NdS käme allerdings auch als NdS i. w. S. in

rechtsphilosophischen Diskussion überwiegt der erstere, im Bereich des rechtstheoretisch-methodologischen Schrifttums der letztere.

Der Begriff der empirischen NdS i. w. S. ist indessen schon seinem Inhalt nach ungeeignet, als rechtswissenschaftlicher Fachbegriff zu fungieren. Er bezeichnet keinen spezifisch juristischen Denkinhalt, sondern die empirische (kausalgesetzliche, durchschnittstypische oder idiographische) Beschaffenheit eines beliebigen Gegenstandes schlechthin. Abgesehen davon gibt er sowohl wegen des Umfangs des ihm zugrunde liegenden Sachbegriffs als auch wegen der Relativität des empirischen Naturbegriffs zu Mißverständnissen Anlaß. Es dient daher der Klarheit, in der konkreten Argumentation aus der empirischen NdS i. w. S. die jeweils gemeinte „Sache" beim Namen zu nennen und darüber hinaus die Merkmale, in denen die „Natur" der Sache gefunden wird, ausdrücklich hervorzuheben. Auch als Titel eines Lehrstücks ist der im weiten empirischen Sinne verstandene Terminus NdS weder zweckmäßig noch unentbehrlich. Der funktionell mit ihm verbundene Lehrgehalt kann vielmehr unter dem Titel der empirisch-faktischen Schranken des Rechts abgehandelt werden.

Es verbleibt der Begriff der technisch-praktischen NdS i. e. S. Seine methodologische Fruchtbarkeit steht außer Frage. Problematisch ist seine Verknüpfung mit dem Ausdruck NdS. Gegen sie erhebt sich wiederum der Einwand der Abweichung vom allgemeinen Sprachgebrauch. Auch hier stehen Ausdrücke zur Verfügung, die den gemeinten Denkinhalt adäquater benennen. Es ist daher nicht ersichtlich, warum die historisch belastete Formel von der „Natur der Sache" herangezogen werden soll, wenn der Zweck, die Funktion, die Ordnungsaufgabe oder die zweckadäquate Beschaffenheit einer Institution gemeint sind. Zur Bezeichnung des Lehrstücks, das traditionell mit dem im engeren technisch-praktischen Sinne verstandenen Ausdruck NdS verbunden ist, bietet sich die Wendung vom institutionellen Denken bzw. von der institutionellen Methode an.

Es ergibt sich somit, daß es nicht zweckmäßig ist, den Ausdruck NdS als rechtswissenschaftlichen Fachausdruck zu verwenden. Es ist im Gegenteil zweckmäßig, auf seine Verwendung zu verzichten. Die Vieldeutigkeit, die der Wortverbindung NdS eignet, läßt sie als Werkzeug präziser sprachlicher Mitteilungen ungeeignet erscheinen. „Das Schlimmste an dem Ausdruck", notierte Ernst Immanuel Bekker im Jahre 1892, „daß er nicht zum scharfen Denken zwingt und darum schon recht

---

Betracht. Juristisch fruchtbar und dogmengeschichtlich festgelegt ist sie aber primär als NdS i. e. S.

häufig als Gedankensurrogat vernutzt ist“[630]. Diese Bemerkung, der sich eine Reihe ähnlicher Äußerungen an die Seite stellen läßt[631], trifft noch heute zu. Wenn es daher, wie Noberto Bobbio formuliert, eine der Hauptaufgaben der Rechtswissenschaft ist, „die Juristensprache zu reinigen“[632], so besteht kein Zweifel, daß der „Zauberformel von der Natur der Sache“[633] das Lebensrecht im wissenschaftlichen Sprachgebrauch abzusprechen ist. Der Verzicht auf sie wäre zugleich ein Teil des von Ludwig Wittgenstein geforderten Kampfes „gegen die Verhexung unseres Denkens durch die Mittel unserer Sprache“[634].

---

[630] Ernst und Scherz über unsere Wissenschaft, Berlin 1892, S. 147.

[631] Vgl. etwa Leist, Naturalis ratio und Natur der Sache, S. 26: „Der Begriff ‚Natur der Sache‘ ist ein unendlich viel, aber ohne alle wirkliche Feststellung gebrauchter“. Ders. a. a. O., S. 8: „So ist denn also die ‚Natur der Sache‘ eine große, und zwar ganz eigenthümlich geheimnisvolle Macht in unserer Rechtswissenschaft“. Eugen Ehrlich, Über Lücken im Recht, Juristische Blätter, Wien 1888, S. 511: „es gibt vielleicht keinen zweiten Begriff in der Jurisprudenz, dessen Definitionen gleich nebelhaft wären, und mit dem bei der praktischen Anwendung ein größerer Mißbrauch getrieben worden wäre“. Gutzwiller, NdS, S. 282: „Es gibt in unserer Wissenschaft zentrale, typisch juristische Wertinhalte, die, obwohl hundertmal formuliert und noch weit häufiger praktisch verwendet, nie die Stellung klarer, unantastbarer Begriffe erlangt haben ... Zu ihnen gehört die ‚Natur der Sache‘“. Vgl. ferner die oben in § 14 Nr. 307 und § 15 N. 334 wiedergegebenen Bemerkungen Ernst Zitelmanns.

[632] NdS, S. 306.

[633] Fechner, Rechtsphilosophie, S. 147.

[634] Philosophische Untersuchungen, § 109, Schriften, S. 342.

FSC
www.fsc.org
MIX
Papier | Fördert
gute Waldnutzung
FSC® C083411

Kolibri 360 GmbH
Ferdinand-Jühlke-Straße 7
99095 Erfurt, Deutschland
produktsicherheit@kolibri360.de